Le Guide de l'uchronie

Retrouvez les guides des éditions ActuSF :

Le Petit Guide à trimbaler de l'imaginaire français, 2008

Le Petit Guide à trimbaler de la littérature vampirique, 2010

Le Petit Guide à trimbaler de la fantasy, 2011

Le Guide de survie en territoire ado, 2012

Le Petit Guide à trimbaler de Philip K. Dick, 2012

Le Guide steampunk, 2013

B. CAMPEIS & K. GOBLED

LE GUIDE DE L'UCHRONIE

les Souhaits
Une collection ActuSF

Ouvrage publié sous la direction de Marie Marquez
dans la collection Les Trois Souhaits

45, chemin du Peney, 73000 Chambéry
www.editions-actusf.fr
ISBN : 978-2-917689-74-5

SOMMAIRE

Remerciements

Remerciements de Karine Gobled

Merci à Christophe pour sa patience et son amour et tout le reste.

Merci à Bertrand Campeis pour son enthousiasme et son érudition.

Merci à Étienne Barillier pour son œil aiguisé.

Remerciements de Bertrand Campeis

Je dédie respectueusement cet essai à la mémoire de Kevin Bokeili (1963-2014).

Merci à Karine Gobled, « Déesse de l'Uchronie ». *We did it!*

Un grand merci à mes parents.

Merci à Guillaume Sarralié, Étienne Barillier, Arthur Morgan, Tony Sanchez, Jean Rébillat et à tous ceux que j'oublie.

Remerciements des auteurs

Merci à Jérôme Vincent, Marie Marquez & ActuSF.

Merci à Éric B. Henriet.

Merci aux auteurs et éditeurs d'avoir répondu à nos questions : Étienne Barillier, Vincent Brugeas, Corbeyran, Alain Grousset, Johan Héliot, Christophe Lambert, Jean-Luc Marcastel, Xavier Mauméjean, Richard D. Nolane et Jean-Pierre Pécau.

Special thanks to Robert Silverberg, Jo Walton and Robert Charles Wilson.

Merci à MM. Laurent Henninger et Fadi El Hage.

Merci à Jean-Daniel Brèque, Magali Couzigou, Erwan Devos, Pierre-Paul Durastanti, Géraldine Froger, Hermine Hémon et Pauline Badier pour leurs traductions.

Introduction

« Chacun sent bien que si le Christ n'était pas mort sur la croix, si Napoléon avait vaincu à Waterloo ou les Allemands en 1944, l'histoire aurait sans doute été, serait sans doute différente », écrivait Emmanuel Carrère dans *Le Détroit de Behring* (P.O.L., 1986). L'uchronie, néologisme du XIXe siècle, encore inconnu de nos dictionnaires courants, fonctionne sur ce principe simple. Il suffit d'une question presque anodine « Et si... ? » et voilà le monde ou plutôt l'histoire réécrite. Facile à première vue.

L'exercice peut cependant très vite devenir périlleux. Rapidement se pose la question de l'intérêt de réécrire l'histoire. L'histoire est déjà écrite. Et le matériau historique n'est guère malléable. Certes, ce n'est pas une science figée. Elle évolue en fonction des époques, des découvertes archéologiques, des avancées de la recherche, des courants de pensée dominants ou émergents. Les thèses émises, anciennes ou nouvelles, se complètent, se répondent et, parfois, s'affrontent, entraînant une nouvelle conception de l'objet étudié. Si un fait historique – une bataille gagnée ou perdue par exemple – s'impose à tous, la chaîne d'événements conduisant à l'issue de la bataille peut s'analyser de manière différente en fonction de l'état des connaissances, des outils d'analyse et des sources disponibles. Même si l'histoire reste une discipline vivante, son enseignement généraliste, lui, fait l'objet d'une représentation globale avec ses grandes lignes, son découpage temporel, ses points de repère. De Charles Martel arrêtant l'invasion sarrasine à Poitiers en 732 à l'attaque de Pearl Harbor en 1941 en passant par la bataille de Marignan en 1515 ou la prise de la Bastille en 1789, autant de dates qui jalonnent la trame historique et reflètent cette conception linéaire.

Dès lors, l'auteur d'uchronie doit-il rechercher une vraisemblance historique, une crédibilité ? Écrit-il une fiction, un divertissement, ou procède-t-il d'une démarche plus sérieuse ? Le procédé, simple au départ, gagne en complexité. Complication ressentie aussi du côté du lectorat. Ils ne sont pas si nombreux ceux pour qui le mot uchronie revêt une signification précise. Poser une étiquette, démarche de classification qui permet de prendre ses repères en librairie et de rassurer sur les chances d'apprécier le livre, se révèle déjà sujet à débat. Mais, c'est en vain que le curieux cherchera, dans les textes de quatrième de couverture, le terme uchronie. Sur les multiples rééditions du *Maître du Haut Château* de Philip K. Dick (J'ai lu, 1974), chef-d'œuvre couronné d'un prix Hugo, une seule le mentionne clairement. *Fatherland* de Robert Harris (Julliard, 1992) se voit qualifié de thriller, ce qu'il est bien entendu, mais sa dimension uchronique est soigneusement gommée alors même qu'elle le distingue de romans de genre plus conventionnels. Dans ce contexte, *Tancrède. Une uchronie* d'Ugo Bellagamba (Les Moutons électriques, 2009) fait figure d'exception en affichant sa nature dès son titre.

Le mot reste ignoré du grand public et, par là même, peu utilisé. Pourtant, ce même grand public en a probablement déjà lu. Prenons l'exemple d'un écrivain de best-sellers littéraires : Éric-Emmanuel Schmitt. Son roman, *La Part de l'autre*, publié en 2001 (Albin Michel) et repris au Livre de Poche en 2003, a connu un franc succès. Mais combien de lecteurs savent que l'histoire alternative de la vie d'Adolf Hitler qu'il déroule est une uchronie ? Et pour ceux qui l'ont identifié, combien pourraient être intéressés par d'autres histoires alternatives ? Comment feront-ils, sans l'étiquette adéquate, pour les retrouver parmi les milliers de livres qui ornent les rayonnages des librairies ?

Parce que l'uchronie est un genre complexe, passionnant, en constant mouvement et qu'il n'est pas toujours évident à appréhender, nous avons souhaité vous proposer ce guide.

Qu'est-ce que l'uchronie ? Quelle est son histoire ? À quoi la reconnaît-on ? Où la trouve-t-on ? Et que lire ? Nous n'avons pas la prétention d'offrir un panorama complet du genre. Nous souhaitons, dans un esprit de découverte, vous offrir une première approche et, surtout, des points de repère pour l'avenir. L'esprit de ce guide relève presque de la conception d'un guide touristique : regardez ce monument de la BD ou de la littérature uchronique, admirez l'architecture du genre… Laissez-vous conduire en terre d'uchronies et que la balade vous soit agréable.

Préface

par Éric B. Henriet

Dans un monde digital où les échanges entre les quatre coins de notre planète se font à la vitesse de la lumière, où le soleil ne se couche jamais sur l'empire numérique, où les tâches doivent être accomplies pour hier et où de fait, les organismes sont soumis à rude épreuve avec de nouveaux mots qui apparaissent comme « burnout », l'amateur d'uchronies a certes une plus grande facilité pour trouver instantanément annonces de parutions prochaines ou critiques mais dispose de moins de temps pour lire, pour déguster l'Uchronie. Il reste nécessaire parfois de se poser (et se « pauser ») pour faire le point sur l'état du genre ce qui n'a pas été réellement fait en France depuis 2009.

Le livre que vous tenez entre les mains est justement là pour combler ce manque. D'autant que les parutions ont continué à grand train. Ce succès de l'Uchronie et son renouveau sous toutes ses formes que nous constatons depuis bientôt vingt ans n'est-il pas la conséquence directe d'une société angoissante au futur de plus en plus incertain, même à court terme ? À l'époque où les satellites ont cartographié l'ensemble de la Terre, où la porte de l'espace semble fermée pour des raisons économiques, l'Uchronie (et d'une autre manière la Fantasy) ne remplissent-elles pas la fonction des récits de pirates et mondes perdus de nos grands-parents ou des récits d'exploration spatiale que lisaient nos parents ? Ne faut-il pas voir dans le succès des romans steampunk ou des uchronies, nombreuses à présent, sur la révolution industrielle, la volonté de décrire un univers avancé technologiquement, avec tous ses avantages, mais plus lent, beaucoup plus lent, à la vitesse de la vapeur ? Et le foisonnement de couleurs et de décors surprenants quoique familiers que permet l'Uchronie dans la bande dessinée, le manga ou encore le cinéma ne vient-il pas égayer le gris du quotidien en crise ?

Alors à l'instar du colonel Bushell, héros du roman de Turtledove et Dreyfuss, *The Two Georges*, réservez votre billet sur le dirigeable des *Upper California Limited* pour rallier en deux jours (c'est bien plus rapide que par mer !) New Liverpool (Los Angeles) en partance de Victoria (Washington) où vous avez pris vos ordres de votre chef, le général commandant la Police Royale Montée Américaine. Avant d'aller déguster votre bœuf sauce madère accompagné d'un Bordeaux tout en observant les bisons dans la plaine ou les bateaux à vapeur si petits d'apparence, installez-vous confortablement dans le lounge Rococo de style Roi-Empereur Edouard VII, commandez un Jameson avec glaçon et puisque vous avez tout le temps pour rallier votre base de commandement, ouvrez ce livre et plongez-vous avec Karine Gobled et Bertrand Campeis en Uchronie.

D'autant que les deux connaissent très bien leur affaire. Ce n'est pas pour rien qu'on leur a demandé de faire partie du jury du prix ActuSF de l'Uchronie. Ils sont avant tout des lecteurs boulimiques du genre (et pas que…), toujours à l'affût de la dernière parution, en prenant soin de ne pas être sectaires quant à ses supports ou ses déclinaisons très variés, et restent d'insatiables découvreurs de textes oubliés ! Alors laissez-vous guider… Et découvrez avec eux les origines du genre, ses évolutions récentes, ses occurrences en littérature et dans les autres arts, pour ne citer qu'une partie de ce qui vous attend. Les auteurs ont privilégié de mettre en avant des œuvres disponibles et accessibles, souvent récentes, mais sans pour autant en oublier les grands classiques. À ce propos et puisqu'on est en Uchronie, je ne peux que vous conseiller leur analyse fort pertinente de cette œuvre majeure du genre : La “Légende” de la Vraie Croix, fresque de Piero della Francesca que l'on peut admirer dans le Temple de notre déesse Niké à Arezzo. Son tableau VI, décrivant la victoire de Constantin sur Maxence à la bataille du pont Milvius en 312, est une pure merveille de l'Uchronie souvent citée par les spécialistes comme Uchronie fondatrice, même si le terme d'Uchronie a été inventé plus tardivement par notre grand stoïcien Renouvierus. Gobled et Campeis nous en font découvrir tous les détails, et à ce titre leur interview de la Vestale supérieure de la Province est éclairante ! On frémit à l'idée des conséquences d'une telle victoire sur notre Empire mais surtout sur nos valeurs et nos croyances sans parler de la perversion de notre jeunesse qui en résulterait et qui sans nul doute aurait conduit à notre décadence.

Mais ceci est une autre histoire, Dieux merci !

Éric Henriet
(October 2767 A.U.C.)

1

Comprendre l'uchronie en douze questions

Uchronie… un drôle de mot ?

Le mot « uchronie » est un mot récent, formé par le philosophe Charles Renouvier au XIXe siècle, à partir des racines grecques « οὐ » (« u ») qui signifie « non » et « Χρόνος » (« kronos ») qui signifie « temps ». Étymologiquement, l'uchronie désigne donc un temps qui n'existe pas, tout comme l'utopie, autre néologisme que l'on doit à Thomas More trois siècles auparavant, désigne, lui, un lieu qui n'existe pas. Charles Renouvier forge ce néologisme sur le modèle de celui de More à dessein. Il poursuit un objectif précis : écrire une utopie de l'histoire européenne, non pas telle qu'elle fut, mais telle qu'elle aurait pu être, selon lui, si un événement avait été modifié. L'uchronie consiste donc en une réécriture de l'histoire à partir d'un point de divergence précis.

Nous retrouvons cette définition dans le dictionnaire *Larousse* du XIXe siècle :

> *Uchronie (nom féminin) : utopie appliquée à l'histoire ; histoire refaite logiquement telle qu'elle aurait pu être.*

À noter : le terme « uchronie » n'est utilisé qu'en francophonie. À titre d'exemple, les anglophones usent des mots « alternative history » ou « alternate history » (histoire alternative), « counterfactual history » (histoire contrefactuelle). En francophonie, « histoire alternative », « histoire fictionnelle », « utopie historique » et « histoire contrefactuelle » sont aussi utilisés, bien que plus rarement.

Le point de divergence, un Graal ?

Pour réécrire l'histoire telle qu'elle aurait pu être, il faut nécessairement qu'un événement diffère de la réalité historique connue, à une date précise. Si rien ne change, l'histoire n'a aucune raison de modifier son cours. Le point de divergence, aussi appelé événement fondateur, se qualifie par un « Et si… ? » Et si Hitler avait intégré l'École des Beaux-Arts de Vienne, que se serait-il passé ? L'histoire du XXe siècle en aurait-elle été profondément changée ? Si Napoléon n'avait pas perdu à Waterloo, aurait-il conquis l'Europe et donné naissance à un Empire qui perdurerait encore ? Si la fission nucléaire n'avait pas été inventée, les Alliés auraient-ils perdu la Seconde Guerre mondiale ? L'électricité aurait-elle été aussi facile à produire en grande quantité et notre société hautement technologique aurait-elle vu le jour ?

Le point de divergence peut-être explicite ou implicite. L'auteur de l'uchronie peut le situer loin dans le passé et projeter son lecteur dans un futur modifié bien plus éloigné que notre présent et à forte connotation science-fictive.

Il peut, en outre, choisir d'expliquer ou pas l'événement fondateur. Le lecteur découvre donc un monde différent de celui qu'il connaît avec, pour s'y repérer, les clés que lui fournit l'auteur selon son bon vouloir. Selon les choix de ce dernier, le lecteur peut parfois avoir du mal à détecter le caractère uchronique d'une œuvre ou à comprendre et accepter le monde qui lui est présenté.

Le point de divergence est souvent lié à des événements, marquants ou emblématiques, dotés de suffisamment d'importance et de poids pour faire dérailler l'histoire officielle. Si Franklin Roosevelt avait été assassiné, les États-Unis seraient-ils parvenus à sortir de la Grande

Dépression, à prendre part et à gagner la Seconde Guerre mondiale[1] ? Certains auteurs imaginent même que l'histoire rejoint son cours officiel malgré des changements substantiels. Dans *Le Complot contre l'Amérique* de Philip Roth (Gallimard, 2006), l'accession au pouvoir de Charles Lindbergh en 1940 n'empêche finalement pas Franklin D. Roosevelt de devenir Président et de conduire l'entrée en guerre des États-Unis. Et qui peut dire qui de César ou de Marc-Antoine serait tombé amoureux de Cléopâtre si cette dernière avait eu un nez plus court[2] ?

L'uchronie se qualifie donc par ces deux composantes : son point de divergence, qu'il soit explicite ou non, et la réécriture de l'histoire qui en découle. Certains auteurs jalonnent leur récit d'une ou plusieurs modifications historiques. Il s'agit ici d'un « effet papillon », aussi appelé « effet domino », le premier changement en entraînant d'autres en cascade. Dans *Rêves de Gloire* (L'Atalante, 2011), Roland C. Wagner introduit de nombreux points de divergence : le général de Gaulle décède dans l'attentat du Petit-Clamart en 1960 tandis que John Fitzgerald Kennedy survit à Dallas en 1963 ; Tim Leary introduit le LSD en France au début des années 1960, provoquant la naissance du mouvement hippie en Europe plutôt qu'aux États-Unis ; la révolution hongroise de 1956 réussit et induit l'implosion du bloc communiste avant l'heure. Autant dire que le mur de Berlin ne tombera pas en 1989.

Mais l'uchronie peut aussi toucher au domaine de l'intime. Chaque décision personnelle importante entraîne des conséquences. Et si on pouvait réécrire son

---

[1] Philip K. Dick, *Le Maître du Haut Château*.

[2] « Le nez de Cléopâtre, s'il eût été plus court, toute la face de la terre aurait changé. » Blaise Pascal, in *Pensées*.

histoire personnelle en revenant sur l'un de ces choix ? Changerions-nous notre vie ? Dans la BD *Si seulement...*, Chabane et Rodolphe donnent la possibilité à leur héros de revivre trois vies différentes.

L'uchronie, un genre ?

Comment caractériser un genre ? La question des classifications et des étiquettes soulève encore bien des débats dans les milieux universitaires. La taxinomie littéraire est une question bien trop vaste pour être traitée en quelques lignes. Une définition, relativement simple et consensuelle, propose qu'un genre regroupe un ensemble de textes ayant en commun plusieurs caractères similaires : un thème (une enquête policière pour les polars), un procédé narratif (une correspondance entre différents personnages pour le roman épistolaire), un schéma d'ensemble (la fable, le conte...). L'uchronie peut donc se voir comme un genre à part entière. Toutes les œuvres introduisant un point de divergence et proposant une réécriture de l'histoire passée à partir de cette bifurcation peuvent être classées sous cette étiquette.

Pourtant, en arpentant les allées des librairies, on constate qu'il n'existe aucun rayon dédié à l'uchronie. Bien entendu, le volume d'œuvres publiées et existantes ne peut suffire à lui offrir un étal – ce dernier serait réduit à une portion congrue. Néanmoins, l'absence du terme dans les quatrièmes de couverture pose des questions sur sa reconnaissance en tant que genre.

Le procédé de réécriture de l'histoire à partir d'un événement modifié donne une grande latitude à l'auteur tant sur le support que sur l'intention. Il peut rechercher la crédibilité et la plausibilité historique pour un essai, ou laisser sa créativité l'emporter pour produire un monde bien éloigné du nôtre. Les œuvres uchroniques se retrouvent dans presque tous les domaines de l'art et une multiplicité de supports : littérature, cinéma, série télévisuelle, BD, jeux... En littérature, les romans uchroniques relèveront le plus souvent de la science-fiction ou du roman historique. D'autres genres peuvent aussi abriter des histoires alternatives. Rien n'empêche de bâtir un thriller haletant à partir d'un fait historique modifié (*Fatherland* de Robert Harris) ou de livrer une œuvre d'introspection pour réécrire sa vie en fonction de choix différents (*Un jour sans fin* réalisé par Harold Ramis). Les uchronies sont donc souvent rattachées à un genre plus large et, quelquefois, apparaissent comme noyées dans la masse.

Une autre piste de réponse possible nous est donnée par la réception des lecteurs. « Les genres littéraires dépendent peut-être moins des textes eux-mêmes que de la façon dont ces textes sont lus », enseignait Borges. Le caractère *oriental* des contes des *Mille et une nuits* ne peut être perçu et envisagé que par les lecteurs *occidentaux*. Et les auteurs eux-mêmes, parfois, ignorent, réfutent ou minimisent l'étiquette, comme Valéry Giscard d'Estaing. Bien que son roman, *La Victoire de la Grande Armée* (Plon, 2010), soit une uchronie – avec le retrait de Russie de Napoléon avant la débâcle –, l'auteur n'accepte pas le terme. Il met en exergue le romanesque et l'imaginaire. À la question de la réécriture de l'histoire, il oppose cette phrase : « Non ce n'est pas pour réécrire l'histoire, parce que l'histoire est écrite et ne change pas. C'est pour laisser son imagination vagabonder autour de l'histoire[3] » ou « pour s'interroger sur l'histoire[4] ».

---

[3] Alsace20. (2011, 18 mars). *Valéry Giscard d'Estaing revisite l'histoire* [Vidéo en ligne]. Repéré à http://youtu.be/40vlRQQ9NDs

[4] Yves Calvi. (2010, 22 novembre) *Valéry Giscard d'Estaing : "Les attaques émanant de votre camp sont les plus dangereuses"* [Interview]. Repéré à http://www.rtl.fr/actu/valery-giscard-d-estaing-les-attaques-emanant-de-votre-camp-sont-les-plus-dangereuses-7638113416

Et le mot uchronie en lui-même ne semble pas recueillir ses faveurs puisqu'il affirme qu'il « ne l'utilise pas[5] ». Paradoxalement, son roman a mis le genre sous les feux des projecteurs lors de sa parution en 2010. Quel meilleur ambassadeur l'uchronie aurait-elle pu connaître en la personne d'un ancien Président de la République ?

[5] Alsace20. (2011, 18 mars). *Valéry Giscard d'Estaing revisite l'histoire* [Vidéo en ligne]. Repéré à http://youtu.be/40vlRQQ9NDs

Quelles sont les grandes thématiques de l'uchronie ?

L'histoire est un vaste terrain de jeu pour l'uchronie. En théorie, tout grand événement historique peut faire l'objet d'un point de divergence. Et si Vercingétorix n'avait pas perdu à Alésia ? Et si l'Empire romain ne s'était pas effondré ? Et si Christophe Colomb n'avait pas découvert l'Amérique ? Les possibilités sont innombrables. Mais en pratique, une part importante des histoires alternatives concerne quelques grandes périodes marquantes de l'histoire. Hitler, le IIIe Reich et la Seconde Guerre mondiale ; Napoléon, ses campagnes et ses batailles perdues (Waterloo notamment) ; l'Empire romain ou encore le Moyen Âge cristallisent l'attention. Viennent ensuite la Première Guerre mondiale et l'extinction des dinosaures. Si ces périodes intéressent particulièrement les auteurs, c'est parce qu'elles sont connues du plus grand nombre. Les guerres, les assassinats de personnalités célèbres qui ont fait l'histoire apportent des points de divergence facilement identifiables et quasi universels. Plus qu'une facilité, il s'agit surtout de se baser sur des points clés de notre ligne temporelle, ne nécessitant que peu d'explications de la part de l'auteur. Prendre appui sur ces derniers pour tordre notre histoire permet aussi de donner de l'ampleur à l'exercice uchronique : au lieu de ne concerner qu'un pays et une période précise, il peut avoir des répercussions à l'échelle mondiale ou se ramifier sur des siècles. Par exemple, *Le Maître du Haut Château* de Philip K. Dick reconfigure le monde après une victoire de l'Axe et les *Chroniques des années noires* de Kim Stanley Robinson (Presses de la cité, 2003) couvrent sept cents ans à partir de la grande peste du Moyen Âge.

Les uchronies sur certaines époques, funestes, et ancrées dans nos mémoires, comme le IIIe Reich, peuvent poursuivre différents buts. Elles participent au devoir de mémoire, jouent un rôle d'alerte pour prévenir une répétition de l'histoire dans ce qu'elle a de plus horrifiant. Même si malheureusement, certains s'en servent pour faire étalage d'un révisionnisme révoltant en proposant une image plus flatteuse (et trompeuse) du système politique nazi ou en minorant le nombre de victimes du génocide juif par exemple.

En France, certaines guerres suscitent peu ou pas d'uchronies. Les guerres d'Indochine et d'Algérie semblent frappées d'un tabou. Elles sont peut-être encore trop proches de notre époque : les blessures infligées sont encore cuisantes et l'histoire officielle n'est pas encore suffisamment consensuelle, connue et figée pour autoriser un quelconque exercice spéculatif.

À quoi sert l'uchronie ?

Même si, on l'a vu, l'uchronie n'est pas l'histoire, elle a été utilisée, et l'est toujours, par des historiens, pour montrer que la discipline est loin d'être figée : et si le massacre de la Saint-Barthélemy n'avait pas eu lieu[6] ? Et si Louis XVI s'était tué lors d'une partie de chasse en 1789[7] ? Et si la France n'avait pas cessé le combat en 1940[8] ? Et si, et si, et si… Des interrogations pour mieux comprendre pourquoi l'histoire s'est écrite ainsi et pas autrement. Ce jeu, cet exercice intellectuel difficile à maîtriser parfois, permet de réfléchir, d'une part à l'histoire elle-même et aux chemins qu'elle a pu emprunter, mais aussi à la manière dont elle est transcrite et transmise. En ce sens, il reflète l'évolution de la pensée historique.

La construction uchronique montre cependant des limites. Elle repose sur les connaissances historiques de l'auteur et sur son degré d'expertise. Elle s'appuie aussi sur ses convictions, ses préjugés et le message qu'il souhaite faire passer. L'œuvre produite sera nécessairement orientée. L'objectif et le propos restent indissociables de l'intention de l'auteur : réparer ce qui est vécu comme une erreur ou une injustice, inventer un monde meilleur, idyllique, ou livrer un pamphlet. Néanmoins, l'histoire contrefactuelle n'a pas pour but de devenir le refuge du rêve d'un passé tel qu'on l'aurait souhaité, ni de refléter un refus de l'accepter tel qu'il fut.

---

[6] Joël Schmidt, *La Saint-Barthélemy n'aura pas lieu*, Albin Michel, 2011.

[7] Bernard Quilliet, *La Véritable Histoire de France*, Presses de la Renaissance, 1983.

[8] Jacques Sapir, Frank Stora et Loïc Mahé, *1940. Et si la France avait continué la guerre…*, Tallandier, 2010.

Réécrire l'histoire peut aussi avoir une vocation pédagogique ou d'alerte. Éric-Emmanuel Schmitt, dans *La Part de l'autre*, poursuit un objectif précis : « En montrant qu'Hitler aurait pu devenir autre qu'il ne fut, je ferai sentir à chaque lecteur qu'il pourrait devenir Hitler. » Son postulat consiste à empêcher l'humanité de se blanchir en octroyant à Hitler un statut de monstre inhumain. « Tant qu'on ne reconnaîtra pas que le salaud et le criminel sont au fond de nous, on vivra dans un mensonge pieux. » Éric-Emmanuel Schmitt s'inscrit, avec ce roman, dans une tradition d'engagement des écrivains, résumée par Jean-Paul Sartre de cette manière : « La fonction de l'écrivain est de faire en sorte que nul ne puisse ignorer le monde, et que nul ne s'en puisse dire innocent. » Ici, aussi, se pose une limite. Tout comme on ne peut prétendre substituer une uchronie à l'histoire, on ne peut prétendre juger l'histoire à travers l'uchronie. L'histoire alternative constitue un moyen parmi d'autres de questionner la discipline. L'étudier, ce n'est pas la juger ou rechercher une quelconque vérité mais bien essayer de la comprendre, d'en cerner le cheminement. Les historiens tentent de penser rationnellement son cours et de donner un sens au flux chaotique des faits. Ils isolent un certain nombre d'événements et de personnalités dont ils font la trame de leur récit. Les périodes historiques (le Moyen Âge, la Renaissance, etc.) résultent en partie d'une construction intellectuelle *a posteriori*. Elles regroupent un ensemble de situations, fruit du résultat de différents paramètres (économiques, sociaux, politiques...) et de courants de pensée (la philosophie au siècle des Lumières par exemple), que l'historien relie entre eux par leurs points communs. L'uchronie, en interrogeant l'histoire, a aussi la faculté de mettre à l'épreuve notre réalité. Qu'est-ce qui fait l'histoire ? Et qui la fait ? La classe politique dirigeante ? Ou alors existe-t-il une convergence morale globale qui dépasse les impulsions politiques ? Comment mesurer l'influence des courants de pensée sur le flux historique ?

Uchronie et histoire ?

Les relations entre histoire et uchronie sont, et resteront certainement, compliquées : la première uchronie au monde, *Napoléon apocryphe*[9], n'est-elle pas un roman ? Si les historiens anglo-saxons aiment toujours s'amuser en écrivant des nouvelles uchroniques à partir des dernières recherches historiques, nous voyons également des historiens français utiliser le procédé à dose homéopathique afin d'étudier une hypothèse sur le très court terme et réfléchir ainsi de manière différente à un problème historique. Ainsi, dans son essai *La Guerre germano-soviétique 1941-1945* (Tallandier, 2013), l'historien Nicolas Bernard s'interroge sur une éventuelle prise de Moscou en 1941 et sur ses conséquences à court et moyen terme (dans ce cas précis, la conquête de la capitale russe n'aurait pas changé le cours de la guerre). La construction de scénarios alternatifs nous donne la capacité d'analyser les causes des événements et de comprendre le déroulement de notre histoire. L'uchronie, en testant des hypothèses du passé, nous amène aussi à mieux appréhender le présent.

Afin d'avoir un point de vue différent sur les relations entre l'uchronie et l'histoire, nous avons interrogé un historien, Fadi El Hadge. Il a accepté de nous présenter les forces et les faiblesses de l'utilisation de l'histoire contrefactuelle.

---

[9] Louis-Napoléon Geoffroy-Château, *Napoléon et la conquête du monde : 1812-1832*, 1836 ; réédité sous le titre : *Napoléon apocryphe 1812-1832 : Histoire de la conquête du monde et de la monarchie universelle*, La Librairie Illustrée, 1896

Pouvez-vous tout d'abord vous présenter et nous donner votre parcours d'historien.

Je m'appelle Fadi El Hage. Je suis né en 1984. Je suis enseignant dans le secondaire, docteur en histoire, spécialiste des institutions militaires françaises à l'époque moderne. J'ai reçu le prix d'Histoire militaire 2011 pour ma thèse, soutenue l'année précédente, et publiée sous le titre *Histoire des maréchaux de France à l'époque moderne* (Nouveau Monde/DMPA, 2012). J'ai aussi publié une biographie du maréchal de Villars chez Belin, ainsi qu'une bonne vingtaine d'articles et contributions. Je fais part de mon actualité sur mon blog : http://www.fadielhage.wordpress.com

Comment voyez-vous l'histoire en tant que discipline et que science ?

Pour moi, l'histoire est une science fondée sur l'étude et la réflexion à partir de sources principalement écrites, mais qui peuvent aussi être matérielles (objets), orales (archives sonores), picturales, ou archéologiques (mais cela dépend des sujets). La dimension scientifique de l'histoire est essentielle, car c'est ce qui lui permet de ne pas être un récit orné destiné à édifier les foules. Ce qui définit avant tout la discipline est la rigueur scientifique. Il est nécessaire de bien analyser les documents, de les comprendre, avant de tirer des conclusions. Il ne faut pas partir de schémas a priori. Or, la difficulté tient à la communication des résultats. Un travail historique doit, à mes yeux, forcément aboutir à une publication, quelle que soit la nature du sujet. Je ne crois en l'histoire que sous la forme de livres. Les sites Internet, les documentaires sont des compléments, mais rien ne remplacera le livre, relié ou broché, à mes yeux.

(On comprendra que je ne suis pas très attiré par les e-books, qui ne sont qu'un fichier texte ; toutefois, je suis friand de livres anciens numérisés, dont l'accessibilité est facilitée de cette façon pour mener des recherches et écrire des ouvrages.)

Il faut éviter le plus possible d'écrire dans un jargon. Si l'ouvrage est jugé difficilement compréhensible sur la forme, cela veut dire qu'on a manqué quelque chose. Il faut une formation pour être historien (et écrire des livres, car on ne peut prétendre l'être sans avoir publié de livres ou des articles), mais ce n'est pas pour cette raison qu'il faut en faire une discipline élitiste. Je ne suis pas de ceux qui veulent éclairer à tout prix le présent par le passé. L'histoire peut fort bien être le désir de mieux connaître le passé, sans avoir à l'esprit le désir de faire systématiquement des parallèles avec le monde d'aujourd'hui. En revanche, je suis réticent à l'idée d'en faire une discipline militante, « à message », c'est-à-dire orientée politiquement ou philosophiquement, en bien ou en mal. L'histoire ne doit servir aucune cause à mes yeux. Elle n'a pas vocation à "être utile" à quelque chose dans nos vies ou à diffuser des principes, aussi nobles soient-ils. Elle doit juste permettre de comprendre ce qui s'est passé. Aussi est-ce pour cela que je souscris aux propos de Louis Halphen dans son *Introduction à l'histoire*[10] : « En tout cas, l'histoire n'est pas et ne peut être, sans manquer à ses obligations essentielles, l'école de morale et de civisme que depuis l'Antiquité trop d'historiens veulent faire d'elle. On ne devrait pas avoir à le rappeler si elle n'était encore de nos jours constamment tiraillée

---

[10] Louis Halphen, *Introduction à l'histoire*, Presses Universitaires de France, 1946, p. 74-75.

en tous sens par des éducateurs ou des écrivains qui, en paroles ou dans leurs livres, la mobilisent au service de causes, dont certaines sont saines et nobles, mais dont aucune n'est conciliable avec l'impartialité et la sérénité d'une discipline scientifique. [...] On ne forme pas des esprits à l'école du mensonge, et un peuple qui en serait réduit à travestir son passé pour soutenir le civisme des siens serait bien près de la ruine. Il serait donc temps de renoncer enfin à mettre l'histoire au service d'une cause quelconque. Si, sur le plan moral, elle a des leçons à nous donner, ce sont des leçons de sincérité et de droiture. »

Que représente l'uchronie à vos yeux d'historien ?

Je dois avouer que pendant longtemps, j'ai eu beaucoup de mal avec l'uchronie, et aujourd'hui encore, je peux exprimer instinctivement des réticences. Quand on est historien, on est attaché à connaître le déroulement des faits, à enquêter sur l'authenticité des sources que l'on a sous les yeux. Je pense qu'on est alors tellement attaché à cette quête d'authenticité (la philologie, la critique interne et externe sont des éléments fondamentaux de la science historique ; l'*Introduction aux études historiques* de Charles-Victor Langlois et Charles Seignobos (Hachette, 1897) le souligne bien) que l'on refuse le fictionnel au même titre que les affirmations à l'emporte-pièce sans raisonnement historique. On sait bien que l'histoire aurait pu se dérouler de différentes manières, sauf que cela ne s'est pas fait. J'attribue en partie cela à la volonté d'assouvir des rêves ou de calmer certaines frustrations que l'on peut ressentir à la lecture de certains événements (l'historien est comme tout être humain : il a des passions, des moments d'émotions, qu'il tâche de gérer lorsqu'il écrit afin de ne pas altérer son travail, notamment quand il s'agit de sentiments nationaux). L'uchronie sur la continuation de la guerre par la France en 1940 suscite forcément l'intérêt, car en tant que citoyen français, il est difficile de ne pas ressentir une frustration quand on a connaissance de l'arsenal français avant l'offensive allemande de mai 1940 et des erreurs d'appréciation qui ont pu être menées. Si cela se trouve, une telle uchronie peut avoir un impact positif dans l'intérêt pour l'histoire, car elle peut permettre de s'interroger sur les causes de la défaite qui s'est historiquement produite et se mettre à lire Alistair Horne (*Comment perdre une bataille* – Presses de la Cité, 1969), Marc Bloch (*L'Étrange Défaite* – Franc-Tireur, 1946) ou Robert Paxton (*La France de Vichy* – Seuil, 1973). Mieux encore, cela peut susciter des vocations historiennes, qui sait ?

La méfiance envers l'uchronie peut être due au fait qu'elle apparaît mine de rien à plusieurs occasions lors de productions historiques, avec des petits apartés du genre « Si untel avait agi ainsi, il aurait fait ci ou ça, il aurait réussi telle ou telle chose... ». Or, nul ne peut prédire l'avenir ou ce qui aurait pu forcément avoir lieu. Un historien ne peut vraiment se permettre de telles sorties, s'il tient vraiment à être honnête avec ses sources et envers ses lecteurs. L'important est donc de conserver l'uchronie dans sa dimension fictive et éminemment littéraire. Elle implique des choix subjectifs quant aux suites alternatives, mais on pourrait objecter que l'écrivain est comme l'historien confronté à des dizaines de kilomètres d'archives. Il doit faire des choix, subjectifs, bien qu'*a priori* fondés sur un travail de tri et d'étude.

En fait, tout cela dépend de la manière dont l'uchronie est menée. L'uchronie a un intérêt à mes yeux lorsqu'elle a été rédigée dans un contexte particulier. De fait, elle donne de précieux indices quant à l'esprit animant leurs auteurs, tout en pouvant être une belle récréation de l'esprit. Il y a une uchronie que j'affectionne particulièrement : *Napoléon apocryphe* de Louis Geoffroy (H.-L. Delloye,1836, édition définitive en 1841). Cet ouvrage raconte la conquête du monde par Napoléon à partir de 1812, la réalité historique n'apparaissant que sous la forme d'un pamphlet odieux contre l'Empereur qui a su créer la monarchie universelle. Le style fait que l'on est emporté par le récit et que l'on se met presque à y croire… ou du moins on aurait bien voulu y croire. Comme beaucoup de personnes, j'aime beaucoup lire sur Napoléon depuis que je suis préadolescent (j'ai eu un exemplaire du *Mémorial de Sainte-Hélène*[11] à 11 ans), en allant même jusqu'à écrire un livre sur lui (que j'espère publier bientôt). L'uchronie peut devenir une source historique très intéressante, la fiction futuriste pouvant exprimer des idées, des critiques qu'il aurait été plus difficile de formuler dans un ouvrage plus classique (Louis-Sébastien Mercier a utilisé ce procédé pour critiquer la vanité de la construction de Versailles par Louis XIV dans son uchronie *L'An 2440*[12]). En tant qu'historien, j'apprécie surtout l'uchronie quand elle me donne des indications sur les mentalités du passé. En tant que lecteur, une uchronie bien écrite et crédible est un bon moment récréatif, voire un moyen de réfléchir autrement.

[11] Emmanuel de Las Cases, *Mémorial de Sainte-Hélène*, Ernest Bourdin, 1822-1823.

[12] Louis-Sébastien Mercier, *L'An 2440*, 1770.

Fadi El Hage

Comment et pourquoi l'uchronie a-t-elle progressivement glissé dans le domaine de la science-fiction ?

Tout simplement parce que bon nombre d'écrivains se sont laissé prendre au jeu du « Et si... », mais en imaginant des changements colossaux à partir de leur point de divergence. L'uchronie reste pour eux un moyen de mettre en place une histoire à message, et ce, dans un cadre exotique, à la fois familier et différent. Tout comme la science-fiction s'amuse à créer des dystopies dans un futur pas si lointain, ou à imaginer la société humaine dans un siècle ou deux, l'uchronie est là pour faire réfléchir à la fois sur l'être humain et sur nos sociétés. Que le postulat soit crédible ou pas, il faut prendre les histoires uchroniques pour des histoires à réflexion et des prétextes pour l'aventure. En cela, l'uchronie emprunte à la fois au conte (remplacez la formule « Il était une fois » par « Et si ») et au roman d'aventures de la fin du XIXe siècle qui nous promettait des contrées exotiques et des aventures extraordinaires. Il n'est pas étonnant de voir fleurir des histoires steampunk qui tentent de reproduire le goût et l'essence de ces histoires, tout en démontrant que certains thèmes, comme la course vers le progrès et les inégalités sociales pour ne citer qu'eux, sont toujours d'actualité. Petit à petit, de réflexion sur le court terme nous sommes passés à l'histoire à message. Cela s'est-il arrêté là ? Pas vraiment, car nous voyons de plus en plus d'uchronies mélangeant divers genres, que ce soit de la fantasy, des univers fictifs, du voyage temporel, ou autre. Tout cela montre que l'uchronie est devenue à la fois un moyen narratif et un genre qui se renouvelle sans cesse.

Inventer des uchronies : quels dangers ?

Si l'uchronie consiste à réécrire l'histoire telle qu'elle aurait pu être, quelles différences avec le négationnisme ou le révisionnisme ?

Révisionnisme et négationnisme, deux démarches distinctes, sont souvent confondus et amalgamés à tort.

Le révisionnisme essaie de réinterpréter les faits historiques, en accord avec les données objectives déjà connues ou nouvellement découvertes. Il s'agit, à l'origine, d'une démarche critique, neutre et rationnelle de réexamen des sources disponibles pour que l'histoire telle que nous la connaissons et nous l'enseignons soit la plus proche de la réalité passée. À titre d'exemple, les Gaulois, longtemps vus comme des barbares chevelus vivant dans des huttes rondes en pleine forêt et comme des guerriers valeureux mais trop indisciplinés pour résister à l'envahisseur romain, ont bénéficié d'une démarche révisionniste. Grâce aux données récoltées sur de nombreuses fouilles depuis le début du XXIe siècle, on sait à présent que les Gaulois formaient une mosaïque de peuples et que leur mode de vie, assis sur l'élevage d'animaux domestiques (poules, lapins, moutons), la culture de céréales, l'art de la poterie et le travail des métaux, s'éloignait beaucoup de notre représentation traditionnelle : point de huttes rondes au milieu de la forêt, mais une ville structurée comportant même des habitations à étages pour les notables les plus riches.

Au fil du temps, la notion de révisionnisme a pris une connotation péjorative. Elle désigne, par extension, et abus de langage, la remise en cause de certains aspects historiques de la Seconde Guerre mondiale. Elle confine au négationnisme, procédé qui consiste à contester un certain nombre de faits historiquement établis. Ce déni historique s'accompagne souvent d'une démarche de falsification de données. L'historien qui le pratique ne respecte pas les considérations éthiques de ses pairs : il n'hésite pas à trier les données et à écarter celles qui ne corroborent pas sa thèse, à minimiser le poids de certains faits (minorer le volume des morts dans les camps de concentration par exemple) ou à en déformer ou maquiller certains pour qu'ils accréditent leur thèse. Le négationnisme contredit l'histoire officielle et vise à la réécrire les événements du passé.

La plupart des historiens utilisent le terme de négationnisme pour qualifier celui-ci, alors que les négationnistes affirment s'inscrire dans une démarche « révisionniste », entretenant, à dessein, la confusion. Dans l'esprit du grand public, les deux démarches se confondent.

Et l'uchronie dans tout ça ? Elle n'a aucune visée révisionniste ou négationniste. Elle ne nie en rien l'histoire officielle. Elle l'accepte même pleinement. L'uchronie réécrit une histoire alternative, à partir d'une divergence, et reste du domaine de la fiction historique ou romanesque. Elle n'a pas pour but de revoir ou de modifier l'histoire officielle. Il convient donc de ne pas confondre l'histoire revisitée (uchronie) et l'histoire révisée (révisionnisme, négationnisme).

Le procédé uchronique reste un outil de spéculation. La responsabilité de son utilisation incombe totalement à l'auteur, en fonction de ses motivations et de son éthique personnelle. À ce titre, certains négationnistes l'utilisent pour promouvoir leurs thèses délétères ou dangereuses. Il convient donc, pour le lecteur, de déceler les uchronies propagandistes malvenues. Pour cela, un minimum de connaissance de l'histoire officielle se révèle nécessaire, la tentation négationniste se cachant parfois, tel le diable, dans les détails.

Comme il existe une probabilité pour que, au cours de vos pérégrinations, vous vous retrouviez face à des uchronies négationnistes, nous estimons important de vous aider à repérer celles-ci.

Tout d'abord, nous nous devons d'insister sur un point : certes, les uchronies prenant pour thème la Seconde Guerre mondiale sont légions (et le mot est faible), et le fait de voir certaines d'entre elles prendre le point de vue des nazis ne signifie pas nécessairement que l'auteur en partage les valeurs. Pour vous en convaincre, nous sommes allés poser quelques questions à Vincent Brugeas, scénariste de la série *Block 109*, ainsi qu'à Richard D. Nolane, auteur de la série *Wunderwaffen*.

Vincent Brugeas

Vincent Brugeas est un scénariste de bande dessinée français, né en 1985 dans le Val d'Oise.

Diplômé d'une maîtrise en histoire contemporaine de l'université de Cergy-Pontoise, il est agent du patrimoine en bibliothèque où il gère le catalogue des bandes dessinées. Avec Ronan Toulhoat, dessinateur, il publie les séries Block 109 *et* Chaos Team *aux éditions Akileos.*

Vous n'avez pas écrit une uchronie imaginant *stricto sensu* une victoire nazie (comme l'ont fait Philip K. Dick ou Robert Harris) mais plutôt une œuvre imaginant une poursuite, suite à diverses raisons, de la Seconde Guerre mondiale au-delà de 1945. Pourquoi ?

Contrairement à Philip K. Dick où l'uchronie était le cœur du *Maître du Haut Château*, pour Robert Harris ce n'est qu'un prétexte à un thriller angoissant. Le système lui offre une atmosphère glaçante et étouffante, ainsi qu'une galerie de personnages secondaires d'anthologie. Cependant, l'uchronie ne prend pas le pas sur son intrigue, le cœur de son histoire reste son enquête.

Pourquoi est-ce que je parle de ça ? Et bien parce que c'est la même chose pour *Block 109*. Loin de moi l'idée de comparer mon œuvre à celle de Robert Harris, mais tout comme *Fatherland*, *Block 109* est avant tout l'histoire d'un homme, d'un choix très difficile et d'un plan. L'uchronie ne me sert qu'à créer un univers sombre et désespéré. Et pour accentuer cela, le mieux était de présenter un régime nazi aux abois.

Pourquoi avoir choisi de présenter votre œuvre du point de vue des méchants ? Est-ce pour mieux critiquer le système nazi de l'intérieur et montrer son inhumanité ?

Je ne crois pas que *Block 109* présente uniquement le point de vue des « méchants ». La plupart des personnages de mon histoire, Lisa, Grégory, Miller, sont de simples soldats qui tentent de survivre et non des nazis. C'est une chose très difficile à comprendre pour certains, l'enrôlement de force. En effet, certains lecteurs m'ont dit que si ces personnages se battaient dans l'armée allemande, ils étaient forcément nazis. Sinon, ils seraient devenus résistants. Je ris jaune généralement.

De même, j'ai supprimé la plupart des grands dignitaires nazis avant même le début de l'histoire. Je les trouvais encombrants.

J'en ai cependant gardé quelques-uns, tels que Heydrich ou Goebbels. Ils étaient importants pour souligner toute l'horreur du système nazi, de ses intrigues et de son pouvoir presque féodal.

Il existe malheureusement quelques uchronies négationnistes, à la gloire d'Hitler, de Pétain, que répondez-vous aux personnes qui font un amalgame entre uchronie et révisionnisme et vous accusent de faire l'apologie d'un régime criminel ?

Oulà ! Question difficile s'il en est ! Aucun lecteur ne nous a jamais accusés de faire l'apologie du régime nazi. Du moins, aucun lecteur ne l'ayant lu en entier, je crois que la nature de mon propos est claire ! Cependant, il nous arrive de croiser, très rarement heureusement, quelques lecteurs qui achètent notre livre et nous jettent des regards pleins de sous-entendus, du genre « on se comprend et on est bien d'accord »… En tant qu'auteur, j'aimerais bien assister à leur déconvenue quand ils découvriront notre véritable propos.

Pour répondre à la première partie de la question, je pense qu'il est normal de faire un amalgame entre l'uchronie et le révisionnisme… les deux termes sont synonymes de fantasmes !

Richard D. Nolane

Richard D. Nolane est né en France en 1955 et a passé treize ans à Montréal, Québec.

Auteur, traducteur, scénariste BD, anthologiste, critique, il a aussi assumé des fonctions de rédacteur en chef de revues et de directeur de collection. En 2011, il a reçu le prix Masterton de la nouvelle pour son recueil fantastique Séparation de corps. *Son 40e album BD est sorti début 2013.*

Pourquoi avoir inventé une uchronie avec un régime nazi qui continue la guerre en 1946 ?

Parce que dans le cadre de *Wunderwaffen*, c'était plus logique et dramatique de mettre en scène un Reich qui avait réussi à bloquer les Soviétiques à l'Est et empêché les Alliés occidentaux d'ouvrir un front à l'Ouest. Bref, un Reich qui se redresse en 1945-46 mais qui reste toujours sur la brèche et qui a décidé d'optimiser la recherche et la production des « armes miracles ». Et rien de tel qu'un contexte aussi tendu pour ouvrir la porte aux expérimentations les plus « exotiques » et de jouer donc avec toute la mythologie occulte et paranormale associée aux nazis. Mais dans ma prochaine série *Space Reich* (novembre 2014), j'utilise le thème d'une victoire du Reich, totale et écrasante fin 1943 devant Moscou. Avec bien sûr, des développements imprévus...

Pourquoi avez-vous décidé de raconter votre histoire du point de vue des nazis ?

Critiquer de l'extérieur pour la millionième fois le régime nazi ne m'intéressait pas. Le mieux était de juste laisser les nazis s'exprimer en toute liberté, sortir toutes les horreurs qui leur passaient par la tête dans leur état normal et se laisser aller à des plans encore plus tordus que dans notre réalité. Rien de tel pour cerner au mieux des monstres que de les regarder vivre et faire avancer l'histoire avec leur propre logique. Ceci dit, il y a un héros, allemand donc, un type bien dont les yeux vont s'ouvrir petit à petit jusqu'à un résultat qu'il aurait eu du mal à imaginer. Plus un certain nombre de personnages en demi-teinte, plus ou moins tordus, mais au final plutôt un peu du bon côté, comme je les affectionne.

La confusion entre uchronie et négationnisme existe. N'avez-vous pas peur d'un procès d'intention ?

Je leur réponds qu'avant de dire n'importe quoi, on se renseigne. Mes nazis sont encore pires que dans la réalité, alors question « révisionnisme », on repassera… Les accusateurs à la petite semaine m'exaspèrent et si j'aime expliquer, je ne suis pas du tout du genre à me « justifier ». Par contre, je comprends parfaitement que des gens qui ont eu des proches assassinés par les nazis et leurs sbires soient, eux, mal à l'aise face ce style d'histoire… Quant à ceux qui ne verraient dans *Wunderwaffen* et les nouvelles séries associées qu'une opération commerciale mercenaire (tout le monde sait que Hitler et le IIIe Reich sont très « vendeurs »), c'est oublier que ça fait quarante ans que je m'intéresse de près aux nazis et aux mythologies noires qui les entourent. Et que j'écris d'abord en fonction de ce que j'aime et non avec l'idée de vouloir forcément plaire à tout le monde.

Comme vous avez pu en avoir un aperçu, l'approche de ces deux auteurs se veut avant tout pragmatique : le nazisme reste l'incarnation du mal absolu et les nazis restent les plus grands méchants que l'on puisse avoir. Comme le souligne Richard D. Nolane, ce qui touche au IIIe Reich fascine. L'utilisation de la croix gammée et des symboles inhérents à l'Allemagne nazie (runes SS, portraits d'Hitler et consorts) fait vendre. Dans la presse spécialisée en histoire militaire, une couverture exhibant un char Tigre ou un autre artefact issu des usines nazies est plus susceptible de séduire le public qu'une couverture arborant un tank Sherman (construit par les USA). Une BD parsemée de machines uchroniques nazies peut exercer une attirance similaire, même si les Alliés travaillaient à l'époque sur le même type de concepts. N'oublions pas, par ailleurs, que les avions à réaction allemands, les fusées et autres armes miracles, n'étaient souvent que des prototypes, construits en petit nombre, dont les doctrines d'utilisation n'étaient pas encore établies, à une époque où l'Allemagne manquait désespérément d'acier, d'essence et de soldats. Le mot miracle est bien ici à prendre au sens premier du terme. Quand un dictateur commence à imaginer qu'une arme seule peut renverser l'équilibre stratégique d'une guerre devenue mondiale, c'est qu'il n'a plus grand-chose à opposer à ses adversaires… Pourtant les projets les plus farfelus, les plus novateurs, conçus dans des usines au taux de mortalité effroyable, et sans que l'on sache combien de temps cela aurait pris pour qu'on puisse passer à une production à l'échelle industrielle pour réellement peser sur le cours de la guerre, ne sont pas toujours perçus comme ce qu'ils étaient : des potentialités à la réalisation aléatoire. Nous entrons dans le domaine de l'irréel, de la croyance et de l'irrationnel. Comment croire dans le potentiel de ces armes miracles ? Et comment ne pas oublier qu'elles étaient conçues avant tout pour prolonger l'existence d'un des pires régimes criminels qui fussent ?

À côté de ces œuvres qui montrent l'horreur et l'inhumanité de la dictature nazie à partir de ce postulat « Et si le mal avait triomphé ? », il existe des œuvres plus insidieuses, plus amorales qui font l'apologie de ce régime criminel. Comment les reconnaître ? Souvent, le contenu, simpliste et peu vraisemblable, ne sert qu'à mettre en valeur Hitler, le régime nazi ou le Pétain du gouvernement de Vichy. Comme les maisons d'édition classiques savent détecter le négationnisme ou le révisionnisme sous-jacent, elles paraissent dans des structures relevant de l'autoédition, de l'édition à compte d'auteur ou de très petites maisons d'édition (orientées). Elles indiquent, dès la quatrième de couverture, un message pour le moins équivoque sur l'histoire véhiculée. Bien entendu, toutes les uchronies autour du IIIe Reich publiées à compte d'auteur ne relèvent pas du négationnisme. Nous en avons trouvé moins d'une dizaine à ce jour. Nous ne les citerons pas mais nous vous incitons à faire preuve de prudence : une simple recherche d'informations sur l'auteur, l'éditeur ou le texte sur Internet, et l'existence ou non de critiques, peuvent suffire à vous éviter une dépense inutile.

Une ou des uchronies ?

L'uchronie peut se décliner sous différentes formes tout en conservant ses caractéristiques propres : un point de divergence et une réécriture de l'histoire passée.

L'uchronie historique ou expérimentale

L'uchronie dans sa forme la plus classique et la plus connue consiste, comme nous l'avons vu précédemment, à faire diverger l'histoire conventionnelle à partir d'une date historique précise.

Elle produit une réécriture vraisemblable et réaliste de l'histoire à partir d'un point de bifurcation. Plus le romancier ou l'essayiste éloigne son récit du point de divergence, moins il maîtrise son histoire alternative. Les paramètres à contrôler, pour rendre une société uchronique vraisemblable, sont nombreux : il faut aussi jouer sur la culture, l'économie, la politique, etc. L'effet papillon, un changement en entraînant un autre dans le même domaine ou un domaine voisin, peut vite déborder l'auteur.

Il convient cependant de différencier différentes formes d'uchronies même si les étiquettes que nous allons vous présenter ne doivent pas être prises comme des vérités établies mais comme des points de repère. Vous trouverez différents qualificatifs pour les caractériser plus finement :

- Uchronie pure : l'histoire a changé de voie parce qu'un événement ne s'est pas produit. Les personnages vivent leur histoire dans un monde qu'ils considèrent comme le monde réel alors que, pour le lecteur, ce monde est une fiction.
- Uchronie impure : la divergence historique résulte de l'action de voyageurs temporels. Le passé n'est pas figé.

Les protagonistes peuvent avoir conscience, de manière plus ou moins confuse, que leur monde a changé, qu'il y a rupture de leur ligne temporelle.

▪ Uchronie limitée : l'histoire alternative se cantonne à un seul domaine, pour être la plus crédible possible. Les uchronies limitées sont, le plus souvent, militaires et rejouent une bataille au plus près du point de divergence.

▪ Uchronie large (littéraire ou romanesque) : elle ne s'encombre pas de plausibilité historique et ouvre au maximum le champ des possibles même si l'univers décrit en devient totalement farfelu ou historiquement impossible.

▪ Dyschronie : un néologisme proposé par Éric B. Henriet dans son essai *L'Histoire revisitée*[13], mixant uchronie et dystopie. Le préfixe « dys » signifiant mauvais, les dyschronies proposent un cours historique divergent catastrophique ou horrible en fonction de la norme établie. Toutes les uchronies où le IIIe Reich perdure peuvent être classées dans cette catégorie.

L'uchronie expérimentale constitue la forme la plus courante : essais, romans historiques, de science-fiction, films, mangas… En dresser un panorama exhaustif dans cette section n'est guère possible, mais nous vous invitons à poursuivre votre lecture de ce guide pour en découvrir de nombreux exemples.

Il est cependant nécessaire d'apporter une distinction entre ce qui relève de l'uchronie historique et ce qui relève de l'histoire secrète. Souvent confondues, ces deux disciplines n'ont pourtant pas beaucoup en commun. L'histoire secrète fonctionne sur un mode différent : elle prétend expliquer certains événements historiques par des actes cachés. Il y aurait donc une histoire officieuse,

---

[13] Éric B. Henriet, *L'Histoire revisitée, Panorama de l'uchronie sous toutes ses formes*, Encrage, 2004 (collection Interface).

masquée, parallèle et étroitement imbriquée à l'histoire officielle. L'histoire telle que nous la connaissons n'en est pas modifiée. L'uchronie est absente puisqu'il n'y a pas de point de divergence ni de réécriture. Les théories du complot foisonnent d'histoires secrètes impliquant des secrets d'État plus ou moins bien gardés. L'exemple le plus parlant reste l'homme au masque de fer. Voltaire porte la thèse qu'il serait le frère jumeau de Louis XIV. À partir de cette hypothèse – les historiens n'ont pas encore découvert l'identité de cet homme qui passa trente-quatre ans dans diverses prisons du royaume –, les histoires secrètes abondent. Dans *Le Victomte de Bragelonne*, Alexandre Dumas imagine qu'Aramis séquestre Louis XIV. L'homme au masque de fer prend la place de son frère, pendant quelques heures, avant d'être percé à jour et renvoyé dans sa prison.

L'uchronie personnelle

Un des aspects les plus fascinants du genre : et si vous pouviez modifier un élément de votre vie ?

L'uchronie personnelle parle à tout un chacun, car il ne s'agit pas de changer l'histoire mais bel et bien un élément de notre vie et voir à quel point celle-ci en aurait été affectée. Nous partons donc du postulat qu'il existerait un certain nombre de points de divergence, de moments où un choix nous est offert et où ce dernier conditionne deux chemins, forcément différents de notre vie. À partir de ce moment, un effet papillon se crée et voit toute notre existence chamboulée.

L'uchronie personnelle se mélange souvent avec d'autres ingrédients comme le voyage dans le temps ou les mondes parallèles. L'un des premiers exemples marquants reste un des moments du film *La Vie est belle* de Frank Capra (1946). Georges Bailey, homme de grand cœur, toujours prêt à secourir son prochain, est en proie au doute et songe fortement au suicide. Mais Dieu lui envoie un ange gardien, Clarence, afin qu'il lui montre à quel point la vie est précieuse et que tout peut s'arranger. Le spectateur voit défiler toute la vie de Georges, ses choix les plus importants, ses relations aux autres. Clarence ne parvient cependant pas à remonter le moral de Georges qui finit par exprimer son souhait de ne jamais avoir vu le jour. À la manière du *Chant de Noël* de Charles Dickens, Clarence dévoile à notre héros un monde où il n'aurait pas existé. En un instant, Frank Capra réussit à sublimer la portée des gestes d'une personne et montrer à quel point la vie d'un homme peut bouleverser celles des autres. Cette scène est devenue d'une certaine manière l'archétype de l'uchronie personnelle, car si on y réfléchit bien, rêver d'une autre vie en imaginant que la sienne n'est pas forcément fantastique peut être un vœu dangereux. Petite anecdote amusante, Don Rosa, à travers une aventure de Donald (*Si Donald n'existait pas* (*The Duck who never was*) par Keno Don Rosa, publication en 1994) a rendu un bel hommage à ce film en mettant en scène le pauvre canard, qui, après avoir découvert une lampe magique et s'être fait mal comprendre dans la formulation de son vœu par le génie y habitant, se retrouve dans un monde où il n'a jamais existé. Et Donald de découvrir, effaré, à quel point son existence a pu influencer (positivement !) celle des autres.

L'uchronie de fantasy et l'uchronie fantastique

L'uchronie de fantasy, comme son nom l'indique, mêle l'uchronie à la fantasy. L'uchronie fantastique, mêle uchronie et fantastique. Simple non ? Pas tout à fait. Ce sont des catégories un peu fourre-tout, proches de la fantasy urbaine, de la fantasy ou du fantastique. Les frontières, floues, ne permettent pas de dessiner les contours de ces sous-genres avec précision. L'uchronie de fantasy associe à la réécriture de l'histoire des éléments de féerie tels que les dragons, la magie ou les elfes mais ces éléments, à la différence du fantastique ou de la fantasy urbaine, sont parfaitement connus et intégrés dans le monde « réel ». Ces mondes, plus ou moins proches du nôtre, peuvent reprendre les événements majeurs de notre histoire. Naomi Novik, dans sa saga *Téméraire*, rejoue les conflits entre l'Angleterre et la France napoléonienne. La particularité de son univers réside dans l'utilisation de dragons dans les forces armées aériennes. Xavier Mauméjean dans *Rosée de feu* ôte tout caractère magique à ses dragons, des créatures biologiquement vraisemblables, utilisés en lieu et place des avions par les Japonais pendant la Seconde Guerre mondiale.

Sur le même principe, l'uchronie fantastique intègre des éléments présents dans la littérature fantastique comme les vampires, les loups-garous ou les zombies. Une météorite s'écrase sur le sol français au Moyen Âge, crée des mutations et transforme certains hommes en lycanthropes ? Jean-Luc Marcastel en profite pour faire bifurquer l'histoire de France dans *Louis le Galoup* et *La Geste d'Alban*, deux séries d'uchronie relevant de cette catégorie.

Avec ces uchronies, les auteurs s'éloignent, et de beaucoup, de la vraisemblance historique pour basculer dans le divertissement historique.

L'uchronie de fiction

Le principe est appliqué ici à un univers fictif déjà existant et possédant sa propre chronologie. On peut retrouver ce type d'uchronie aussi bien dans une œuvre littéraire, une bande dessinée, un comics, un manga, une série télé, une série de films, etc. Pour exister, il doit donc prendre sa source dans une œuvre déjà existante. C'est pour cela qu'il joue souvent avec des univers bien codifiés, où l'histoire est déjà connue. Il n'est ainsi pas rare de retrouver ce type d'histoire alternative dans le monde des comics – nous y reviendrons plus loin dans ce guide – mais également dans celui des séries télé, où sous les yeux du spectateur est présenté un autre monde, où le héros a fait un choix différent et, en conséquence, a changé l'histoire telle que nous la connaissons. Toutes les séries ou presque contiennent un épisode de ce type : mélancolique et drôle, il s'interroge sur les différents choix qui font la vie d'un personnage. Comme exemple assez étonnant, et marquant, de ces dernières années nous citerons le film *Star Trek* (J. J. Abrams, 2009) qui joue efficacement avec le voyage dans le temps et l'uchronie de fiction, mais nous vous en avons déjà trop dit ! Regardez-le et si vous connaissez un peu l'univers de *Star Trek*, et surtout de ses célèbres protagonistes, le Capitaine Kirk, Spock, Mc Coy et Scotty, vous vous amuserez beaucoup en leur découvrant une histoire différente de celle que vous connaissez.

Uchronie du futur et uchronie *a posteriori*

Les ouvrages que l'on désigne sous ce vocable ne sont, en réalité, pas des uchronies. Il s'agit souvent de textes d'anticipation mais qui sont reçus comme des histoires alternatives parce qu'au moment où elles paraissent, les événements relatés relèvent déjà du passé pour le lecteur. Un auteur qui rédige en 1940 un roman sur la fin de la guerre en 1942 écrit une anticipation. Si le texte paraît en 1954, il sera lu comme une uchronie. Or, cette dernière implique nécessairement une modification du passé, un point de divergence antérieur à l'époque de rédaction de l'œuvre. Poser un point de divergence dans le futur est impossible puisque l'histoire n'est pas encore connue. L'uchronie reste liée au passé alors que l'anticipation projette dans un futur plus ou moins proche.

Quels sont les liens entre l'uchronie et le voyage temporel ?

Les liens entre le voyage dans le temps et l'uchronie ont donné naissance à de nombreux sous-genres, avec leurs particularités propres. Mais avant de s'intéresser à ceux-ci, voyons en quoi un voyage temporel peut déboucher sur une histoire contrefaite. Si la formule « Et si… » est symptomatique de l'uchronie et indique souvent le regret, elle voisine également avec le temps, puisque cette dernière se conjugue au passé. Si voir le futur est toujours exotique, aller visiter le passé pour vérifier si celui-ci correspond à ce qui est écrit dans nos livres d'histoire est plus que tentant. Avoir le pouvoir de le modifier et être témoin des conséquences apparaît alors comme le nouveau fruit défendu, source du tabou ultime : l'homme se prenant pour Dieu réécrit l'histoire selon son bon vouloir. L'un des premiers voyages dans le temps référencés – il y en a d'autres avant lui, mais moins aboutis – reste *La Machine à explorer le temps* de Herbert Georges Wells en 1895. Il est amusant de songer qu'on se souvient beaucoup plus du voyage dans le temps que de la critique sociale de la société victorienne qui transparaît du roman. Si Wells envoie son narrateur dans le futur, d'autres se sont amusés à envoyer leurs héros de papier dans le passé, ou à créer une police temporelle, chargée d'empêcher la modification de l'Histoire comme dans *La Patrouille du temps* de Poul Anderson. Le voyage dans le passé ne débouche pas obligatoirement sur une uchronie et une réinvention de l'histoire.

Un des exemples les plus célèbres de voyage dans le temps au cinéma reste la trilogie *Retour vers le futur* de Robert Zemeckis où le principal protagoniste, Marty McFly, envoyé dans le passé, tente de ne pas le réécrire sous peine de se voir disparaître... dans le futur. Mais s'il n'existe pas dans le futur, il ne peut pas non plus remonter le temps... Nous sommes face à un paradoxe temporel, déjà illustré par René Barjavel dans *Le Voyageur imprudent* : le héros retourne dans le passé, tue accidentellement son grand-père et ne peut donc venir au monde. Et s'il ne vient pas au monde, il ne peut pas se rendre dans le passé et tuer son grand-père.

D'autres possibilités s'ouvrent quand il s'agit de voyage temporel, comme celui de la boucle temporelle, où le protagoniste revit les mêmes événements jusqu'à ce qu'il réussisse à briser le cercle. Ce type de phénomène a été popularisé par le film *Un Jour sans fin*, de Harold Ramis, qui met en scène un météorologue peu amène, Phil Connors, envoyé dans la petite ville de Punxsutawney, pour réaliser un reportage sur une coutume locale. Le héros revit sans cesse la même journée en conservant le souvenir de la veille, jusqu'à craquer. La boucle temporelle connaît un succès certain auprès des scénaristes : on retrouve de plus en plus de séries télévisées mettant en scène un épisode de ce type et une série policière, *Day Break*, en a même fait son argument de base.

Qui dit voyage temporel, dit voyageur temporel avec la possibilité pour ce dernier de retourner dans le passé pour tenter d'améliorer les choses. Le dernier film de la franchise X-Men (*X-Men : Days of Future Past*, 2014) en est un exemple frappant. Dans un futur proche, les mutants sont traqués et impitoyablement éliminés par des Sentinelles, machines créées par les industries Trask à la fin des années 1960. Les derniers mutants tentent une ultime expérience en renvoyant l'esprit de l'un d'eux, Wolverine, au moment précis où il peut espérer changer l'histoire.

Comme vous le voyez, il y a de nombreuses déclinaisons et combinaisons possibles.

Le steampunk utilise-t-il l'uchronie ?

Le terme « steampunk », littéralement « punk à vapeur », est une création récente, née d'un trait d'humour de l'auteur K. W. Jeter, dans un courrier de 1986 à destination du magazine *Locus*. À l'époque, nombre de mouvements littéraires – souvent éphémères à l'exception du cyberpunk – utilisaient le suffixe « punk » (« slatterpunk », « biopunk », etc.) pour se caractériser. En jetant, sous forme de boutade, le mot steampunk, K. W. Jeter n'imaginait pas qu'il allait lancer un nouveau courant littéraire et que ce courant s'affranchirait de ses frontières pour devenir une esthétique se déclinant dans de nombreux domaines, des jeux au grand écran en passant par la musique…

À l'origine, le terme steampunk recouvre un genre littéraire dont l'action se déroule à l'époque victorienne mais dont le développement se base sur la machine à vapeur. Il s'agit aussi et surtout d'une transposition du courant cyberpunk dans le XIXe siècle finissant. Les thématiques sont proches : mise en place de systèmes de contrôle des individus à partir du premier « ordinateur » – la machine à différences de Charles Babbage –, lutte d'États-nations pour la domination de la planète à travers leurs idéaux, circulation de l'information de manière quasi instantanée partout dans le monde. Dans la préface de l'anthologie française *Futurs antérieurs* (Fleuve noir, 1999), Daniel Riche résumait ce courant par cette phrase : « le steampunk s'efforce d'imaginer jusqu'à quel point le passé aurait pu être différent si le futur était arrivé plus tôt ». Le steampunk ne recherche cependant pas la vraisemblance historique et joue sur une époque victorienne fantasmée et riche de possibilités.

Pour explorer plus avant les liens entre l'uchronie et le steampunk, nous avons interrogé Étienne Barillier.

Étienne Barillier

Étienne Barillier, professeur à Limoges, est un spécialiste de Philip K. Dick et un passionné de Fantômas. Il co-anime le podcast Le Palais des Déviants avec Laurent Queyssi. Il a écrit trois essais sur le steampunk : Steampunk !, l'esthétique rétro-future *(Les Moutons électriques, 2010),* Le Guide steampunk *(en coll. avec Arthur Morgan, Éditions ActuSF, 2013) et* Tout le steampunk ! *(en coll. avec Raphaël Colson, Les Moutons électriques, 2014).*

Pour commencer pouvez-vous nous donner une brève définition de ce qu'est le steampunk ?

La définition la plus large possible est que le steampunk est une uchronie rétro-futuriste déviante et métatextuelle. Nous parlons d'un XIXe siècle victorien (là est la généralisation) uchronique qui n'a généralement pas de point de divergence marqué avec l'histoire, ou alors ce point de divergence n'est pas clairement défini. Le steampunk est aussi un jeu avec la fiction : Jules Verne peut rencontrer le Capitaine Nemo, H.G. Wells des Martiens et Victor Hugo Gavroche adulte (bien évidemment devenu agent secret) !

Le steampunk est donc uchronique par essence. Pourtant toutes les œuvres steampunk ne réécrivent pas l'histoire. Pour une partie du corpus littéraire de steampunk victorien par exemple, la trame temporelle est respectée : la reine Victoria est toujours au pouvoir et l'histoire suit le même cours que celui qu'on lui a connu. Peut-on encore parler de lien uchronique dans ce cas ?

Oui, un lien, mais pas une condition. Le steampunk se situe exclusivement dans le passé. Il est rétro-futuriste.

Le rapport du steampunk avec l'histoire peut être très lâche. *La Machine à différence* de William Gibson et Bruce Sterling propose une relecture fine de l'histoire, mais tend progressivement, et indubitablement dans les dernières pages, vers la science-fiction pure et dure. Le steampunk est un jeu avec l'histoire et cette tendance s'affirme de plus en plus, à mesure que l'esthétique steampunk se développe. Grosso modo, il est possible de voir deux tendances actuelles. D'un côté, les romans qui travaillent toujours la matière historique comme *L'Étrange Affaire de Spring Heeled Jack* de Mark Hodder, qui multiplie les jeux temporels, avec une réalité qui s'éloigne de la nôtre de plus en plus... pour devenir steampunk au final ! De l'autre côté, des romans qui s'appuient exclusivement sur l'esthétique steampunk. Cette dernière est maintenant assez forte pour « poser le cadre » sans qu'il soit nécessaire de justifier la divergence, ni même de s'en préoccuper. On peut penser par exemple aux romans de Gail Carriger, *Le Protectorat de l'ombrelle*.

Éric B. Henriet positionne le steampunk comme une ramification de l'uchronie. Stan Barets estime qu'il s'agit plutôt d'une évolution du courant cyberpunk. André-François Ruaud considère que le steampunk est un genre autonome puisant dans les mauvais genres pour en faire le cœur de son écriture. Que pensez-vous de ces approches ?

Elles sont justes, dans leur approche du steampunk à un moment donné. En fait, le genre évolue considérablement depuis trente ans et ne cesse de proposer de nouvelles variantes de lui-même. Ces critiques l'ont tous analysé à un moment de cette évolution. Est-ce que les romans de weird west de Mike Resnick sont du steampunk ? Est-ce que l'approche historique du steampunk n'est pas souvent bien plus légère et ludique que ne l'autorise l'uchronie ? Le steampunk travaille autant l'histoire que la fiction romanesque. Instinctivement, je place le steampunk plus comme une métatextualité que comme un travail historique.

Avez-vous identifié, parmi vos nombreuses lectures, des œuvres susceptibles de faire un pont entre l'uchronie historique et le steampunk ? Il peut s'agir de textes uchroniques susceptibles de plaire aux amateurs de steampunk comme de textes à l'esthétique steampunk marquée susceptibles de plaire aux lecteurs habitués aux uchronies plus axées sur l'histoire.

Question difficile ! Le meilleur des deux mondes, alors ? Bien sûr, je pense à *La Machine à différence* de Gibson et Sterling. On peut évoquer aussi *La Lune seule le sait* de Johan Heliot où Jules Verne est envoyé sur la Lune pour sauver Louise Michel... Mark Hodder, naturellement, parce que les autres romans de sa série « Burton & Swinburne » méritent d'être traduits. En romans jeunesse, je citerais *Le Worldshaker* de Richard Harland et bien évidemment la trilogie *Léviathan* de Scott Westerfeld.

En tant que lecteur, entretenez-vous un rapport particulier à l'uchronie ? Quelles œuvres uchroniques vous ont marqué ?

J'adore l'uchronie, surtout quand elle se rapproche de l'histoire contemporaine. En tant que dickien, je suis particulièrement touché par *Le Maître du Haut Château* de Philip K. Dick. Ce roman est un chef-d'œuvre.

D'une part, il est une uchronie simple : que se serait-il passé si les Alliés avaient perdu la Seconde Guerre mondiale. D'autre part, il est un projet romanesque un peu fou, ne s'intéressant pas à la grande histoire, mais à celle de personnages du quotidien. Enfin, il explore les grandes thématiques dickienne, sur la nature du réel, la question ontologique de la définition de l'humain et la mise en abyme de l'uchronie au sein même du roman. Un incontournable !

Avez-vous des projets ou actualités en lien avec l'uchronie ou le steampunk ?

Le grand projet est la réédition revue et augmentée de *Steampunk !* chez les Moutons électriques. Intitulé *Tout le steampunk !*, c'est un long essai qui retrace l'histoire du genre, aussi bien dans sa dimension rétro-futuriste que dans ses multiples variations.

Les derniers mots (peut-être à propos d'uchronie) vous appartiennent !

Beaucoup de gens aiment le steampunk avant même de savoir que le steampunk existe. Je suis convaincu qu'il en va de même avec l'uchronie !

L'uchronie, un phénomène de mode ?

Nous le verrons plus loin, l'uchronie a toujours été présente dans notre histoire. D'Hérodote en 450 avant Jésus-Christ à Stephen King en 2013, elle a de tout temps trouvé sa place soit à l'état de trace comme dans les *Pensées* de Pascal soit de manière plus fouillée comme dans la pièce de théâtre de Friedrich von Schiller, *La Pucelle d'Orléans*. Si elle acquiert ses lettres de noblesse au XIXᵉ siècle avec Louis Geoffroy et son *Napoléon et la conquête du monde* ou *Uchronie (l'utopie dans l'histoire)* de Charles Renouvier, l'essor du genre, en France, survient avec son glissement dans les collections de SF. Avant cela, l'uchronie semblait condamnée au purgatoire. La France a une approche scientifique de l'histoire mais, pour autant, met du temps à accepter la controverse, à intégrer de nouvelles théories. L'histoire est une discipline qui paraît gravée dans le marbre alors même que les historiens ne disposent pas toujours de suffisamment de sources pour étayer les théories en cours. Tout outil de questionnement, susceptible de bousculer l'ordre établi, représente une menace potentielle. L'intérêt de la démarche, fréquemment remis en question, conduit une partie du corps des historiens à la réduire à un aimable divertissement, sans aucune dimension philosophique ou intellectuelle. Tout au plus est-il reconnu quelques qualités aux uchronies militaires en admettant qu'elles permettent de tirer des leçons des batailles perdues ou de développer de nouvelles stratégies.

Dans les années 1960-1970, les auteurs de science-fiction s'emparent du procédé uchronique pour arpenter un nouveau champ des possibles. Et, à partir des années 1980, ils sont de plus en plus nombreux à proposer des histoires alternatives. Les thématiques traditionnelles de la science-fiction n'enchantent plus. La conquête spatiale, coûteuse, montre ses limites. L'atome, après avoir fait rêver les auteurs et les lecteurs, révèle ses côtés les plus sombres avec la bombe H et les catastrophes nucléaires. Les réseaux informatiques, la circulation de l'information, peuvent devenir des outils de contrôle et de coercition des populations. Le progrès scientifique n'est plus perçu comme une amélioration mais comme une menace. Les dystopies angoissantes fleurissent. La science-fiction, à la recherche des possibles ou d'un monde meilleur, se tourne alors vers le passé et les histoires alternatives deviennent un moyen de réécrire un avenir meilleur. À la fin des années 1990, l'uchronie bénéficie aussi de l'effet de mode qui s'est emparé du steampunk. L'esthétique de ce dernier lui permet d'essaimer dans la BD et le cinéma. Entraînée à sa suite, elle se répand à son tour sur ces supports.

Couplée à un regain d'intérêt pour l'histoire, avec les commémorations des guerres, l'uchronie connaît un nouvel élan du côté des historiens. Chaque année depuis 2010, le musée de l'Armée de Paris organise des *Rencontres de l'uchronie* : un après-midi de conférence autour d'un thème (la Seconde Guerre mondiale, Napoléon, la Première Guerre mondiale…) pendant lequel débattent historiens, essayistes ou auteurs de romans ou de BD uchroniques. En 2013, le département d'histoire de l'École normale supérieure a mis en place un séminaire d'élèves sur l'histoire contrefactuelle baptisé « L'histoire avec des si ». Il se propose de multiplier les approches et les points de vue pour « interroger en profondeur cette méthode historique stimulante ». Cet intérêt a également motivé la création, en 2011, d'un prix littéraire porté par le site Internet ActuSF et composé de trois catégories : littérature, graphisme et prix spécial.

Le volume global d'œuvres produites chaque année n'est pas exceptionnel : dans les parutions françaises de 2013, nous avons recensé une trentaine de livres uchroniques (romans, anthologies et essais) ainsi qu'une trentaine des BD. Si ces chiffres bruts peuvent paraître importants, ils sont à relativiser : 1 102 nouveautés romanesques, françaises et étrangères, publiées pour les seules rentrées littéraires de septembre 2013 et janvier 2014. L'uchronie ne représente pas plus de 3 % de ce volume qui ne couvre même pas l'intégralité de la production annuelle. Si l'on peut parler d'effet de mode ces dernières années, le genre reste marginal dans les publications.

Et ailleurs ? L'uchronie hors de nos frontières

Dans le reste du monde, l'uchronie se porte globalement bien même si elle n'est pas présente partout. Et, quand bien même elle le serait, il nous est difficile de couvrir le vaste monde et ses centaines de langues différentes pour l'identifier. Toutes ne sont pas traduites, loin de là. Tentons tout de même un tour du monde de l'uchronie !

En volume, les Anglo-saxons restent les plus prolifiques. Ce n'est guère étonnant quand on considère le poids déterminant des œuvres de langue anglaise dans le domaine de la science-fiction et le nombre d'ouvrages qui bénéficient d'une traduction en langue française. Les auteurs de science-fiction des États-Unis et du Royaume-Uni ont contribué à la popularité contemporaine du genre. Nous y reviendrons plus en détail dans les pages de ce guide, mais il faut d'abord noter que les historiens anglais ou américains s'y adonnent sans défiance ni préjugés, contrairement aux Français. L'uchronie sert de terrain de recherche pour tenter de mesurer le poids de certains événements dans la trame historique ou l'influence des hommes qui ont marqué l'histoire.

Chez les Britanniques, plusieurs historiens s'illustrent en uchronie. Un éditeur anglais, John Collings Squire (1884-1958), a publié en 1931 une anthologie de onze essais uchroniques *If: or, History Rewritten* (non traduite en français). Les points de divergence ? Les Maures conquièrent l'Espagne, Napoléon Bonaparte s'échappe de son exil à Sainte-Hélène et libère l'Amérique centrale et l'Amérique du Sud de la domination espagnole et portugaise, Don Juan d'Autriche épouse Marie Stuart, reine d'Écosse, les Hollandais conservent la Nouvelle

Amsterdam, Byron devient roi de Grèce… Deux textes sont un peu plus connus. Dans « If Louis XVI Had Had an Atom of Firmness », André Maurois imagine que Louis XVI se maintient sur le trône et met en œuvre les réformes financières et constitutionnelles qui lui permettent d'éviter la Révolution. La France devient une monarchie qui survit jusqu'au vingtième siècle. Dans un monde où les Confédérés sudistes ont gagné, Winston S. Churchill adopte le point de vue d'un historien sudiste qui imagine ce que serait le monde si les Nordistes avaient gagné. « If Lee Had Not Won the Battle of Gettysburg » est donc une belle mise en abyme.

L'historien Arnold Joseph Toynbee (1889-1975) a publié, entre 1934 et 1961, une théorie générale de l'histoire et des civilisations. Les douze volumes de son *Étude de l'histoire* (*A Study of History*) contiennent trois essais uchroniques autour du développement de la chrétienté en Asie, de la France devenue musulmane après la défaite de Charles Martel et de la découverte par les Vikings de l'Amérique du Nord.

Aux États-Unis paraissent régulièrement des anthologies d'essais uchroniques écrits par des historiens, non traduites dans nos contrées, ce qui en dit long sur l'intérêt des historiens et des éditeurs pour cette recherche d'un caractère un peu particulier. On peut citer par exemple *The Napoleon Options: Alternate Decisions of the Napoleonic Wars* (Greenhill Books, 2000) ou *What If?: The World's Foremost Military Historians Imagine What Might Have Been* (Putnam's, 1999). Autre exemple marquant : *For Want a Nail: If Burgoyne Had Won at Saratoga* de Robert Sobel. Cet essai dépeint un monde où la révolution américaine a échoué après que le général anglais a vaincu le général Gates en octobre 1777 lors de la bataille de Saratoga. Si le thème n'est pas d'une originalité folle, le traitement se révèle révolutionnaire. Le texte est présenté sous forme de manuel scolaire couvrant l'histoire de l'Amérique du Nord de 1763 à 1971. Ce faux manuel comporte des annexes énumérant les dirigeants de la Confédération de l'Amérique du Nord et des États-Unis du Mexique, une abondante bibliographie, plus de huit cents notes de bas de page imaginaires et même une carte fictive. L'auteur, dans sa préface, va jusqu'à remercier les auteurs fictifs qu'il a cités dans la bibliographie.

Certains auteurs se sont spécialisés dans les histoires alternatives et parviennent à vivre de leur plume. Harry Turtledove, docteur en histoire de l'Empire byzantin, doit son succès à ses romans uchroniques et collectionne les prix littéraires (Hugo, Nebula, Sidewise Award for Alternate History). En avril 2008, *Publisher's Weekly* l'a qualifié de « Maître de l'Uchronie ». Auteur prolifique, il a imaginé les conséquences d'une invasion extraterrestre au milieu de la Seconde Guerre mondiale dans *Worldwar*, série en quatre volumes (1994-1996), la trilogie *Colonization* (1999-2001) et un roman isolé *Homeward Bound* (2004). Sa série sur la victoire du Sud dans la guerre de Sécession compte onze volumes : un roman isolé, *How Few Remain* (1998), les trilogies *Great War* (1998-2000) et *American Empire* (2001-2003) et la tétralogie *Settling Accounts* (2004-2007). Dans sa série *Crosstime Traffic*, Harry Turtledove met en scène des mondes parallèles dans lesquels l'histoire a divergé. Il utilise des points de divergence marquants : l'Empire romain n'est pas tombé, l'Allemagne a remporté la Première Guerre mondiale, la peste noire a tellement affaibli l'Europe que cette dernière rate sa révolution industrielle, les États-Unis ont éclaté en de multiples États indépendants au début du XIXe siècle, l'Union soviétique remporte la Guerre froide et impose son modèle politique au monde. Aucune de ces séries n'est malheureusement traduite en français. Nous lançons ici un appel aux éditeurs pour remédier à cet oubli.

Les Anglo-saxons, férus d'histoire alternative, ont créé, fin 1995, un prix littéraire, The Sidewise Award for Alternate History, remis annuellement au meilleur texte uchronique publié en langue anglaise. Le prix doit son nom à la nouvelle de Murray Leinster, « Sidewise in Time », dans laquelle une étrange tempête remodèle la Terre en intervertissant certaines régions avec leurs doubles provenant de mondes parallèles. Le prix comporte trois catégories, Short-Form Award (nouvelles, novellas et poésie), Long-Form Award (romans) et Special Achievement Award. Cette dernière catégorie ne connaît que trois lauréats.

Restons en Amérique du Nord pour évoquer le Québec qui a produit quelques uchronies marquantes. On considère la nouvelle de François Hertel, « Lepic et l'histoire hypothétique[14] », comme la première tentative de mettre en œuvre une uchronie au Québec. Le récit renverse le cours de la Guerre de Sept Ans lorsque, en 1759, le général français Louis-Joseph de Montcalm bat le général James Wolfe lors de la bataille des Plaines d'Abraham. Le Canada demeuré français acquiert son indépendance en 1789 et finit par étendre ses frontières jusqu'en Louisiane. *Similia similibus ou La Guerre au Canada : essai romantique sur un sujet d'actualité* (1916) d'Ulric Barthe décrit le bombardement, l'invasion et l'occupation réussis du Québec par l'Allemagne lors de la Première Guerre mondiale pour encourager les Canadiens français à s'engager en faveur

[14] François Hertel, « Lepic et l'histoire hypothétique », in *Mondes Chimériques*, Société des Éditions Pascal, 1944.

des Alliés. Plus récemment, Alain Ducharme, dans sa nouvelle « Montréal : Trois Uchronies » (*Solaris* n° 155, 2005) récompensée d'un prix Aurora, propose trois histoires alternatives de la ville. Dans la première, Montréal est devenu la capitale officieuse de l'Amérique du Nord sous la direction d'un maire visionnaire aidé d'un méga-ordinateur. La deuxième efface la Révolution tranquille et la laïcisation de la société québécoise qui a suivi. Le cardinal du Québec intronisé Pape, Montréal devient un lieu de pèlerinage. Dans le troisième texte, la ville obtient le statut de nouvel Olympe accueillant des super-héros populaires héritiers du légendaire Jos Montferrand.

Quittons l'Amérique du Nord. Qu'en est-il du reste de l'Europe ? De l'Amérique du Sud ou de l'Asie ?

Malgré le faible volume publié (parfois un seul titre), presque tous les pays produisent des uchronies. Nombre d'entre elles portent sur la Seconde Guerre mondiale et les figures historiques majeures de cette période (autour de Mussolini chez les Italiens par exemple). Les autres fondent leur point de divergence dans l'histoire du pays (la guerre civile pour les Espagnols). On trouve quelques histoires alternatives non traduites au Mexique et en Argentine. Au Brésil, un auteur, Gerson Lodi-Ribeiro, œuvre pour le genre. Une de ses nouvelles d'histoire alternative, « L'Éthique d'une trahison » (titre portugais *A etica da traição*) a été publiée dans la revue *Antares* (n° 41/42, 1992).

Certaines périodes sont peu propices à la publication d'uchronies. Sous Staline la censure était telle qu'il n'existe, à ce jour, aucune histoire contrefactuelle connue en langue russe issue de cette période. La Russie a produit cependant quelques textes uchroniques comme *L'Antigrav « Tsarévitch »* de Viatcheslav

Rybakov (1993). Le roman, l'une des premières uchronies publiées après l'éclatement de l'URSS, met en scène une Russie qui n'a pas connu la révolution d'Octobre. Nous n'avons pas connaissance d'histoires alternatives en langue chinoise ou en indien. En provenance du Japon, nous avons identifié quelques uchronies en manga. En 2014, il aurait été difficile de rater une uchronie japonaise – plus exactement une boucle temporelle à tendance uchronique – puisqu'elle est arrivée en France portée par Hollywood et… Tom Cruise. Nous reviendrons plus loin dans ce guide sur *Edge of Tomorrow*, film tiré d'un roman de Hiroshi Sakurazaka, *All You Need Is Kill*.

2

Uchronie et littérature

À quand remonte la première uchronie littéraire ? L'uchronie joue avec l'histoire mais quelle est la sienne ? Est-elle née avec l'écriture dans un lointain passé, la philosophie ou la science-fiction moderne ? Voici l'histoire de l'uchronie dans une approche chronologique.

L'uchronie avant l'heure

La tentation uchronique est présente depuis bien longtemps dans les écrits. De 450 à 420 av. J.-C., l'historien grec Hérodote d'Halicarnasse s'y est adonné. Ses *Enquêtes*, composées de neuf livres, retracent l'histoire de la Grèce et de l'Égypte antiques, le développement de l'Empire perse et les guerres médiques entre ce dernier et la Grèce. Hérodote cherche à expliquer les raisons des guerres entre les cités grecques et les Barbares. Il croit au Destin ou aux interventions des Dieux dans les affaires des hommes. Ces dernières présentent l'avantage d'expliquer certains comportements déraisonnables de souverains ou des événements qui paraissent inexorables. Mais l'histoire n'est pas totalement régie par ces interventions divines. Les hommes gardent une part de responsabilité ; leurs choix portent à conséquence. Le livre VII, qui relate l'arrivée au pouvoir de Xerxès, l'invasion de la Grèce et la défaite des Grecs aux Thermopyles, contient une trace d'uchronie sous couvert d'opinion personnelle. Pour repousser Xerxès, les Athéniens n'ont pas eu besoin des Dieux. Ils ont adopté une stratégie inédite : se battre sur mer plutôt que derrière les murailles barrant l'isthme de Corinthe, tactique que les augures (la parole des Dieux) suggéraient. Voici ce qu'écrit Hérodote :

« Ici, je suis dans l'obligation d'exprimer une opinion qui me fera mal voir de la plupart des gens ; mais, comme elle est à mes yeux conforme à la vérité, je ne me retiendrai pas de l'exprimer. Si les Athéniens, épouvantés par le danger menaçant, avaient évacué leur pays, ou bien, sans l'évacuer, en y demeurant, s'étaient donnés à Xerxès, personne n'eût essayé d'opposer sur mer de la résistance au Grand Roi. Or, si personne n'avait résisté sur mer à Xerxès, voici ce qui se serait passé sur terre. Quand bien même plusieurs lignes protectrices de murailles auraient été tendues à travers l'Isthme par les Péloponnésiens, les alliés des Lacédémoniens les auraient abandonnées, non pas de leur plein gré mais par force, leurs villes étant prises une à une par l'armée navale du Barbare ; les Lacédémoniens auraient été isolés ; et, isolés, même après avoir accompli de grands exploits ils auraient succombé glorieusement ; ou bien tel aurait été leur sort, ou bien, voyant auparavant les autres Grecs se ranger du côté des Mèdes, ils auraient conclu avec Xerxès un accord. Et ainsi, dans l'un et l'autre cas, la Grèce serait devenue sujette des Perses ; car je ne peux voir quelle aurait été l'utilité des murailles tendues à travers l'Isthme, si le Roi avait été maître de la mer. Donc, qui dirait que les Athéniens ont été les sauveurs de la Grèce ne s'écarterait pas de la vérité, puisque, quel que fût celui des deux partis auquel ils se rangeraient, du côté de ce parti devait pencher la balance ; en choisissant que la Grèce restât libre, en faisant ce choix, ce sont eux, eux seuls, qui réveillèrent tous les autres Grecs qui ne tenaient pas pour les Mèdes, eux qui, après les dieux, repoussèrent le Grand Roi. »

Il s'agit plus d'un exercice de spéculation historique que d'uchronie. Hérodote réalise un travail d'historien. L'objectif de ses enquêtes se résume en quelques mots : exposer ses travaux, fixer les grands événements de l'histoire et empêcher qu'ils sombrent dans l'oubli.

Bien plus tard, en 9 av. J.-C., Tite-Live, dans son *Histoire de Rome depuis sa fondation*, pousse un peu plus loin l'exercice en imaginant, sur plusieurs chapitres, ce que serait devenu le monde si Alexandre le Grand était parti conquérir l'ouest et non l'est de la Grèce[15]. Que serait-il advenu si, après avoir soumis l'Asie, il avait marché sur Rome ? Tite-Live, historien romain, met en parallèle la puissance des légions romaines et des armées d'Alexandre et en conclut qu'il n'aurait pas été aussi facile, pour ce dernier, de dominer Rome. L'uchronie, loin d'être nostalgique, sert plutôt de panégyrique.

Plus proche de notre époque, vers 1658, Blaise Pascal glisse, dans ses *Pensées*, deux uchronies. « Le nez de Cléopâtre, s'il eût été plus court, toute la face de la terre aurait changé. » Dans cette pensée devenue célèbre, le procédé n'est pas mené à son terme. Au lecteur de faire travailler son imagination et sa réflexion pour réécrire l'histoire. L'uchronie présentée dans la seconde pensée se révèle un peu plus aboutie : « Cromwell allait ravager toute la chrétienté ; la famille royale était perdue, et la sienne à jamais puissante sans un petit grain de sable qui se mit dans son uretère. Rome même allait trembler sous lui. Mais ce petit gravier s'étant mis là, il est mort, sa famille abaissée, tout en paix, et le roi rétabli. » Ces deux exercices soutiennent une thèse portée par l'auteur : un détail, *a priori* anodin, a le pouvoir de changer le cours de l'histoire.

Moins d'un siècle plus tard, en 1732 dans *Les Aventures de monsieur Robert Chevalier dit de Beauchêne*, Alain-René Lesage, romancier français, imagine, sur quelques pages, ce qui se serait passé si les Amérindiens

[15] Tite-Live, *Histoire de Rome depuis sa fondation*, livre IX, sections 17-19, Ier siècle av. J.-C.

avaient découvert l'Europe. Le renversement de perspective permet une critique sociale.

Au tout début du XIXe siècle, deux textes s'approchent de l'uchronie.

La Pucelle d'Orléans, pièce de théâtre de Friedrich von Schiller, publiée en 1801, revisite le destin de Jeanne d'Arc. Vierge combattante, ses visions lui permettent de défaire les Anglais. Personnage exceptionnel, elle parvient à séduire la cour du roi et à démêler les querelles entre puissants. Lorsqu'elle tombe amoureuse d'un soldat, anglais de surcroît, elle sait que sa mission ne pourra qu'échouer. Elle triomphera pourtant de cette nouvelle épreuve et conduira les Français à la victoire. Schiller s'éloigne de la vérité historique pour mettre en exergue le patriotisme et donner une leçon de morale par l'exemplarité de sa Pucelle d'Orléans.

En 1816, dans le *Mémorial du 26 août 1816 à Sainte-Hélène*, Emmanuel de Las Cases fait rejouer à Napoléon les campagnes perdues sur le mode uchronique. « Singulière campagne, où dans moins d'une semaine, j'ai vu trois fois s'échapper de mes mains le triomphe assuré de la France et la fixation de ses destinées. Sans la désertion d'un traître, j'anéantissais les ennemis ouvrant la campagne. Je les écrasais à Ligny, si ma gauche eût fait son devoir. Je les écrasais encore à Waterloo si ma droite ne m'eût pas manqué. »

La naissance de l'uchronie

Le XIXe siècle voit apparaître la première uchronie. Nous entendons par là un texte entièrement dédié à la réécriture de l'histoire à partir d'un point de divergence, dans une perspective d'analyse historique.

Louis Geoffroy, le père fondateur

En produisant la première uchronie « typique », Louis Geoffroy, plus exactement Louis-Napoléon Geoffroy-Château (1803-1858), a gagné le titre de père fondateur du genre. Publié en 1836, sous le titre *Napoléon et la conquête du monde : 1812-1832*, son texte a connu au moins quatre éditions (parfois remaniées) sous les titres *Napoléon et la conquête du monde, 1812-1832 : histoire de la monarchie universelle* ou encore *Napoléon apocryphe*.

L'ouvrage fut constamment réédité au cours du XIXe siècle avant de tomber peu à peu dans l'oubli. Publié alors que le souvenir de la période napoléonienne était encore vivace, ce *Napoléon apocryphe* peut être qualifié d'uchronie napoléonienne nostalgique. L'auteur l'assume dans l'avant-propos :

« L'homme n'aurait-il pas le droit de se réfugier dans sa pensée, dans son cœur, dans son imagination, pour suppléer à l'histoire, pour conjurer ce passé, pour toucher le but espéré, pour atteindre la grandeur possible ? Or voici ce que j'ai fait : j'ai écrit l'histoire de

Napoléon depuis 1812 jusqu'en 1832, depuis Moscou en flammes jusqu'à sa monarchie universelle et sa mort, vingt années d'une grandeur incessamment grandissante et qui l'éleva au faîte d'une toute-puissance au-dessus de laquelle il n'y a plus que Dieu… »

Dans l'histoire alternative de Louis Geoffroy, Napoléon quitte Moscou et marche sur Saint-Pétersbourg. Fort des ressources de tout le continent, il conquiert ensuite le reste de l'Europe (Angleterre comprise) puis l'Empire ottoman, l'Afrique, la Chine, l'Australie et les Amériques. Napoléon devient alors le premier et seul monarque universel.

Avec son *Napoléon apocryphe*, Geoffroy instaure ce qui constituera le canon du genre :

– il détermine un point de divergence précis. Ici le choix de Napoléon de marcher sur Saint-Pétersbourg plutôt que de rester à Moscou ;

– il récrit l'histoire en fonction de ce point de divergence ;

– il intègre deux procédés littéraires : la mise en abyme – quand il s'insurge à propos d'un pamphlet qui raconte en réalité l'histoire telle que nous la connaissons – et le clin d'œil au lecteur – quand il pousse Napoléon à détruire, sans raison apparente, l'île de Sainte-Hélène. Les lecteurs connaissent le funeste destin qui attend Bonaparte sur cette île et saisissent parfaitement la référence.

Cette uchronie « patriotique » pour son époque reste un incontournable pour tout amateur d'histoire alternative. Elle peut se lire en ligne sur le site de Gallica[16].

---

[16] Louis Geoffroy, *Napoléon apocryphe*, 1836. Consultable en ligne : http://gallica.bnf.fr/ark:/12148/bpt6k130834x

Charles Renouvier, l'inventeur du mot « uchronie »

Si Louis Geoffroy produit la première uchronie, le mot lui-même n'est inventé que postérieurement par Charles Renouvier (1815-1903) dans son roman paru en 1857 : *Uchronie (l'utopie dans l'histoire)*. Le texte bénéficie d'une réédition augmentée en 1876.

Charles Renouvier produit, selon ses propres termes, une « esquisse historique apocryphe du développement de la civilisation européenne tel qu'il n'a pas été, tel qu'il aurait pu être ».

La narration se présente sous la forme d'un manuscrit du XVIe siècle écrit par un moine, récupéré par un marchand et qui passe de main en main dans la famille de ce dernier au fil du temps. Chaque génération le complète de son annexe.

Le point de divergence se place sous le règne de Marc Aurèle. Sur les conseils d'un de ses généraux, il abdique et confie sa succession au philosophe Avidius Cassius plutôt qu'à son fils Commode. L'Empire cède progressivement la place à une République laïque. Ce régime politique évite l'obscurantisme religieux du Moyen Âge. Le roman revisite l'histoire entre utopie et réflexions philosophiques, politiques ou religieuses. Ici, l'histoire n'apparaît pas comme un champ figé mais comme un terrain de jeu au potentiel spéculatif important.

Charles Renouvier est un philosophe et le roman doit servir son propos. Le style qui peut sembler daté et les considérations philosophiques qui émaillent le texte rendent l'*Uchronie* un peu difficile d'accès pour les lecteurs contemporains. Pour ceux qui souhaitent s'essayer à la lecture, le texte, tombé dans le domaine public, est disponible gratuitement sur le site Gallica[17].

[17] Charles Renouvier, *Uchronie (l'utopie dans l'histoire)*, 1857. Consultable en ligne : http://gallica.bnf.fr/ark:/12148/bpt6k833574

Joseph Méry, une uchronie redécouverte

En 1854, Joseph Méry (1797-1866), journaliste, poète et romancier, publie dans *Les Nuits d'Orient : contes nocturnes* un court texte intitulé « Histoire de ce qui n'est pas arrivé ».

Le point de divergence de cette uchronie napoléonienne est précis : le 21 mai 1799, date du retrait des troupes françaises après l'échec du siège de Saint-Jean-d'Acre. Les assiégés turcs, commandés par Djezzar Pacha, sont soutenus par la flotte britannique de l'amiral Sidney Smith. Une tour inébranlable, surnommée « La Maudite », aurait eu raison de Bonaparte. Dans « Histoire de ce qui n'est pas arrivé », le narrateur, nostalgique, imagine cette tour tomber et Bonaparte partir sur les traces d'Alexandre le Grand.

Tout comme Louis Geoffroy, Joseph Méry commet une uchronie bonapartiste nostalgique. « On se console avec des rêves, et les mensonges de nos nuits nous dédommagent souvent des vérités de nos jours », écrit-il.

Le destin de Bonaparte ne peut être que glorieux. Le général est comparé à Alexandre, Hannibal et César avec une gradation de plus en plus marquée puisqu'il finit par les surpasser en noblesse d'âme et en génie conquérant. En parallèle il est élevé au rang de messie (« le messie de l'Occident ») puis de Saint avant d'être qualifié de demi-dieu descendu parmi les hommes. Des textes uchroniques du XIXe siècle, celui de Joseph Méry est probablement le plus facile d'accès. Longtemps oublié, il a bénéficié en 2012 d'une réédition numérique dans la collection AchéoSF de Publie.net accompagné d'un paratexte éclairant. La version de 1854 est disponible sur le site de Gallica[18].

[18] Joseph Méry, « Histoire de ce qui n'est pas arrivé », in *Les Nuits d'Orient : contes nocturnes*, 1854, p. 13. Consultable en ligne : http://gallica.bnf.fr/ark:/12148/bpt6k5695008s

L'essor de l'uchronie : un mouvement contemporain

La multiplication des uchronies est un phénomène récent. Le destin de l'uchronie est lié à l'histoire par ses origines. Elle se retrouve donc naturellement dans les romans historiques. Le genre ne s'est pourtant véritablement développé que lorsque les écrivains de science-fiction s'en sont emparés dans les années 1960. La filiation n'est guère étonnante. Une des thématiques de la science-fiction, le voyage dans le temps, se révèle propice à l'éclosion d'histoires alternatives. En résumé, l'uchronie, enfant mal-aimée de l'histoire, prend son essor quand la science-fiction l'adopte.

Les auteurs de SF ont fait preuve d'inventivité, de créativité, et, en parallèle, ont assoupli les règles du jeu. La plausibilité historique n'est plus recherchée à tout prix. Le temps de la narration peut être alors très éloigné du point de divergence initial. Ce dernier peut même se perdre dans les limbes de la mémoire. Sans s'embarrasser de vraisemblance historique, il est alors possible de prendre un point de divergence pendant l'Empire romain et de placer l'action quinze siècles plus tard (comme dans *Roma Æterna* de Robert Silverberg). Et il devient même possible d'intégrer des éléments science-fictifs (une conquête spatiale dans un Empire napoléonien comme l'imagine Ugo Bellagamba dans ses nouvelles), fantastiques (des dragons dans *Rosée de feu* de Xavier Mauméjean ou la saga *Téméraire* de Naomi Novik) ou mythologiques (comme les dieux dans le monde du détective Lasser de Sylvie Miller et Philippe Ward). Les auteurs s'éloignent volontairement de la spéculation historique pour proposer une littérature du divertissement. Cette dernière n'empêche nullement la réflexion, sociétale ou philosophique, d'ailleurs. La science-fiction reste avant tout une littérature d'idées. En intégrant l'uchronie dans sa palette d'outils, elle ajoute simplement un moyen supplémentaire d'en explorer de nouvelles. En 2013, Michel-Antoine Burnier et Léon Mercadet ont cette phrase qui résume parfaitement ce qu'est devenu l'uchronie :

« L'uchronie, c'est de la science-fiction dans le passé[19]. »

Nous avons sélectionné quelques uchronies, représentatives de la production entre 1940 et 2014 dans le domaine francophone et étranger (œuvres traduites). La liste n'est nullement exhaustive. Ce guide de lecture est complété par des entretiens avec des auteurs francophones et anglophones.

À noter que les éditions indiquées sont les dernières disponibles et non celles des premières parutions.

---

[19] Michel-Antoine Burnier et Léon Mercadet, *Il est midi dans le siècle*, Robert Laffont, 2013.

Francophones

L'Ange Blond
Auteur : Laurent Poujois
Édition : Mnémos, collection Hélios, 2013
Résumé : Grâce aux inventions de Robert Fulton, toute l'Angleterre est conquise en 1805. Deux siècles plus tard, la paix règne sur un empire napoléonien qui s'étend sur toute l'Europe. Les préparatifs de la célébration du 200e anniversaire du débarquement en Grande-Bretagne battent leur plein, mais une menace d'attentat sur la jeune impératrice Caroline Bonaparte couve. Pour protéger l'Empire, les services secrets impériaux décident de faire appel à Aurore Lefèvre, ancienne de la Légion Impériale et reconvertie dans la musique sous le pseudonyme de l'Ange Blond.
Commentaires : L'empire napoléonien a perduré et a permis le développement d'une société technologique moderne : biopuces informatiques, nanotechnologies, dirigeables ultralégers en plus d'être fiables, fusées ultrarapides et conquête spatiale ambitieuse se marient avec un décor hérité de Napoléon Ier. Les nombreux clins d'œil et références à notre réalité sont savoureux : les activistes sont menés par Otto Hitler, petit-fils d'un mauvais peintre autrichien par exemple. L'imagination débordante de Laurent Poujois livre au lecteur une aventure trépidante, rythmée par des scènes d'action explosives digne d'un épisode de James Bond. La ville de Paris, steampunk à souhait, séduit par son rétro-futurisme. *L'Ange Blond* a reçu le prix Futuriales 2010.
Vous avez aimé ? Si un Paris uchronique et steampunk vous agrée, vous aimerez aussi *La Trilogie de la Lune* de Johan Heliot.

Aucun homme n'est une île

Auteur : Christophe Lambert

Édition : J'ai lu, collection Nouveaux Millénaires, 2014

Résumé : *Aucun homme n'est une île* possède deux points de divergence concomitants. En avril 1961, Kennedy annule au dernier moment le débarquement des troupes américaines dans la baie des Cochons pour mieux débarquer sur l'île trois mois plus tard. La rapide progression des Américains contraint Fidel Castro et ses troupes à se réfugier dans les montagnes de l'Escambray pour y mener une guérilla sans merci. Juillet 1961, Ernest Hemingway, mal en point mentalement malgré des soins par électrochocs et diminué physiquement, ne se suicide pas et décide même, en grand reporter de guerre qu'il est, d'aller interviewer Fidel Castro et le Che. Le gouvernement américain lui impose un « photographe officiel », Robert Stone, agent de la CIA dont la mission est d'assassiner les leaders de la révolution.

Commentaires : Il existe peu d'histoires alternatives sur Cuba disponibles en français. Celles qui partagent le même point de divergence autour de la crise des missiles de Cuba, comme *Apocalypse sur le Texas*, neuvième tome de la série *Jour J*, sont encore plus rares.

Dans *Aucun homme n'est une île*, le lecteur suit deux trajectoires en parallèle. D'un côté l'expédition d'Ernest Hemingway et Robert Stone pour atteindre l'Escambray, voyage épique doublé d'un cheminement intérieur pour les deux compagnons forcés. De l'autre les trajectoires de Fidel et du Che, la guérilla, leur complicité et leur rivalité naissante. Les deux trames narratives se rejoignent au moment où se précipitent les événements.

Christophe Lambert a parfaitement intégré, digéré et utilisé sa documentation (en témoigne la notice bibliographique présente en fin d'ouvrage) pour offrir une uchronie solide et stimulante, agrémentée de clins d'œil (comme le destin réservé au cinéaste cubain Néstor Almendros). Le roman possède des qualités propres à satisfaire les lecteurs d'histoires alternatives. Ces derniers apprécieront l'originalité assumée du choix des points de divergence et la qualité du développement de l'uchronie qui en découle.

Aucun homme n'est une île a reçu le prix ActuSF de l'Uchronie 2014.

Vous avez aimé ? Nous vous conseillons *En avoir ou pas*, roman d'Ernest Hemingway qui se déroule en grande partie à Cuba.

La Brèche

Auteur : Christophe Lambert

Édition : Pocket, collection Science-Fiction/Fantasy, 2007

Résumé : En 2060, une puissante chaîne de télévision américaine tente de relancer le concept de télé-réalité en envoyant ses reporters dans le passé filmer les grands événements du XXe siècle. Les téléspectateurs peuvent assister à la mort de Marylin Monroe ou à l'assassinat de JFK en direct. Malgré tout, les audiences continuent de baisser. Un jeune loup aux dents longues lance l'idée d'aller filmer le D Day, le Débarquement de Normandie... Patriotisme, exaltation de la grandeur du pays, sauvetage du monde libre, le tout dans un grand show inédit et démesuré, voila de quoi scotcher les téléspectateurs à leur écran. Les militaires, propriétaires de la technologie du voyage dans le temps, approuvent cette démarche. Un grand reporter et un historien célèbre rejoignent donc les troupes de fantassins le 5 juin 1944 et participent au spectacle apocalyptique du débarquement. Voyager dans le passé comporte des risques, la moindre petite erreur peut même bouleverser le cours de l'histoire. Bientôt, l'historien remarque que certains détails ne sont pas conformes à la réalité historique.

Commentaires : *La Brèche* nous plonge dans le chaos et l'horreur du débarquement de Normandie, dans les pas de deux personnages, marqués par la vie et plus ou moins sympathiques au lecteur. Ces personnages, en plus de tenter de survivre, ont aussi la lourde tâche de rétablir l'histoire officielle sous peine de voir le IIIe Reich triompher et le monde que nous connaissons disparaître. S'appuyant sur une solide documentation, la boucherie du D Day est bien rendue et l'auteur parvient à éviter les écueils des paradoxes temporels. La critique sociale du monde merveilleusement cynique de la télévision (Christophe Lambert y travaille comme scénariste) et du phénomène de la télé-réalité pimente ce roman haletant.

Vous avez aimé ? Nous vous conseillons *Le Faiseur d'histoire* de Stephen Fry, auteur à multiples casquettes (scénariste, acteur, etc.).

Christophe Lambert

Christophe Lambert est né le 7 avril 1969 à Chatenay-Malabry. Après des études de cinéma, et la réalisation de plusieurs courts métrages, il s'oriente vers l'écriture de romans et de scénarios. Auteur prolifique, que ce soit en jeunesse (près d'une trentaine de romans) ou en adulte (sept romans, dont quatre histoires alternatives), il montre un intérêt particulier pour les récits d'aventures, la science-fiction et l'uchronie. Son écriture, très travaillée, apporte à ses œuvres une ambiance très « cinématographique ».

Comment avez-vous découvert l'uchronie ?
Par *Le Maître du Haut Château* de Dick, même si je connaissais déjà le principe.

Quelles sont les œuvres uchroniques qui vous ont marqué ?
Le Maître du Haut Château bien sûr. Les romans de mes camarades Heliot ou Mauméjean. On a un peu le même « bac à sable » imaginaire. J'ai bien aimé les BD *Empire* et *Hauteville House*...

Comment et pourquoi avez-vous développé une uchronie ?
On a tous les avantages du roman historique (documentation souvent pléthorique où il fait bon puiser) mais sans les inconvénients liés au genre (carcans de l'exactitude validée par les universitaires). Et puis c'est une façon d'aborder de manière rafraîchissante des événements déjà maintes fois traités, avec un angle d'attaque décalé, si possible original...

Considérez-vous qu'il s'agisse d'un genre à part entière ?
Oui. En tout cas, un exercice logique à part entière, ça, c'est sûr.

Qu'est-ce que votre uchronie apporte au genre ?
Je n'en sais rien. Je n'ai pas une connaissance encyclopédique du genre et je n'ai pas la prétention de réinventer la roue.

Pourriez-vous nous parler du travail que représente la création d'un roman uchronique ?
En général, je me focalise sur le point de divergence. Pourquoi le vent a-t-il tourné de cette manière, ce jour-là ? Aurait-il pu tourner autrement ? Comment ? Et quelles auraient été les conséquences immédiates... Je ne me projette quasiment jamais très loin de cet événement clé. Décrire un monde où l'Amérique a été colonisée par les vikings, avec Odin imprimé sur des billets de banque et des « Mc Bifrost » à tous les coins de rue ne m'intéresse que moyennement. Le contexte ne doit jamais voler la vedette à la situation.

Pourriez-vous nous parler de vos travaux uchroniques en cours et à venir ?
Rien de sûr pour l'instant... Je cherche depuis des années le bon angle d'attaque pour « me payer » la mort de Kennedy ou les années de plomb, en Italie, voire le 11 septembre. Idem pour Little Big Horn ou Camerone... Sur *La Brèche*, j'étais bloqué pendant des années, et puis j'ai eu l'idée de mixer télé-réalité + D Day, et là, tout s'est enclenché. Il faut attendre la petite étincelle sans paniquer ; ça vient tout seul, au gré des hasards de la vie, des lectures...

Le mot de la fin (forcément uchronique) vous appartient, faites-vous plaisir !

Je recommande les romans *Krine* de Stéphane Tamaillon à tous les amateurs d'Angleterre victorienne/steampunk !

Le cycle de Mithra
L'Empreinte des Dieux (2000)
Le Glaive de Mithra (2002)
Auteur : Rachel Tanner
Édition : Points, collection Fantasy, 2007 (deux tomes)
Résumé : Les deux tomes mettent en scène Judith de Braffort, fille d'un duc d'Armorique, dans un Empire romain toujours présent huit cents ans après la naissance du Christ. Le culte de Mithra est devenu la religion dominante de l'Empire romain à la place du christianisme. Rome, en proie à la corruption et aux complots, cherche à retrouver sa splendeur passée.

Dans le premier volet, en 1533 après la fondation de Rome, le mithraïsme domine, mais aux confins de l'Empire, en Armorique, les anciens dieux résistent. L'un d'eux choisit Judith de Braffort pour mener une bataille décisive. Entre Frédérique Braffort, grande prêtresse de Mithra, et sa cousine Judith, élève de la terrible magicienne Ygrene, la confrontation paraît inévitable.

Dans le second volet, en 1541 après la fondation de Rome, l'Empire se meurt entre une secte mithriaque radicale, menée par Eunomos, Père des Pères, et la peste qui déferle. Judith de Braffort rejoint la capitale où les jeux du cirque battent leur plein.

Commentaires : Rachel Tanner choisit de mettre en scène ce qu'écrivait Ernest Renan : « Si le christianisme eut été arrêté dans sa croissance par quelque maladie mortelle, le monde eut été mithraïste[20]. »

Dans notre ligne temporelle, peu avant la bataille du pont Milvius en 312 après Jésus-Christ, Constantin Ier a une vision : deux lettres entrelacées formant un chrisme. Après avoir vaincu, il interdit la persécution des chrétiens sur les territoires qu'il dirige ce qui permet au

[20] Ernest Renan, *Marc-Aurèle et la fin du monde antique*, 1882.

christianisme de prospérer. Rachel Tanner imagine que Constantin a une vision de Mithra et que le mithraïsme supplante le christianisme pour livrer deux uchronies de fantasy de belle teneur : personnages historiques ou fictionnels à foison, batailles et conflits passionnants, histoire alternative convaincante… Un diptyque captivant.

Vous avez aimé ? Nous vous conseillons *Le Réveil des Dieux* de Fabrice Colin qui embarque le lecteur dans un Japon alternatif où les dieux existent et interfèrent dans les destins des hommes.

Le Dernier des Francs

Auteur : Michel Pagel

Édition : Critic, collection Trésors de la Rivière Blanche, 2013

Résumé : À Alésia, le 2 septembre de l'an 52 avant Jésus-Christ, Brennus, un Arverne, assassine Jules César. Il y perd la vie mais met fin à la guerre des Gaules et donne naissance à un empire celte, qui, huit siècles plus tard, continue à défier Rome.

Lucius Antonius Tubero, jeune Romain, est promis à un avenir politique au Sénat s'il suit les pas de son oncle Tiberius Antonius Quintus. Bossu de naissance, il compense son infirmité physique par son intelligence et sa capacité d'écoute. Sous couvert de le marier à la belle Lirane, Tiberius Antonius Quintus l'entraîne sur les routes de Gergovie. Ce mariage cache en réalité un complot de grande envergure dont la teneur ne sera révélée à Tubero qu'après le massacre de la caravane dans laquelle il avait pris place avec Lirane et Alrik, le dernier des Francs.

Commentaires : Michel Pagel joue avec l'histoire et offre au lecteur, pour son plus grand plaisir, un très bon roman d'aventures. Sur la forme, le lecteur plonge immédiatement dans l'action et le récit est émaillé de multiples rebondissements. Sur le fond, le contexte historique, politique et religieux se révèle fascinant. Pas de longues descriptions, ni de cours démonstratifs mais une utilisation intelligente de la documentation et un amour de l'histoire qui transparaît ici, à chaque page ou presque. L'histoire n'est pas un décor utilisé pour faire joli, où l'on balade des personnages qui auraient très bien pu vivre les aventures à d'autres temps. Ici l'époque imprègne la psychologie des personnages, les façonne à son image. Le style reste très travaillé mais, sans lourdeurs, il se laisse oublier pour se mettre totalement au service de l'histoire. Michel Pagel est un amoureux de l'histoire doublé d'un conteur de talent.

Vous avez aimé ? Vous aimerez aussi : *L'Empire des Gaules* de Philippe Tournai (éd. La Pensée Universelle, 1973) et *Roma Æterna* de Robert Silverberg.

Le Dernier Dimanche de M. le Chancelier Hitler
Auteur : Jean-Pierre Andrevon
Édition : Après la Lune, 2010
Résumé : 1949. Hitler, réfugié aux États-Unis en 1945, partage un trois-pièces avec Eva Braun à Brooklyn. Il vit sous surveillance constante du FBI. Affaibli et terne, il est atteint de la maladie de Parkinson et d'un début d'Alzheimer. Eva, devenue une bimbo, et Hermann Goering, arriviste et vulgaire, ont parfaitement adopté les règles de la société américaine. Adolf Hitler, qui n'est plus que l'ombre de lui-même, ne sait pas qu'il ne lui reste cependant que deux jours à vivre.

Commentaires : Dans ce court roman, les États-Unis et le Japon ne sont pas entrés en guerre au début des années 1940. L'Allemagne nazie est tombée devant l'Union Soviétique et Hitler ne s'est pas suicidé à la fin de la Seconde Guerre mondiale, préférant se réfugier aux États-Unis. La France est tombée sous la domination soviétique.

Jean-Pierre Andrevon offre au lecteur une peinture vitriolée et acide d'un personnage abominable et de sa clique grotesque. Il égratigne au passage la société américaine. La réécriture de l'histoire affleure en filigrane.

Vous avez aimé ? Dans un registre beaucoup plus léger, vous aimerez peut-être *Le Faiseur d'histoire* de Stephen Fry qui joue sur le décalage entre les cultures américaine et britannique.

Dreamericana

Auteur : Fabrice Colin

Édition : J'ai lu, collection Science-Fiction, 2009

Résumé : Écrivain à succès, Hades Shufflin est l'auteur d'une immense fresque consacrée à un XIXe siècle alternatif où s'affrontent Gardiens et Voyageurs, deux entités qui façonnent le monde d'Antiterra. Mais en cette année 2012, Shufflin peine à terminer son dernier roman, *Dreamericana*, censé clore le cycle, alors même que Stanley Kubrick en a déjà acheté les droits pour une adaptation cinématographique. Shufflin, en panne d'inspiration, vit seul, replié sur lui-même. Il constate peu à peu que son environnement semble se transformer et se retrouve projeté dans le monde d'Antiterra.

Commentaires : Le roman se décompose en deux parties distinctes. La première s'attache à la crise existentielle d'un écrivain à succès en panne d'inspiration, paranoïaque et reclus. La seconde plonge le lecteur dans un univers steampunk uchronique, terre de lutte entre deux entités immémoriales. *Dreamericana* est un roman foisonnant d'aventures doublé d'une mise en abyme vertigineuse de l'écrivain et de ses interrogations sur la création. Jouant avec la notion de réalité, la narration, éclatée et exigeante, peut dérouter le lecteur.

Vous avez aimé ? Dirigez-vous vers les romans de Philip K. Dick : ses personnages tentent en permanence de différencier la réalité et la perception de cette réalité... Vous avez le choix entre *Le Temps désarticulé*, *Le Dieu venu du Centaure*, *Au bout du labyrinthe* ou *Ubik*.

L'Empire du Baphomet

Auteur : Pierre Barbet

Édition : J'ai lu, collection Science-Fiction, 1977

Résumé : En 1118, un vaisseau extraterrestre s'écrase dans les terres de Hugues de Payns, futur fondateur de l'Ordre des Templiers. Son occupant, qui se fait appeler le Baphomet, pactise avec le chevalier : en échange de nourriture, il lui conférera puissance et richesse.

En 1275, l'Ordre des Templiers, florissant, s'enlise en Terre sainte dans une croisade difficile. Assiégé dans Saint-Jean-d'Acre, l'Ordre livre un combat désespéré. Le Grand Maître de l'Ordre, Guillaume de Beaujeu, obtient du Baphomet des armes inconnues et terrifiantes. Il défait les Infidèles puis pousse la conquête toujours plus loin vers l'est.

Commentaires : Nous avons affaire à une uchronie dans un monde parallèle identique au nôtre jusqu'à l'arrivée d'un extraterrestre qui instaure un point de divergence, en 1118. La reconstitution fictive des croisades s'appuie sur une documentation bien étayée et l'auteur utilise des personnages historiques réels à bon escient. L'épopée contée ici fait preuve d'un solide pouvoir d'évocation entre batailles épiques et images fortes. L'écriture, vive et « à la manière » des Templiers du Moyen Âge, restitue fidèlement l'ambiance de l'époque.

Vous avez aimé ? Vous pouvez poursuivre avec les aventures de Setni, enquêteur temporel du même auteur. Le cycle en neuf tomes traite des voyages dans le temps et comporte, pour trois d'entre eux – *Rome doit être détruite*, *Carthage sera détruite* et *Un Reich de 1 000 ans !* – des histoires alternatives.

Françatome

Auteur : Johan Heliot

Édition : Mnémos, collection Hélios, 2013

Résumé : À la fin de la Seconde Guerre mondiale, les savants nazis rejoignent le programme spatial français. Le général de Gaulle obtient les pleins pouvoirs et instaure une dictature fondée sur la puissance de l'atome. Grâce à la pile atomique développée par le professeur Clain, la France voit son indépendance énergétique assurée. Le pays conquiert l'espace avant les Américains. En orbite, la Roue, station spatiale conçue par Magnus Maximilian, fait sécession. Elle menace de s'écraser sur le sol français et de créer la première catastrophe nucléaire de l'histoire. Dans l'Hexagone, des activistes indépendantistes fomentent des attentats. La paix sociale n'est plus garantie. Vincent est missionné par le gouvernement pour raisonner son père, réfugié dans la station spatiale.

Commentaires : Johan Heliot développe une France alternative gaullienne et « atomique » très convaincante même si, de sa réalité, le lecteur a du mal à croire au postulat uchronique de base. La géopolitique connue s'en trouve complètement bouleversée.

Le travail sur l'effet papillon stimule l'imagination. Pas de mai 68, mais des troubles insurrectionnels pour assurer l'indépendance des Basques, des Bretons, des Savoyards, des Algériens. Pas d'assassinat de J. F. Kennedy mais une récession mondiale. La société française est tiraillée entre un passé glorieux, un présent compliqué et un futur incertain.

L'écriture fluide embarque le lecteur. Les nombreux flashbacks sur l'enfance du principal protagoniste rendent ce dernier très attachant. Le roman se lit comme un *page-turner*. Sous couvert d'un roman d'aventures teinté de nostalgie pour une époque révolue (et fictive), Johan Heliot questionne notre réalité et se pique de politique.

Vous avez aimé ? Pour découvrir les fantastiques pouvoirs de l'atome, nous vous conseillons de vous jeter sur l'album *Souvenirs de l'empire de l'atome* de Thierry Smolderen et Alexandre Clérisse. Un hommage aux années 1950, à Franquin et au style « atomique ».

Johan Heliot

Johan Heliot est né le 23 août 1970 à Besançon. Auteur prolifique et remarqué de la science-fiction française, il a su donner à entendre une voix originale à travers une cinquantaine d'ouvrages, et une quinzaine d'uchronies, seul ou en collaboration.

Comment avez-vous découvert l'uchronie ?
J'en ai d'abord lu sans savoir de quoi il s'agissait, sinon de la SF – je pense au *Maître du Haut Château* ; puis plus spécifiquement, j'ai découvert certains ouvrages de Tim Powers, James Blayclock et Robert Silverberg à peu près au même moment, et ensuite le *Fatherland* de Robert Harris, vers le milieu des années 1990.

Quelles sont les œuvres uchroniques qui vous ont marqué ?
Fatherland, *Roma Æterna*, *Les Voies d'Anubis* (mais pour ce dernier, on est peut-être hors jeu !).

Comment et pourquoi avez-vous développé des uchronies ?
En imaginant le débarquement des ETs à la fin du XIXe à Paris, et en réaction contre ce que j'avais lu dans le genre émanant d'auteurs français qui développaient des univers victoriens (je pense à certaines nouvelles de l'antho steampunk de Daniel Riche, *Futurs antérieurs*), alors que notre histoire est suffisamment riche (sans jeu de mots !)...

Quel travail cela représente-t-il ?
Un peu ou pas mal de documentation, selon le degré d'immersion souhaité dans l'époque triturée. Je peux me contenter de quelques articles, ou m'immerger dans

plusieurs bouquins – des biographies, surtout, qui me permettent d'entrer dans la tête des personnages historiques que je mets en scène.

Quel message souhaitez-vous faire passer à travers vos uchronies ?

Je les considère d'abord comme un jeu, même si j'en profite toujours pour régler quelques comptes – c'était surtout le cas dans la *Trilogie de la Lune*, d'ailleurs, particulièrement le premier opus, écrit pour réhabiliter la Commune de Paris et cette très grande dame que fut Louise Michel.

Considérez-vous que l'uchronie soit un genre à part entière ? Pourquoi ?

C'est un exercice de style dépassant la notion de genre, à mon avis, car on en trouve en SF, polar, litt'gen (Pynchon, Roth…). Peut-être y a-t-il des rayons estampillés uchronie dans certaines librairies, je n'en sais rien…

Pourquoi l'uchronie semble-t-elle s'ancrer définitivement dans le domaine de la science-fiction ?

Considérant l'histoire comme une science sociale, et puisqu'on la triture de manière fictive, tout s'explique ! Et puis, les miennes ne sont jamais des uchronies au sens strict (à l'exception des *Fils de l'air* en jeunesse), car j'y fais toujours intervenir un élément classique de SF, comme des extraterrestres par exemple.

Qu'est-ce que vos uchronies apportent au genre en tant qu'œuvres ?

Difficile à dire – et je ne suis sans doute pas le mieux placé !

Pourriez-vous nous parler du travail que représente la création d'un roman uchronique ?

D'abord d'une idée, parfois une simple image (La tour Eiffel et un vaisseau extraterrestre amarré à son sommet : je n'avais rien de plus au départ de *La Lune seule le sait*), je fouille une époque donnée (la fin du XIXe dans le même exemple, autour de Napoléon III, la Commune, etc.) et j'y inclus une brochette de personnages historiques, plus ou moins connus (Napoléon III, donc, dans le premier cas et l'inspecteur Jaume dans le second), puis je mélange le tout jusqu'à obtenir un scénario à peu près cohérent – et c'est parti !

Pourriez-vous nous parler de vos travaux uchroniques en cours et à venir ?

J'ai plusieurs projets, mais rien encore de certain au moment où je réponds à cette interview. Mais je réfléchis sérieusement à quelque chose qui pourrait s'avérer aussi important pour moi que le fut *La Lune seule le sait* en son temps. Les seuls indices que je pourrais donner sont les suivants : une époque antérieure au XIXe (pas de beaucoup) mais tout aussi importante, toujours en France, mais avec une ouverture sur l'espace…

Le mot de la fin (forcément uchronique) vous appartient, faites-vous plaisir !

J'adorerais que le roman uchronique prenne la place du roman historique en terme de popularité – mais pour le coup, ce serait vraiment de l'uchronie !

Il est midi dans le siècle

Auteurs : Michel-Antoine Burnier et Léon Mercadet

Édition : Robert Laffont, 2013

Résumé : Ce court roman réécrit l'histoire moderne à compter du 9 avril 1917, date à laquelle Lénine trouve la mort dans un accident de train. Pas de révolution d'Octobre et c'est l'histoire de l'Europe – et du monde, par ricochet, puisque tout est lié – qui s'en trouve totalement bouleversée. De multiples points de divergence se mettent en place par un effet domino. Hitler, Franco, Trotski et Einstein connaissent un destin différent. Même si les conflits embrasent une partie de la planète, la Seconde Guerre mondiale n'a pas lieu. La conquête spatiale ne résulte pas d'une guerre froide entre deux grandes puissances rivales mais découle d'une collaboration entre la Russie et l'Allemagne…

Commentaires : *Il est midi dans le siècle* se révèle intelligent, inventif, ludique et drôle. La narration est fluide, les enchaînements logiques, la plume teintée d'humour et parsemée de clins d'œil et références érudites qui font toujours mouche. Michel-Antoine Burnier et Léon Mercadet ne se privent pas de quelques mises en abyme succulentes, comme, par exemple, avec le personnage de Trotski. Dans leur ligne temporelle, ce dernier, exilé en France, devient écrivain et se spécialise dans l'uchronie. Son premier roman imagine que Lénine n'est pas mort dans un accident de train et qu'il a organisé une révolution bolchévique… Sur seulement 216 pages, bien aérées, le roman peut parfois donner l'impression de survoler avec un peu de légèreté son sujet mais reste un bel exercice facétieux dont on aurait tort de se priver.

Vous avez aimé ? Dans le registre footballistique, mais avec cette même cocasserie légère, vous apprécierez peut-être *Des Bleus dans les yeux* de Louis Dumoulin.

Kafka suite

Auteur : Laurent Jouannaud

Édition : Pascal Galodé, 2012

Résumé : Franz Kafka est mort de la tuberculose en 1924 à l'âge de 41 ans. Ses deux romans emblématiques, *Le Procès* et *Le Château*, n'ont été publiés qu'après sa mort (alors même qu'il avait demandé que ses œuvres soient détruites). Fasciné par Kafka, Laurent Jouannaud a décidé de changer le destin de celui-ci et de lui offrir une fausse biographie, une uchronie personnelle. Dans *Kafka suite*, Kafka guérit de la tuberculose. L'auteur lui redonne une vie, lui invente de nouvelles œuvres, le suit en exil en Europe (en France et sur la Côte d'Azur d'ailleurs). Il lui offre d'autres amours. Et le confronte à toute la barbarie nazie de la Seconde Guerre mondiale.

Commentaires : Cette vraie fausse biographie de Franz Kafka se révèle érudite et solidement documentée. Laurent Jouannaud, passionné et fin connaisseur des ouvrages de Kafka, fait preuve d'une imagination fertile pour inventer un autre destin à son idole. Pour donner à cette biographie l'apparence du vrai, l'auteur poursuit le journal intime de Kafka, insère des extraits d'une correspondance fictive, dépeint les romans qu'il aurait écrits s'il avait vécu jusqu'en 1946. Le contexte historique de l'époque, abondamment décrit, renforce cette illusion de réalité

Laurent Jouannaud émaille son récit de considérations sur ce qu'est « être écrivain », apportant une profondeur supplémentaire au roman.

Vous avez aimé ? Si ce n'est déjà fait, il faut vous plonger dans le *Journal* de Franz Kafka.

Lasser, détective des Dieux
Un Privé sur le Nil (2012)
Mariage à l'Égyptienne (2013)
Mystère en Atlantide (2014)
Auteurs : Sylvie Miller et Philippe Ward
Édition : Critic, collection Fantasy
Résumé : Dans les années 1930, Jean-Philippe Lasser est un détective privé de seconde zone, Gaulois de surcroît. Une affaire de cœur, qui s'est mal terminée pour lui, l'a fait s'échouer au Caire. Il traîne plus souvent au bar de l'hôtel à descendre des whiskies qu'à son bureau. Pas de chance pour lui, les Dieux égyptiens ont décidé qu'il était celui dont ils avaient besoin pour résoudre leurs menus problèmes. Travailler pour des dieux puissants mais versatiles n'est pas une mince affaire, surtout quand la cliente principale s'appelle Isis et qu'elle a la manie de *volatiliser* les importuns. Et sans Fazimel, sa précieuse assistante, Lasser aurait bien du mal à s'en tirer.

Dans le premier tome, le lecteur fait connaissance avec Lasser au fil de plusieurs nouvelles qui sont autant d'affaires à résoudre en Égypte et en Nubie. Le deuxième tome l'amène à enquêter sur la disparition d'une future mariée. Et pas n'importe laquelle puisqu'il s'agit de la fille de Zeus, Aglaé, une des Trois Grâces. Elle doit épouser Horus, fils d'Isis. Son enlèvement pourrait provoquer un bel incident diplomatique et une guerre entre puissances divines. Dans le troisième tome, Lasser est missionné pour retrouver l'Atlantide, continent perdu depuis trois mille ans.

Commentaires : La série mélange allègrement polar, uchronie et fantasy. Lasser est un détective typique des années 1930, désabusé, un peu paumé mais combatif. Même si le point de divergence n'est pas explicite, l'uchronie est caractérisée par une dynastie de pharaons qui domine encore au XXe siècle. Et les Dieux, présents au quotidien, révèlent un univers de fantasy mythologique. Le cocktail s'avère rafraîchissant et détonant. Les personnages secondaires ne manquent pas de piquant. Les enquêtes de Lasser possèdent un humour ravageur et omniprésent, une ambiance et des personnages hauts en couleur. Une série très plaisante à lire et qui met d'excellente humeur.

Un Privé sur le Nil a reçu le prix Imaginales 2010. Les deux premiers tomes ont reçu le prix ActuSF de l'Uchronie 2013.

Vous avez aimé ? Pas de problème, Lasser reviendra dans un quatrième volet au printemps 2015. Et nous lui souhaitons encore beaucoup d'aventures.

Millecrabe
Millecrabe (2009)
Le Terrible Hiver 1947 (2010)
Le Grand Bluff (2010)
Auteur : P.-J. Hérault
Édition : Interkeltia, collection ProjeXion-SF
Résumé : En 1945, la Chine, dirigée par des fascistes nationalistes, déclare la guerre à une Europe unifiée par Napoléon au XIXe siècle. Dans le premier tome, l'Europe, mal préparée, mal armée, se révèle en difficulté face à l'invasion chinoise. Dans le deuxième, l'Europe se redresse et le conflit s'enlise. Le troisième volet, celui de la résolution, oppose les deux nations dans une guerre sans merci. Le récit de cette guerre repose sur des personnages appartenant à une seule et même famille : les Clermont, descendants d'un officier de la Grande Armée.
Commentaires : Le point de divergence se situe pendant la campagne de Russie. En 1812, Napoléon Bonaparte renonce à marcher sur Moscou et s'installe en Ukraine. L'année suivante, avec l'aide de l'armée ukrainienne, il défait les Russes. Il unifie une Europe qui s'étend de la Bretagne à la Sibérie, dans une fédération de Républiques, avec la ville de Kiev pour capitale. En 1945, cette grande Europe a déjà connu deux guerres continentales contre la Chine.

Le récit fait la part belle aux batailles aériennes et terrestres, aux manœuvres militaires, à la géopolitique. L'auteur s'attache aux destins des grands hommes comme à celui des simples soldats. Une grande fresque écrite avec le souci du détail qui ravira les passionnés d'histoire militaire et d'aéronautique.

Vous avez aimé ? Aux amateurs d'aéronautique et d'aviation, nous conseillons la lecture de la série BD *Wunderwaffen*.

Oniromaque

Auteur : Jacques Boireau

Édition : Armada, 2012

Résumé : Charles Martel a été vaincu à Poitiers et la France est coupée en deux au niveau de la Loire. Au sud du fleuve, on trouve une brillante civilisation musulmane, l'Occitania. Au nord, c'est la Francie, dominée par la Ligue Hanséatique. La volonté expansionniste de la puissante Hanse ne s'arrête pas aux frontières de la Francie. Elle vise aussi l'Occitanie. En Grèce, l'armée renverse le gouvernement. Des brigades internationales se créent pour déjouer ce putsch. Les volontaires se rassemblent en Macédoine. Jordi, narrateur de l'histoire, Dino Buzzati, Carlos Saura, Tita Piaz et Yannis Ritsos, s'engagent, prêts à lutter pour la démocratie. Leur arme ? L'oniromaque, une étrange machine qui utilise les rêves pour modifier le cours de la réalité.

Commentaires : En plus du point de divergence initial en 732, Jacques Boireau s'amuse avec le cours de cette histoire alternative en la réécrivant constamment après chaque rêve.

Au fil du texte, les contours de la réalité s'estompent, les repères se brouillent et la fin du roman fait froid dans le dos. Les rêves permettent un jeu de spéculations politiques référencé et inventif. L'auteur varie son style en fonction de la personnalité de chaque rêveur et des virages de l'histoire. Certains passages se révèlent difficiles à appréhender mais globalement le roman se lit d'une traite et avec beaucoup de plaisir.

Vous avez aimé ? Poursuivez avec les *Chroniques Sarrasines* du même auteur, une série de nouvelles parues dans la revue *Fiction* et regroupées dans un petit fascicule à chercher sur le marché des occasions.

Orages en terre de France

Auteur : Michel Pagel

Édition : Les Moutons électriques, collection La bibliothèque voltaïque, 2014

Résumé : À la fin du XXe siècle, la Guerre de Mille Ans, qui oppose la France et l'Angleterre, fait encore rage. Aux litiges territoriaux s'ajoutent les divergences religieuses entre l'Église catholique et l'Église anglicane. La France est dominée par des extrémistes catholiques et l'Inquisition veille à museler la science. Dans cette société hostile, des hommes et des femmes, dépassés par les événements, tentent de survivre et d'avancer.

Commentaires : *Orages en terre de France* est un agrégat de quatre nouvelles dont l'action se déroule dans une région différente d'une France alternative. L'auteur s'intéresse au quotidien de gens ordinaires plutôt qu'aux héros ou aux grandes figures de l'histoire. Leur incapacité à avancer, à progresser, révèle une France paralysée par le dogme, engluée dans une guerre inutile et dont le sens échappe à beaucoup. L'ensemble des textes, d'une grande cohérence, forme un roman dont l'être humain reste le pivot central. Sans discours appuyés, sans démonstrations sentencieuses, Michel Pagel provoque la réflexion, sur le sens, celui de la vie, de la religion et de l'histoire.

Vous avez aimé ? Vous aimerez d'autres romans historiques de Michel Pagel, qu'ils soient uchroniques comme *Le Dernier des Francs* ou non comme *Le Roi d'août*.

Les Oranges de Yalta
Auteur : Nicolas Saudray
Édition : Balland, 1992

Résumé : Le Reich allemand attaque l'Union soviétique en 1941 par l'ouest. Son allié, le Japon, se jette sur la Sibérie au lieu d'attaquer Pearl Harbor. Les Soviétiques ne parviennent pas à se défendre sur les deux fronts et sont battus en 1942. L'Allemagne nazie a le champ libre pour une victoire totale. Voici l'histoire du monde à partir de 1941 et jusqu'au début des années 1960.

Commentaires : Nicolas Saudray propose une uchronie très crédible et oppressante. La narration alterne les points de vue. On découvre un monde divergent par les yeux des nombreux personnages connus comme Hitler, Churchill, Staline, ou anonymes. Le roman s'appuie sur une riche documentation. Il regorge d'anecdotes et le lecteur peu au fait de l'histoire pourrait s'y perdre quelque peu. *Les Oranges de Yalta* n'est plus disponible que sur le marché de l'occasion.

Vous avez aimé ? Pour une Allemagne victorieuse et un scénario catastrophe, nous vous conseillons *Reich*, prologue aux romans du *Monde de la Terre Creuse* d'Alain Paris.

La Part de l'autre
Auteur : Éric-Emmanuel Schmitt
Édition : Le Livre de Poche, 2003
Résumé : Le 5 octobre 1908, Adolf Hitler est recalé au concours d'entrée à l'École des Beaux-Arts de Vienne. Que se serait-il passé s'il avait réussi l'examen ? Dans *La Part de l'autre*, Éric-Emmanuel Schmitt met en parallèle deux vies, deux destins d'un seul personnage : Adolf H, jeune peintre, timide et passionné, qui réalisera ses ambitions artistiques dans cette école très réputée et Adolf Hitler qui deviendra celui que nous connaissons. Deux chemins parallèles, deux avenirs radicalement différents, deux histoire(s) dissemblables.
Commentaires : *La Part de l'autre* tient à la fois du roman historique, de l'uchronie et du roman philosophique. Éric-Emmanuel Schmitt ne ménage pas le lecteur et lui montre quelles abominations furent commises sous le régime nazi. Il utilise l'histoire alternative comme arme de réflexion philosophique. Adolf Hitler est souvent considéré comme un monstre, fou et inhumain, pour ce qu'il a fait. Or, poser une étiquette de ce genre reste une solution de facilité et conduit à l'aveuglement. Tous les Hommes (et les femmes sont des Hommes comme les autres) sont potentiellement des monstres dangereux. En l'oubliant, l'humanité peut à nouveau répéter la même erreur : porter au pouvoir un nouvel Hitler. Éric-Emmanuel Schmitt utilise l'uchronie pour délivrer un message, pour honorer le devoir de mémoire et pour (r)éveiller les consciences.
Vous avez aimé ? Si les vies alternatives d'Adolf Hitler vous intéressent, sachez que Norman Spinrad, dans son roman *Rêve de fer*, l'a transformé en écrivain américain de science-fiction…

Ptah Hotep
Auteur : Charles Duits
Édition : Denoël, collection Lunes d'encre, 2009
Résumé : Ptah Hotep, prince de Hagaptah, partage sa jeunesse dorée entre l'étude, la recherche spirituelle et la compagnie de la fastueuse courtisane Aset. À la mort de son père, Lucinius, l'un des ducs de l'empire, il lui succède à la tête du Duché. Préférant les plaisirs de la vie aux vicissitudes du pouvoir, il laisse son régent administrer son fief. Mais un coup d'État va contraindre l'adolescent à un apprentissage d'un tout autre ordre : celui de la misère et de l'exil.

Commentaires : Ptah Hotep, uchronic fantasy baroque, situe son point de divergence pendant l'Antiquité. Constantin Ier n'adopte pas le christianisme comme religion d'État. L'action du roman prend place bien plus loin dans le temps, au XXe siècle, dans un Empire gréco-égyptien qui aurait perduré. L'histoire en elle-même, la quête initiatique d'un jeune duc spolié de ses biens (et presque de sa vie) par un coup d'État, relève de la fantasy la plus classique et *Ptah Hotep* présente la structure d'un roman d'apprentissage. Plus original, Charles Duits place son intrigue dans un univers où l'Égypte, la Rome et la Grèce antiques se mélangent à l'Inde et la Chine, sublimant un décor digne des *Mille et une Nuits*. Le style, quant à lui, s'éloigne des conventions du genre. Redondances, tournures passives, circonlocutions, litotes, périphrases foisonnent. Même si c'est un procédé parfaitement maîtrisé, il frise parfois l'indigeste et peut rebuter le lecteur. Charles Duits est lié au mouvement surréaliste et puise son inspiration dans des substances illicites. La richesse de sa prose témoigne de l'influence du premier.

Vous avez aimé ? Sachez que Charles Duits reprend cet univers comme décor pour un autre roman, *Nefer* (1978).

Reich

Auteur : Alain Paris

Édition : Fleuve Noir, collection Anticipation, 1986

Résumé : Dans les camps de concentration, les expériences des nazis sur le voyage dans le temps ont abouti à un succès. En 1945, Hitler « suicide » une de ses doublures et s'enfuit dans le passé. Il revient en 1940 et répare les erreurs stratégiques commises pendant la guerre.

En 1986, un écrivain, missionné pour enquêter sur une disparition mystérieuse d'un sans-abri, se retrouve projeté dans un univers parallèle dans lequel le Royaume-Uni est tombé sous l'emprise allemande et la guerre se poursuit à l'est.

Commentaires : Le roman joue sur les voyages dans le temps et les univers parallèles alternatifs issus de ces voyages. L'enjeu consiste à empêcher Adolf Hitler de gagner la Seconde Guerre mondiale. Le récit ne connaît pas de temps morts. Les figures historiques majeures de ce conflit, Hitler, Himmler, Heydrich, bien présentes, glacent le lecteur d'effroi.

Ce court roman est présenté comme un prologue au cycle du *Monde de la Terre Creuse* qui se situe plus loin dans l'avenir, en l'an 799 du Reich. Il remplit parfaitement son office et incite à poursuivre la découverte de l'univers d'Alain Paris.

Vous avez aimé ? Les dix tomes du *Monde de la Terre Creuse* du même auteur constitueront un terrain de jeu uchronique idéal.

Rêves de Gloire

Auteur : Roland C. Wagner

Édition : L'Atalante, collection La Dentelle du Cygne, 2011

Résumé : Le 17 octobre 1960, le général de Gaulle meurt dans un attentat. Le cours de la guerre d'Algérie en est changé. Les combats se prolongent jusqu'en 1965, date à laquelle l'armée de libération algérienne négocie l'indépendance. La France garde trois enclaves : Alger, Oran et Bougie. À la fin des années 1960, un mouvement hippie, les « vautriens », voit le jour sous la houlette de Timothy Leary, propageant la diffusion d'une nouvelle drogue, la Gloire.

Un collectionneur de vinyles rares tente de mettre la main sur l'unique disque des Glorieux Fellaghas, un groupe de rock alternatif qui le conduit à soulever un coin du voile qui occulte les mystères de cette guerre.

Commentaires : Ce roman polyphonique peut dérouter. La narration éclatée sur plusieurs personnages, rarement nommés, s'exprimant toujours ou presque à la première personne, n'offre pas beaucoup de points de repère. Pourtant chaque voix se distingue des autres et, très vite, quelques figures centrales se détachent et donnent des points d'ancrage au lecteur. Le ton est toujours juste, rendant la lecture facile, fluide. L'uchronie politique, centrée sur la guerre d'Algérie, se double d'une histoire alternative du rock psychédélique. La société, revisitée sur une trentaine d'années, se révèle étonnamment différente de la nôtre. Roland C. Wagner multiplie les points de divergence par un effet papillon vertigineux. Avec *Rêves de Gloire*, il signe son chef-d'œuvre : un ouvrage monumental, un incontournable pour tout amateur d'uchronie, de science-fiction ou, plus simplement, de littérature.

Rêves de Gloire, fresque douce-amère d'une ampleur rare, a été récompensé par une multitude de prix : prix du Lundi 2011, prix Européen Utopiales des Pays de la Loire 2011, prix ActuSF de l'Uchronie 2011, Grand Prix de l'Imaginaire 2012 et prix Rosny aîné 2012.

Vous avez aimé ? Poursuivez avec le recueil de nouvelles de Roland C. Wagner *Le Train de la réalité et les morts du Général*. L'auteur y poursuit l'expérience littéraire et sociopolitique de *Rêves de Gloire*.

Rosée de feu

Auteur : Xavier Mauméjean

Édition : Gallimard, collection Folio SF, 2013

Résumé : 1944. Face à l'avancée des forces américaines dans le Pacifique qui pousse le Japon dans ses derniers retranchements, le haut commandement de la Marine impériale japonaise applique une tactique de la dernière chance : engager ses pilotes de dragons dans des attaques suicide. Le sacrifice des pilotes et des dragons est la seule voie pour sauver la patrie.

Trois destins dans la tourmente de la guerre. Celui d'Hideo, petit garçon qui subit la guerre mais ne rêve que de dragons et de héros. Celui de son frère, Tatsuo, pilote de dragon chargé d'accompagner les kamikazes lors de leur dernier vol. Et celui du maître archer Obayashi qui inspire les kamikazes.

Commentaires : *Rosée de feu* est une uchronie qui repose sur un point de divergence digne d'un roman de fantasy (mais nullement traité comme tel) : l'existence des dragons. Les Japonais n'ont pas développé une industrie aéronautique classique ; ils ont domestiqué des dragons, lointains descendants des dinosaures, et en ont fait une arme de guerre redoutable.

La construction ambitieuse peut dérouter au premier abord mais le lecteur qui se laisse porter par l'histoire et la plume de l'auteur sera récompensé. Elle prend tout son sens grâce à la postface de Xavier Mauméjean.

Dans ce roman, Xavier Mauméjean fait preuve d'une très grande connaissance de la culture nipponne et des événements de la Seconde Guerre mondiale ; c'est instructif, divertissant, parfois dérangeant et vertigineux. Une lecture à conseiller à tous.

Vous avez aimé ? Vous trouverez d'autres dragons dans d'autres guerres avec la série *Téméraire* de Naomi Novik.

Xavier Mauméjean

Né en 1963 à Biarritz, Xavier Mauméjean a suivi des études de philosophie et de sciences des religions. Essayiste, écrivain, il a reçu le prix Gérardmer 2000, deux fois le prix Bob Morane et deux fois le prix Rosny aîné. Il est membre du Collège de 'Pataphysique, discipline intellectuelle et philosophique fondée par Alfred Jarry, et du Club des Mendiants Amateurs de Madrid qui réunit des passionnés de Sherlock Holmes.

Il a publié près d'une trentaine de romans et d'essais, et diverses pièces radiophoniques qui lui ont valu le Grand Prix de la Radio. Cofondateur de la collection La bibliothèque rouge aux Moutons électriques, il a dirigé les collections Royaumes Perdus chez Mango et Pandore au Pré aux Clercs. Il travaille également pour la télévision et le cinéma.

Comment avez-vous découvert l'uchronie ? En tant que lecteur, entretenez-vous un rapport particulier à l'uchronie ?

À 13 ans, j'ai lu *If the South Had Won the Civil War* de Mac Kinlay Kantor, qui décrit la victoire des États confédérés durant la guerre de Sécession. Évidemment à l'époque, je n'avais jamais entendu parler d'uchronie ou d'histoire alternative, mais le fait que l'on puisse changer le passé, et partant le présent, m'a fasciné. Deux ans auparavant, j'avais lu *La Machine à explorer le temps* d'H.G. Wells, qui demeure pour moi le plus grand roman de science-fiction jamais écrit. En s'ajoutant à celui-ci sans pourtant atteindre sa qualité, même de très loin, l'ouvrage de Kantor a déterminé mon intérêt pour les récits de science-fiction liés au temps. Et aux mondes parallèles, dont l'uchronie me paraît être une cousine plus ou moins éloignée.

Quelles sont les œuvres uchroniques qui vous ont marqué ?

Oh, les mêmes que pour tout le monde, j'imagine : *Le Maître du Haut Château* de Philip K. Dick ; *SS-GB* de Len Deighton ; *Fatherland* de Robert Harris. Et puis deux récits qui pour moi égalent les précédents : *Replay* de Ken Grimwood, et *L'Échange* d'Allan Brennert que je classe dans l'uchronie personnelle, peu importe le label décerné par les doctes.

Comment définiriez-vous l'uchronie ? Considérez-vous qu'il s'agisse d'un genre à part entière ?

L'uchronie est, dans un premier temps, la reconnaissance d'un primat du passé advenu. La condition initiale, nécessaire, est de considérer le passé comme fixe. Ce qui est déjà très discutable, tant pour la durée temporelle que pour le passé historique. Certaines cultures ne ressentent pas la nécessité de favoriser une lecture historique, privilégiant par exemple le mythe, et n'en sont pas moins riches pour autant. Donc le passé est donné comme stable, et l'uchronie vient alors le soumettre à variations, qui n'ont pas pour but d'annuler le référent mais de l'interroger, le mettre en demeure. Pour moi, l'uchronie c'est prévoir le passé.

Je ne sais s'il s'agit d'un genre à part entière. La question me paraît secondaire dans la mesure où l'uchronie trouve sa légitimité dans un comportement bien plus universel qu'un simple genre littéraire. Chaque homme est conduit à varier son propre passé sur le mode du « Et si… » Et si j'avais pris la voiture plutôt que le train ? Et si j'avais répondu cela plutôt que ceci ? De la même façon, chacun de nous vit, dans le présent, avec ses Moi potentiels, ceux des regrets ou des joies passées qui viennent influencer le Moi présent. Le sujet n'est pas linéaire mais riche à tout instant de ces Moi qui se tiennent en lisière de la conscience.

Beaucoup de vos œuvres peuvent être considérées comme des uchronies. Comment et pourquoi avez-vous développé des uchronies ? Poursuiviez-vous un but précis en les écrivant ?

Je pense qu'une part importante de mon travail consiste à distinguer le Vrai du Réel. Trop souvent confondus, ils sont en fait très différents. Un mensonge n'est pas vrai mais il est réel. Une licorne n'est pas vraie mais elle présente des critères de reconnaissance parfaitement réels. Si vous lui mettez une paire d'ailes à la place de la corne, elle n'est ni vraie ni réelle comme licorne. Bref, le réel excède largement le vrai. Ainsi, l'uchronie déstabilise ce qui est tenu pour vrai, le passé advenu, cautionné, et permet de dévoiler d'autres faces de la réalité.

Pensez-vous que l'uchronie doit avoir une utilité particulière ? Selon vous, à quoi sert-elle ou doit-elle servir ?

En tant qu'écrivain elle est pour moi un moyen, jamais une fin. Sa finalité n'est pas interne, mais externe, un peu comme une montre qui ne donne pas l'heure pour elle-même mais pour un sujet qui va en prendre connaissance et agir en conséquence. L'uchronie, qui comme je l'ai dit est un mode psychologique banal de la conscience, prend effet forcément dans le présent, celui du lecteur qui la découvre, et a pour objet d'interroger le présent. D'ailleurs les uchronies réussies ont toujours une intention autre que leur simple exposition. C'est pourquoi, me semble-t-il, de nombreuses uchronies ne sont que des coquilles vides et n'ont qu'un intérêt exotique.

Comment expliquez-vous l'intérêt que suscite l'uchronie depuis quelques années ? Pensez-vous que cet intérêt va perdurer ?

Pour être franc, aussi bien comme auteur que comme lecteur, je trouve qu'il y a une inflation de l'uchronie, et forcément une expansion du médiocre destiné à gaver les gloutons. Et si De Gaulle avait eu comme beau-frère Goering qui régnerait sur l'Empire romain ? Honnêtement, je m'en cogne. Par contre, j'attends avec impatience un ou deux romans renouvelant avec brio les thématiques des mondes parallèles, l'équivalent de ce qu'a fait Audrey Niffenegger avec *Le temps n'est rien* pour le voyage temporel.

Avez-vous des projets ou actualités en lien avec l'uchronie ?

Mes deux prochains projets auront une contrainte commune : décrire une semaine dans la vie de deux juifs citoyens d'Autriche-Hongrie. Le premier portera sur les vacances de Franz Kafka et Max Brod à Paris. Le second sur la rencontre entre Houdini et Sigmund Freud. Ces récits porteront non pas sur le fameux point de divergence qui constitue l'uchronie, mais sur le point de convergence entre réel et possible. Raconter un événement réel en altérant sa part de vrai. Le tout, en littérature générale.

Le mot de la fin (forcément uchronique) vous appartient, faites-vous plaisir !

Bazarada ! C'est l'une des exclamations de scène d'Houdini, à la fin d'un numéro, lorsque la réalité laisse place à l'illusion. Il me semble que cela est pertinent pour toutes les œuvres qui réussissent à déstabiliser le réel, ou l'idée que l'on s'en fait. Uchronie ou pas.

Tancrède. Une uchronie

Auteur : Ugo Bellagamba

Édition : Gallimard, collection Folio SF, 2012

Résumé : Année 1096. Lorsque son oncle, Bohémond de Tarente, décide d'abandonner Syracuse et de répondre à l'appel à la Croisade lancé par le pape Urbain II, le prince normand Tancrède de Hauteville s'enthousiasme à la perspective de quitter un Occident en déclin et de délivrer Jérusalem de la barbarie. Le voyage lui ôte peu à peu toutes ses illusions. Les motivations de ses compagnons, plus tournées vers l'enrichissement personnel que la foi religieuse, les exactions commises sur les populations civiles amènent Tancrède à une profonde remise en question. La découverte des richesses culturelles du monde arabe achève de le transformer pour lier son destin à l'histoire.

Commentaires : Dans notre réalité, Tancrède a participé à la première Croisade jusqu'à la prise de Jérusalem au côté de Godefroy de Bouillon. Il devint Prince de Galilée et régent de la principauté d'Antioche. À sa mort, en 1112, il était l'un des plus puissants seigneurs d'Orient. Son destin a inspiré un poème de Le Tasse, un madrigal de Monteverdi, une pièce de théâtre de Voltaire, un opéra de Rossini et de nombreux peintres classiques de la Renaissance.

Ugo Bellagamba choisit de réécrire le destin de Tancrède et d'interroger les conséquences sur l'histoire des Croisades. L'auteur garde une posture d'historien et manie l'uchronie comme un outil de questionnement sur les liens entre les hommes, la politique et l'histoire. Le roman, écrit sous forme de mémoires apocryphes, donne au lecteur une impression de grande proximité avec le personnage. Le déchirement intérieur de ce dernier, la réflexion sur l'identité et la puissance d'évocation que porte le roman font de *Tancrède* un excellent texte. Il a d'ailleurs reçu, en 2010, le prix Rosny aîné et le prix Européen Utopiales des Pays de la Loire.

Vous avez aimé ? Vous pouvez vous diriger vers l'essai d'Amin Maalouf, *Les Croisades vues par les Arabes*, pour changer de point de vue.

La Trilogie de la Lune
La Lune seule le sait (2000)
La Lune n'est pas pour nous (2004)
La Lune vous salue bien (2007)
Auteur : Johan Heliot
Édition : Mnémos, collection Icares, 2011 (intégrale)
Résumé : Dans le premier tome, un vaisseau de chair et de métal s'amarre à la tour Eiffel lors de la clôture de l'Exposition universelle de 1889. La technologie des Ishkiss ouvre de nouveaux horizons comme la colonisation de la Lune. À la fin du siècle, l'Europe a changé de visage mais la révolte, dirigée par Victor Hugo, gronde contre Napoléon III qui se sert du savoir des Ishkiss pour opprimer le peuple. L'empereur vient d'envoyer Louise Michel dans le bagne qu'il a fait construire dans les entrailles de la Lune. Jules Verne est envoyé en mission de sauvetage.

Dans le deuxième tome, le lecteur est projeté en 1933. L'humanité est partagée. Sur la Lune vivent les Sélénites, une nation libertaire qui s'est développée grâce à la technologie des Ishkiss et la terraformation de la Lune. Sur Terre, l'Europe a été dévastée par la Guerre totale. Hitler, vainqueur, domine l'Europe, occupe, opprime et pille dans la plus grande impunité. En France, les ligues fascistes font régner la terreur et orchestrent une sévère propagande antiselénite. Le jeune Léo Malet devient l'instrument principal des Ishkiss dans la guerre contre le Reich.

Le troisième tome plonge le lecteur dans les années 1950. La Lune a disparu du ciel terrien. Les bouleversements écologiques ont fait sombrer les populations désemparées dans les Années Sombres. Le lunatisme, mystérieuse maladie psychique, frappe les plus fragiles. Le président américain Eisenhower décrète que les Sélénites, qui entreprennent la colonisation de Mars avec l'aide des extraterrestres Ishkiss, sont le nouvel ennemi à abattre. Boris Vian, agent secret français, s'envole pour les États-Unis en mission d'espionnage.

Commentaires : *La Trilogie de la Lune* part d'un postulat uchronique pour développer un univers alternatif steampunk réjouissant.

En 1870, Napoléon III a vaincu les Prussiens à Sedan et le Second Empire français est devenu la nation la plus puissante sur Terre. Il ne meurt pas en 1873 mais un attentat en 1871 le prive de l'impératrice Eugénie et de son fils de 15 ans, Eugène.

L'univers réinventé par Johan Héliot fait la part belle à l'aventure enlevée et à l'humour, mais sans oublier d'instiller une pointe d'analyse politique et une touche de satire sociale. L'auteur pioche dans l'imaginaire français – les références à Jules Verne et Maurice Leblanc abondent –, son histoire et son patrimoine pour créer une France steampunk originale dans laquelle le lecteur plonge avec délice.

Vous avez aimé ? Découvrez le Paris steampunk de 1899 imaginé par Fabrice Colin et Mathieu Gaborit dans leurs *Confessions d'un automate mangeur d'opium* ou suivez les péripéties du préfet de police Louis Lépine quelques années plus tard dans *Les Âmes envolées* de Nicolas Le Breton.

La Vénus anatomique

Auteur : Xavier Mauméjean

Édition : Le Livre de Poche, collection SF, 2006

Résumé : 1752. Julien Offroy de la Mettrie, médecin chirurgien et philosophe, vit paisiblement à Saint-Malo lorsqu'il se fait enrôler par le Secret du Roi, la police secrète de Louis XV. Il n'a pas d'autre choix que de collaborer avec le biomécanicien Jacques Vaucanson et l'anatomiste Honoré Fragonard (cousin du célèbre peintre) pour créer le nouvel Adam à Berlin dans le cadre d'un concours européen. La Chambre ardente, tribunal d'Inquisition farouchement opposé à la science des Lumières, ne l'entend pas de cette oreille et dépêche ses mousquetaires noirs pour empêcher le projet. Voilà Julien de la Mettrie embarqué dans des intrigues politiques avec pour défi de construire un automate de chair…

Commentaires : Dans une langue qui rappelle celle du XVIIIe siècle (allégée des lourdeurs soporifiques propres à cette époque), Xavier Mauméjean nous offre un roman aux multiples facettes : roman d'automate au cousinage avec *Frankenstein* assumé de bout en bout, uchronie non victorienne, roman de cape et d'épée où s'affrontent des mousquetaires de factions rivales, mais aussi roman politique déguisé en divertissement (le Berlin des Lumières nous rappelle bien des heures sombres) et philosophique (où l'éthique tient une grande place). Concernant la dimension philosophique, précisons d'emblée que le roman nous propose une philosophie vivante : les personnages s'interrogent le plus souvent sous forme de dialogue et partagent avec nous le fruit de leurs réflexions (dans la grande tradition des philosophes de l'Antiquité). De même les querelles de philosophes (les piques volent contre Voltaire) leur donnent une dimension tout à fait humaine. La Mettrie croise le « beau monde » de l'époque : Casanova, Diderot, le Chevalier d'Éon, Jean-Sébastien Bach… Clins d'œil et références multiples à l'histoire, la philosophie, les arts, et la littérature – le *Roman de Renart* donne lieu à une interprétation vertigineuse – parsèment le récit pour le plus grand plaisir du lecteur.

Vous avez aimé ? Précipitez-vous, si ce n'est déjà fait, sur *Frankenstein* de Mary Shelley, ce classique de la littérature fantastique. Autre alternative, *Le Rêve de Galilée* de Kim Stanley Robinson ou *Les Démons du Roi-Soleil* de J. Gregory Keyes dont les epoques sont proches de *La Vénus anatomique*.

Victoire à Waterloo

Auteur : Robert Aron

Édition : Plon, 1967

Résumé : Grâce au maréchal Grouchy, qui arrive à temps sur le champ de bataille, Napoléon triomphe à Waterloo en 1815. Malgré cette victoire, l'Empereur est las de la guerre et du pouvoir. Rentré à Paris, il abdique en faveur d'un système parlementaire et s'exile de lui-même.

Commentaires : L'angle de vue adopté par Robert Aron ne manque pas d'originalité. Selon lui ce n'est pas l'issue de la bataille de Waterloo qui conduit Napoléon à l'abdication mais les états d'âme de l'Empereur. Sa lassitude transparaît dans son discours d'adieu. Le personnage en sort grandi.

Dans la préface de l'ouvrage, Robert Aron, membre de l'Académie française, précise sa démarche et justifie le choix du procédé uchronique pour son œuvre :

« Mieux vaut de faits inexacts tirer des conséquences vraies, que tirer des conséquences fausses de faits historiquement prouvés. »

Victoire à Waterloo, même s'il est de facture plus moderne et contemporaine, s'inscrit dans la veine des histoires alternatives du siècle précédent.

Vous avez aimé ? Vous aimerez aussi *La Victoire de la Grande Armée* de Valéry Giscard d'Estaing, une autre uchronie napoléonienne…

La Victoire de la Grande Armée
Auteur : Valéry Giscard d'Estaing
Édition : Plon, 2010
Résumé : Le 14 septembre 1812, Napoléon 1er et ses troupes entrent dans Moscou. L'empereur prend la décision de quitter la ville dès le lendemain pour rejoindre la France. Par cette manœuvre, il espère parvenir à vaincre l'armée de Koutouzov. C'est au général François Beille qu'est confiée la mission de leurrer l'ennemi. Avec son régiment, il retient les Russes qui ne comprennent que tardivement que la Grande Armée s'éloigne de Moscou. Koutouzov se précipite sur les traces de l'Empereur. L'affrontement a lieu non loin de la Pologne sur un terrain favorable aux Français. Les Russes sont écrasés. De retour en France, Napoléon, victorieux, décide d'abdiquer et de se consacrer à la paix. Il transmet le pouvoir à son fils adoptif, Eugène de Beauharnais.

Commentaires : Comme dans le *Napoléon apocryphe* de Louis Geoffroy, Napoléon est ici présenté comme un fin stratège, puisqu'il évite le piège de l'hiver russe et sort victorieux de la campagne de Russie, et comme un bienfaiteur des peuples, porteur d'une paix européenne solide. L'évolution, surprenante, du personnage de Napoléon manque de vraisemblance mais Valéry Giscard d'Estaing évoque superbement la Grande Armée, ses grognards et leurs souffrances. *La Victoire de la Grande Armée* se lit aussi comme un message politique à l'attention des gouvernants. Comment ne pas interpréter les réflexions sur le pouvoir et sur les États-Unis d'Europe (une Europe libérale sans les Anglais, ni les Turcs) à l'aune de l'engagement européen d'un ancien Président de la République française ?

Vous avez aimé ? Nous vous conseillons de découvrir les autres romans de Valéry Giscard d'Estaing, tels que *La Princesse et le Président*, qui défraya la chronique en 2009.

Zoulou Kingdom

Auteur : Christophe Lambert

Édition : Pocket, collection Science-Fiction/Fantasy, 2008

Résumé : En 1879, la Grande-Bretagne tente de coloniser l'Afrique et l'Asie pour étendre son empire. La reine Victoria se heurte à la résistance du peuple zoulou et de leur roi Cetshwayo. Décidé à frapper fort, ce dernier fait appel à la magie ancestrale de son peuple pour catapulter quarante mille de ses guerriers dans les rues sombres de Londres, capitale restée sans défense de l'empire qui menace Zoulouland.

Commentaires : Avec *Zoulou Kingdom*, Christophe Lambert offre au lecteur une uchronie riche en action, bien rythmée, amusante. Il entremêle le destin de farouches guerriers à celui de personnages victoriens célèbres comme Jack l'Éventreur, Elephant Man, H.G. Wells enfant et Karl Marx. Les pages se tournent toutes seules et les combats sont très bien racontés, avec une bonne dose de réalisme (ou de surréalisme) sanglant. Seul bémol dans ce divertissement, l'auteur a privilégié l'action au détriment d'une réflexion plus profonde et les personnages, trop nombreux sur un roman assez court, peinent à prendre corps. *Zoulou Kingdom* constitue une lecture plaisir, inventif et riche en rebondissements, dont on regrette qu'elle soit si courte.

Vous avez aimé ? Nous vous recommandons *Le Commando des immortels* du même auteur. Dans ce roman, l'armée américaine fait appel aux elfes pour gagner la Seconde Guerre mondiale.

Étrangers

22/11/63

Titre original : *11/22/63* (2011)

Auteur : Stephen King

Édition : Le Livre de Poche, collection Fantastique, 2014. Traduction de Nadine Gassié.

Résumé : *22/11/63* est la date de l'assassinat de John Fitzgerald Kennedy, président des États-Unis, par Lee Harvey Oswald, à Dallas. Jake Epping, professeur d'anglais à la vie banale, voit son quotidien bouleversé quand Al, gérant de son *dinner* préféré, lui révèle qu'il peut remonter le temps. La réserve du restaurant abrite un passage qui mène au même endroit mais en 1958. Atteint d'un cancer incurable, Al supplie Jake de faire le voyage et de réaliser ce que lui n'a pas eu le temps de mettre en œuvre : éviter l'assassinat de JFK. Ce qui implique de vivre dans le passé de 1958 à 1963 et d'enquêter sur Lee Harvey Oswald pour éliminer tout risque d'erreur sur la personne : Oswald est-il bien l'assassin de JFK ? A-t-il agi seul ?

Commentaires : L'uchronie n'arrive qu'en toute fin du roman et n'en constitue donc pas l'intérêt principal. Elle n'est que le prétexte à une très belle évocation (très fouillée) de l'Amérique des années 1960.

Le lecteur est immergé dans cette époque, par le prisme du quotidien de Jake Epping, professeur (car, oui, ce métier est une vocation et on n'oublie pas une vocation aussi facilement) et écrivain (ce qui offre quelques digressions sympathiques sur ce qu'est être écrivain). Stephen King semble assez nostalgique de cette époque bénie où le travail ne manquait pas, l'économie se développait, les réglementations, plus lâches, permettaient une forme de liberté doublée d'une inconscience bienheureuse (mais parfois dangereuse). À l'enquête sur Oswald et au suspens autour de la capacité de Jake à empêcher le meurtre de JFK s'ajoute une tension supplémentaire : le passé refuse de se laisser modifier et tente en permanence de s'harmoniser, ce qui épice le récit d'une touche de fantastique.

J.J. Abrams devrait adapter *22/11/63* sous forme d'une série télé.

Vous avez aimé ? Vous aimerez aussi *Les Vies parallèles de Greta Wells* d'Andrew Sean Greer.

Alexandre le Grand et les aigles de Rome

Titre original : *Alejandro Magno y las aguilas de Roma* (2007)

Auteur : Javier Negrete

Édition : L'Atalante, collection La Dentelle du Cygne, 2009. Traduction de Thomas Delooz.

Résumé : En 323 avant Jésus-Christ, à Babylone, un mystérieux médecin, prétendument envoyé par l'oracle de Delphes, sauve Alexandre le Grand d'une tentative d'empoisonnement. Il a 33 ans.

Six ans plus tard, il continue sa politique de conquête et d'expansion, vers l'ouest cette fois. Mais la république de Rome et ses puissantes légions se dressent sur son chemin.

Commentaires : Au lieu de mourir en 323 avant Jésus-Christ comme dans notre histoire, Alexandre le Grand survit et part à la conquête de l'occident.

Javier Negrete met en scène le choc et l'affrontement de deux puissances antiques dans un roman épique solidement documenté, à la frontière de la fantasy et de l'histoire. La narration alterne les points de vue – le médecin personnel d'Alexandre le Grand, un général de son armée, ses opposants romains, etc. – sans jamais adopter celui d'Alexandre. Javier Negrete brosse le portrait en creux du Macédonien.

Alexandre le Grand et les aigles de Rome est une uchronie à conseiller à tout le monde et en particulier à ceux qui aiment l'histoire, tant elle est crédible.

Vous avez aimé ? Javier Negrete a déjà exploré une histoire alternative autour d'Alexandre le Grand dans un court roman intitulé *Le Mythe d'Er ou le dernier voyage d'Alexandre le Grand.*

ANNO DRACULA

Titre original : *Anno Dracula* (1992)

Auteur : Kim Newman

Édition : Le Livre de poche, collection Fantastique, 2014. Traduction de Thierry Arson et Maxime Le Dain.

Résumé : Londres, 1888. Dracula a séduit la reine Victoria puis l'a épousée. Devenu prince consort, il a la ferme intention de répandre le vampirisme dans tout le royaume. À Whitechapel, des prostituées vampires se font assassiner par un mystérieux tueur en série : Jack, d'abord surnommé Scalpel d'Argent (la lame qu'il utilise est recouverte d'argent, un métal qui blesse les vampires et les loups-garous) puis, tout simplement, l'Éventreur. Geneviève Dieudonné, vampire d'origine française, d'allure jeune mais plus âgée encore que le Comte, travaille dans un refuge pour prostituées. L'inspecteur Lestrade, débordé, sous pression de sa hiérarchie et des Londoniens, fait appel à elle pour enquêter. Charles Beauregard, espion 100 % anglais au service de Sa Majesté est missionné par le Diogene's Club, pour, lui aussi, démasquer l'auteur de ces meurtres. Leurs destins, et ceux d'une multitude de personnages, vont se croiser autour de Jack l'Éventreur et de Dracula.

Commentaires : Dans cette uchronie de fiction, Kim Newman reprend le personnage de Dracula et le sauve de la fin que lui avait réservée Bram Stoker. Le Royaume-Uni et la ville de Londres, surtout, sont donc, logiquement, devenus des terres vampiriques et un vaste terrain de jeu pour la mégalomanie du Comte. Au-delà du vampirisme, Kim Newman traite de la folie, de la soif de pouvoir, des relations amoureuses tout en brossant l'étude sociologique pointue d'un Londres perverti par le Comte, parfaite incarnation du mal. La déliquescence de la société s'étend à toutes les couches de la population et Whitechapel se révèle bien moins glauque que la salle du trône de Buckingham Palace. L'élite aristocratique ou politique passe peu à peu aux ténèbres et la société victorienne s'enfonce inexorablement dans un âge sombre et déliquescent. Comme dans le roman de Bram Stoker, Dracula étend son ombre malfaisante mais n'apparaît qu'à la toute fin du roman. En plus de reprendre les principaux personnages du roman de Stoker, Kim Newman convoque Sherlock Holmes (et Lestrade, Mycroft Holmes, le professeur Moriarty), Joseph Carey Merrick, les docteurs Jekyll et Moreau et même Oscar Wilde. Cet hommage à la littérature et aux figures victoriennes connues ajoute encore au plaisir de lecture. *Anno Dracula* a reçu, en 1999, le prix Ozone.

Vous avez aimé ? Vous pouvez retrouver Dracula dans de nouvelles aventures imaginées par Kim Newman. En 1918, dans *Le Baron rouge sang*, Dracula, commandant en chef des armées allemandes, est bien décidé à anéantir l'Angleterre. *Le Jugement des larmes* nous permet de retrouver un comte Dracula machiavélique en pleine Guerre froide.

Ariosto furioso

Titre original : *Ariosto furioso* (1980)

Auteur : Chelsea Quinn Yarbro

Édition : Gallimard, collection Folio SF, 2003. Traduction de Jean Bonnefoy.

Résumé : L'Italie s'est unifiée dans une fédération grâce à Lorenzo de Medicis en 1515.

En 1533, à Firenze, Lodovico Ariosto, poète et conseiller de Damiano de Medicis, est pris en étau entre les factions rivales qui se disputent le pouvoir. Pour Ariosto, il s'agit de la *realtà* (réalité). Le poète s'évade en écrivant une suite à son poème épique *Orlando Furioso*. Dans cette *fantasia* où l'Italia Federata a conquis le Nouveau Monde, il s'imagine en héros luttant dans une Amérique fabuleuse peuplée de monstres invulnérables et de sortilèges puissants.

Commentaires : Deux Italie imaginaires se côtoient dans le roman de Chelsea Quinn Yarbro : l'Italie réelle pour le narrateur, une recréation alternative de la Renaissance italienne pour nous, et une Italie dominant le Nouveau Monde divergente par rapport à la réalité du narrateur.

Les deux fils narratifs, *realtà* et *fantasia*, alternent et se font écho dans une construction en parallèle pour se rejoindre dans les dernières pages. Le style s'adapte à chacun de ces arcs et colle aux représentations d'un personnage historique réel, Ludovico Ariosto, que nous propose l'auteur.

Vous avez aimé ? Tentez la lecture de *Dreamericana* de Fabrice Colin.

Autant en emporte le temps

Titre original : *Bring the Jubilee* (1955)

Auteur : Ward Moore

Édition : Denoël, collection Présence du futur, 2000. Traduction de Jane Fillion.

Résumé : En 1863, les Sudistes ont remporté la guerre de Sécession et ont gagné leur indépendance.

Dans les années 1930-1950, le Sud, où les Noirs sont toujours esclaves, prospère en imposant une dure tutelle aux États du Nord, pauvres et sous-développés. Une équipe de scientifiques met au point une machine qui permet de voyager dans le temps et un jeune historien se voit offrir l'occasion de se rendre en juillet 1863 à Gettysburg, lieu de la bataille qui a changé le cours de la guerre, pour y vérifier un point d'histoire. Bien entendu, ce voyage aura des répercussions inattendues.

Commentaires : Le point de divergence se situe pendant la guerre de Sécession. En 1863, la bataille de Gettysburg puis la guerre entière a été remportée par les Sudistes. Dans *Autant en emporte le temps*, le narrateur, un jeune fermier fasciné par la guerre de Sécession et devenu historien, réalise un voyage temporel. Son arrivée à Gettysburg introduit un point de divergence. Une histoire alternative se met en place.

Ward Moore revisite la société américaine par le prisme de la politique, de la culture ou de la vie quotidienne. Ce classique, qui mêle habilement voyage dans le temps et uchronie, est une référence pour tout amateur de science-fiction et d'histoire alternative.

Vous avez aimé ? Nous vous invitons à lire un autre classique de la science-fiction et du voyage temporel : *La Patrouille du temps* de Poul Anderson.

Chroniques des années noires

Titre original : *The Years of Rice and Salt* (2002)

Auteur : Kim Stanley Robinson

Édition : Pocket, collection Science-Fiction/Fantasy, 2006. Traduction de David Camus et Dominique Haas.

Résumé : Quelle aurait été l'histoire du monde si l'Europe chrétienne avait disparu au Moyen Âge, ravagée par la peste ? Le bouddhisme et l'islam seraient peut-être devenus les religions prépondérantes, donnant naissance à deux grandes puissances concurrentes. C'est le postulat de départ de Kim Stanley Robinson pour cette fresque uchronique qui couvre plus de sept cents ans d'histoire. Grâce à un procédé narratif ingénieux, la réincarnation des personnages principaux liés au sein d'une jati (un ensemble de personnes dont les âmes sont unies), l'auteur projette le lecteur aux moments clés de cette histoire alternative, comme la découverte de l'Amérique, une guerre mondiale et même la révolution de l'atome. Les personnages principaux, un intellectuel, un révolté et un rêveur, ne sont pas des héros. Ils ne sont que des êtres humains tentant de concilier leur destin et leur karma avec le flux de l'histoire.

Commentaires : Prix Locus 2003, *Chroniques des années noires* est une œuvre monumentale, dense, à multiples niveaux de lecture. Toute la culture humaine – arts, religions, sciences, philosophies, techniques, médecine – est revue sous l'angle uchronique mais de manière très réaliste. Ici les grands événements historiques ont eu lieu malgré le point de divergence : la Chine découvre l'Amérique, la révolution industrielle se produit au Japon. L'histoire a suivi le cours que nous lui connaissons. Elle est, en quelque sorte, immuable. Ce ne sont pas les hommes qui font l'histoire mais les événements qui façonnent les hommes. Bien entendu, sur plus de mille pages, le lecteur n'échappe pas à quelques longueurs ou passages moins rythmés mais ce livre mérite le qualificatif d'incontournable.

Vous avez aimé ? Précipitez-vous sur *Roma Æterna* de Robert Silverberg pour sa réécriture sur plusieurs siècles de l'histoire de l'Empire romain.

Chroniques du Grimnoir

Hard Magic (2011) – *Magie brute* (2012)
Spellbound (2011) – *Malédiction* (2013)
Warbound (2013) – *Foudre de guerre* (2014)

Auteur : Larry Correia

Édition : L'Atalante, collection La Dentelle du Cygne. Traduction de Marie Surgers.

Résumé : États-Unis, début des années 1930. Une nouvelle espèce d'êtres humains est apparue depuis le XIXe siècle. Surnommés les actifs, ils peuvent se téléporter, lire dans l'esprit des gens (et les forcer à accomplir certaines choses), modifier la gravité, tout exploser à la force de leurs poings, ou encore contrôler les animaux. Craints et redoutés, ils peuvent aussi bien être traqués, tués, ou utilisés par deux sociétés secrètes qui mènent une lutte sans pitié qui devient tout sauf discrète… Mais d'où provient cette « magie » ? Pourquoi certains êtres humains ont-ils bénéficié de tels pouvoirs et pas d'autres ? Et peut-on créer des êtres surhumains avec des signes gravés à même la chair comme le fait le Président, nouveau chef du Japon Impérial, qui prétend être immortel et lutter pour autre chose que la domination du monde ?

Commentaires : Attention, série qui déménage ! Plongez dans les aventures d'un monde qui n'est pas tout à fait le nôtre, avec son lot de petits (racontés à chaque début de chapitre) et de grands (Berlin enfermé derrière un mur, le rayon de la mort du scientifique Tesla qui fonctionne réellement, etc.) changements. Avec cette série vous vous rendrez compte que tout n'est pas aussi simple que l'on pourrait l'imaginer au départ, vous vivrez aux côtés de personnages flamboyants (qu'ils soient gentils ou méchants) et refermerez le dernier tome en ayant l'impression d'avoir lu un comics, voire un film de super-héros, et surtout d'avoir vécu une grande aventure ! Prêts à partir, enfoncez votre chapeau mou sur votre caboche, enfilez votre pardessus, et armez votre mitrailleuse Thompson !

Vous avez aimé ? Vous aimerez aussi les uchronies sur les super-héros comme *X-Men : Days of Future Past* ou la série d'anthologies *Wild Cards*, dirigée par George R. R. Martin, qui imagine la création de super-héros suite à la propagation d'un virus extraterrestre dans l'atmosphère en 1946 et de leur difficile cohabitation avec le genre humain.

Le Club des policiers yiddish

Titre original : *The Yiddish Policemen's Union* (2007)

Auteur : Michael Chabon

Édition : 10/18, domaine étranger, 2010. Traduction d'Isabelle D. Philippe.

Résumé : Début du XXIe siècle, l'Alaska va bientôt être de nouveau rétrocédé aux États-Unis. En 1939, une loi fut votée de justesse au Congrès permettant à de nombreux juifs européens d'émigrer vers les États-Unis avant qu'il ne soit trop tard. L'histoire, que ce soit celle de la Seconde Guerre mondiale ou du reste du monde, en a été changée. Meyer Landsman, flic dépressif et alcoolique, est chargé d'enquêter sur un meurtre étrange : un jeune juif retrouvé avec une balle dans la nuque à côté d'un jeu d'échecs. Il va devoir collaborer avec son ancienne femme pour résoudre cette enquête qui ne s'avère rien moins qu'explosive.

Commentaires : Polar surréaliste, avec un héros truculent qui est un hommage littéraire à Philip Marlowe. Michael Chabon a créé une langue belle et étrange (parsemée de mots yiddish) pour raconter son polar. Il réussit le tour de force de distiller avec parcimonie quelques subtiles différences avec notre réalité, montrant ainsi une maîtrise peu commune de l'uchronie comme outil et comme décor et nous donne à lire un livre surprenant à bien des égards. Pour amoureux des livres étranges et décalés, la lecture est hautement recommandable.

Vous avez aimé ? Pour un hommage à Philip Marlowe mais, cette fois, dans un univers totalement décalé, nous vous invitons à lire les aventures de *Lasser, détective des Dieux* de Sylvie Miller et Philippe Ward.

Le Complot contre l'Amérique

Titre original : *The Plot Against America* (2004)

Auteur : Philip Roth

Édition : Gallimard, collection Folio, 2007. Traduction de Josée Kamoun.

Résumé : En 1940, le parti républicain choisit Charles Lindbergh, pionnier de l'aviation américaine, comme candidat aux élections présidentielles face à Franklin D. Roosevelt. Devenu Président des États-Unis, Lindbergh, antisémite et admirateur du régime nazi, signe un pacte de non-agression avec Hitler, puis avec le Japon. La société américaine se transforme et la montée de l'antisémitisme inquiète la communauté juive. Cette dernière se déchire : entre ceux qui soutiennent la paix prônée par Lindbergh et ceux qui partent combattre en Europe, le fossé se creuse.

Commentaires : Pour dessiner le portrait d'une Amérique fasciste, Philip Roth choisit d'adopter le point de vue d'un jeune enfant juif – l'auteur lui-même – qui observe la vie de sa famille, ses voisins, sa communauté. L'accumulation de détails précis et de faits historiques (comme le discours antisémite de Lindbergh) rend vraisemblable les événements fictionnels présentés par l'auteur. Seul reproche à faire à ce roman, Philip Roth décide de ne pas aller au bout de son uchronie. Par une habile pirouette, son histoire alternative rejoint l'histoire officielle : Franklin D. Roosevelt parvient à la présidence, le Japon attaque à Pearl Harbor et les États-Unis entrent en guerre.

Le Complot contre l'Amérique a reçu le Sidewise Award for Alternate History en 2002.

Vous avez aimé ? Nous vous invitons à explorer la « trilogie américaine » du même auteur. Dans les romans qui la composent – *Pastorale américaine* (1997),

J'ai épousé un communiste (1998) et *La Tache* (2000) –, Philip Roth s'attache à déconstruire le mythe du « rêve américain ».

Les Conjurés de Florence

Titre original : *Pasquale's Angel* (1994)

Auteur : Paul J. McAuley

Édition : Gallimard, collection Folio SF, 2004. Traduction d'Olivier Deparis.

Résumé : Et si Léonard de Vinci avait abandonné la peinture pour se consacrer aux machines qu'il imaginait ? Florence, au tout début du XVIe siècle, aurait connu et même anticipé – de trois cents ans – une révolution industrielle, grâce à celui qu'elle aurait nommé Grand Ingénieur. Les Médicis auraient été chassés et exilés. L'art aurait cependant gardé une place importante dans cette florissante cité. Dans cette Florence alternative, à l'occasion de la visite du pape Léon, venu entériner la réconciliation entre Rome et Florence, le peintre Raphaël et son assistant sont assassinés. Pasquale, jeune apprenti peintre, mène l'enquête accompagné de Nicolas Machiavel, journaliste à la *Gazette*. Ils ne se doutent pas des complots, ni des intrigues, qu'ils vont mettre au jour.

Commentaires : Paul J. McAuley décline l'uchronie sur le mode du roman policier. Sur fond de rivalité entre puissances européennes, l'Espagne et l'Italie, les intrigues sophistiquées fourmillent, les rebondissements s'enchaînent. L'auteur explore les relations entre pouvoir et arts, politique et technologie. La Florence dans laquelle il plonge le lecteur, devenue le centre du progrès scientifique en plus d'être la cité des arts, offre un cadre grandiose à une enquête de grande ampleur malgré son classicisme. L'utilisation de personnages historiques réels et la narration riche en clins d'œil concourent à faire de ce roman au postulat original une réussite.

Vous avez aimé ? Oubliez Dan Brown et son *Da Vinci Code* et dirigez-vous vers *Ariosto furioso* de Chelsea Quinn Yarbro.

Darwinia

Titre original : *Darwinia* (1998)

Auteur : Robert Charles Wilson

Édition : Gallimard, collection Folio SF, 2008. Traduction de Michelle Charrier.

Résumé : En mars 1912, l'Europe et une partie de l'Angleterre disparaissent subitement. Elles sont remplacées par un continent vierge de toute présence humaine, doté d'une flore bigarrée et d'une faune inconnue. L'histoire telle qu'on la connaît s'en trouve bouleversée. Huit années plus tard, Guildford Law, jeune photographe, se joint à l'expédition du naturaliste Preston Finch, expédition qui s'est donné pour objectif de traverser les Alpes, d'explorer la Darwinie – comme on a fini par baptiser ce continent merveilleux et dangereux –, et d'en percer les mystères. Rapidement, péripéties et événements dramatiques s'enchaînent et les morts violentes se succèdent. En parallèle, Guilford Law reçoit la visite de son double, double qui semble avoir vécu sur une terre alternative.

Commentaires : *Darwinia* commence comme une uchronie et se présente comme un roman d'exploration mais cache en réalité un roman de science-fiction vertigineux teinté de métaphysique. Au sein du groupe d'aventuriers, deux visions du monde s'opposent : la première défend l'idée que la disparition du vieux continent est une punition divine, la seconde que le phénomène peut trouver une explication scientifique. Créationnisme et darwinisme s'affrontent dans un décor digne des grands romans d'aventures d'Edgard Rice Burroughs. Les derniers chapitres offrent un second niveau de lecture et révèlent que cette lutte, d'une dimension cosmique, dépasse, de loin, la seule Humanité. Récompensé d'un prix Aurora et nominé au prix Hugo en

1999, le roman n'est pas exempt de défauts. Certaines thématiques, comme les répercussions politiques de l'apparition de la Darwinie ou l'exploration de ce nouveau continent, auraient gagné à être un peu plus développées. Mais *Darwinia* est à lire pour son foisonnement d'idées, et l'univers singulier qu'il offre.

Vous avez aimé ? Si les remontées de fleuve sur des bateaux à vapeur et le parfum d'aventure de *Darwinia* vous ont plu, vous apprécierez probablement *Le Fleuve de l'éternité*, série en cinq tomes de Philip José Farmer, dans laquelle un groupe d'aventuriers et de savants tente de percer le secret de la résurrection de la totalité de l'humanité sur les berges d'un fleuve gigantesque.

Robert Charles Wilson

Robert Charles Wilson est un auteur de science-fiction canadien né en Californie en 1953. Il vend ses premières nouvelles dès les années 1970 et livre son premier roman en 1986. Il est lauréat de nombreux prix : prix Philip K. Dick 1995 pour Mysterium, *prix Aurora en 1999 pour* Darwinia *et en 2004 pour* Blind Lake, *prix John Wood Campbell Memorial 2002 pour* Les Chronolithes, *prix Theodore Sturgeon 2006 pour* Le Théâtre cartésien, *prix Hugo 2006 et Grand prix de l'Imaginaire 2007 pour* Spin. *En 2014, en France, il a publié un roman uchronique,* Les Derniers Jours du Paradis *(Denoel collection Lunes d'encre) et un recueil de nouvelles,* Les Perséides *(Le Bélial).*

Comment avez-vous découvert l'uchronie ? Pouvez-vous nous parler des œuvres uchroniques qui vous ont marqué ?

J'ai commencé à lire de la science-fiction très jeune, et c'est à ce moment-là que j'ai rencontré l'uchronie (ou les « univers parallèles »). Même à cet âge, j'avais remarqué que beaucoup d'histoires voulaient tirer des extrapolations linéaires et rigides d'un seul point de divergence historique spécifique, l'exemple classique étant pour les États-Unis : « Et si le Sud avait gagné la guerre de Sécession ? » Qu'ils veuillent la traiter comme une fiction ou une thèse purement historique, cette question semble inspirer beaucoup d'auteurs qui se trouvent en dehors du champ de l'écriture de fiction. Mais il existe aussi des sources d'uchronie plus tapageuses, bizarres et bien moins linéaires, comme par exemple le livre de Fredric Brown, *L'Univers en folie*, et certains des travaux de Philip K. Dick. J'ai d'ailleurs toujours préféré ces histoires plus étranges à celles rigoureusement historiques.

Les questions qui y sont abordées me semblent plus profondes : pas seulement historiques mais aussi métaphysiques et ontologiques.

Comment et pourquoi avez-vous développé des uchronies ?

J'ai beaucoup joué avec l'uchronie dans différents livres, mais je n'ai jamais écrit d'histoire alternative qui ait été extrapolée avec attention. Pour moi tout est l'affaire d'accidents historiques, cette idée que le monde tel que nous le connaissons ne serait pas le même si les choses s'étaient passées différemment, ce qui reviendrait à dire : « je suis à un accident historique près d'être quelqu'un de très différent dans un endroit très différent ». C'est le genre de petites vérités qui sont faciles à ignorer, mais qui peuvent nous faire dresser les cheveux sur la tête si on s'y intéresse vraiment.

Quel travail cela représente-t-il ?

J'ai touché à l'uchronie pour la première fois dans mon roman *Les Fils du vent*, et dernièrement dans *Les Derniers Jours du Paradis*. *Vortex*, le dernier livre de la trilogie *Spin*, laisse entendre qu'il existerait un cosmos avec de multiples passés et futurs. Le livre que j'écris en ce moment, provisoirement appelé *The Last Year*, se focalise sur un certain genre d'uchronie (même si on pourrait aussi le lire comme une histoire de voyage dans le temps).

Quel type de message voulez-vous faire passer à travers vos œuvres uchroniques ?

J'imagine que c'est celui que j'ai mentionné plus tôt : nous sommes le fruit d'un accident universel. D'une certaine façon, je dirais que c'est le message de toutes les œuvres de science-fiction, une sorte de méta-thème. Ça représente une réponse sous forme de fiction à toutes les grandes découvertes scientifiques de l'époque des Lumières : le passé était un endroit extrêmement différent, le futur sera un endroit extrêmement différent, et le présent pourrait être un endroit extrêmement différent, si les choses s'étaient passées autrement.

Considérez-vous que l'uchronie est un genre en lui-même ? Pourquoi ?

« Genre » est un mot très glissant, qui peut avoir beaucoup de définitions différentes, donc je ne sais pas trop. C'est un genre si les gens veulent que ça en soit un.

L'uchronie est en lien avec l'histoire avec un grand H. Les livres de science-fiction imaginent notre futur. Mais les uchronies sont plus souvent publiées dans des collections SF que dans les œuvres historiques. Elles semblent être ancrées dans le domaine de la science-fiction. À votre avis, comment peut-on expliquer ça ?

Comme je l'ai dit précédemment, l'uchronie est inscrite dans le paysage thématique de la science-fiction. Et, pour adopter un point de vue plus pragmatique, on en a hérité parce que personne d'autre n'en a voulu. On peut appeler ça un accident de l'histoire j'imagine, ça aurait pu être très différent. Peut-être existe-t-il un autre monde dans lequel Victor Hugo ou Henry James ont fait de l'univers alternatif un élément de base de la littérature traditionnelle.

Pouvez-vous nous parler de votre travail actuel (et uchronique) à venir ?

Les Derniers Jours du Paradis raconte l'histoire d'un monde dans lequel le vingtième siècle est un siècle de paix, et d'épanouissement pour la majorité du monde, mais pour des raisons pour le moins sinistres. Le roman sur lequel je travaille à l'heure actuelle implique un nombre infini d'univers alternatifs, tous séparés les uns des autres par « une seconde de Planck dans l'espace ontologique de Hilbert », de sorte qu'un voyage entre deux univers suffisamment éloignés l'un de l'autre fonctionne également comme une sorte de voyage dans le temps.

Les derniers mots (peut-être à propos d'uchronie) vous appartiennent !

Ce qui est remarquable avec l'uchronie c'est qu'elle nous permet de remettre en question toutes les préconceptions faciles (politiques, culturelles, historiques ou métaphysiques) que l'on a sur le monde et ce qu'il est devenu. C'est une forme d'écriture intrinsèquement subversive. C'est aussi un outil littéraire très puissant, et je ne pense pas qu'on ait encore réussi à atteindre tout son potentiel. Les meilleurs ouvrages d'uchronie restent encore à écrire.

De peur que les ténèbres...

Titre original : *Lest Darkness Fall* (1941)

Auteur : Lyon Sprague De Camp

Édition : Les Belles Lettres, collection Le Cabinet noir, 1999. Traduction de Christian Meistermann.

Résumé : Martin Padway, un archéologue américain, visite le Panthéon à Rome en 1938. Il se retrouve brutalement projeté dans la Rome du VIe siècle. En 535, l'Empire romain n'existe plus et l'Italie est sous la domination des Ostrogoths.

Padway, désorienté, finit par accepter sa situation. Pour survivre, il développe, avec les moyens de l'époque, des « inventions » comme l'imprimerie sans se soucier de modifier la trame temporelle. Sa connaissance de la langue latine et de l'histoire lui permet d'anticiper les conflits à venir et de bâtir une histoire alternative évitant le Moyen Âge.

Commentaires : Lyon Sprague de Camp est plus connu en nos contrées pour avoir travaillé sur (et, certains diront, dénaturé) le personnage de Conan de Robert E. Howard que pour ses propres œuvres. Pourtant, ce voyage temporel produisant une histoire alternative est considéré outre-Atlantique comme un classique de la science-fiction. Choc des civilisations, anachronismes volontaires, humour et jeu avec l'histoire sont les principaux ingrédients de ce roman astucieux. *De peur que les ténèbres...*, publié en 1941, a plutôt bien vieilli et se révèle encore plaisant à lire de nos jours.

Vous avez aimé ? Vous pouvez vous lancer dans la lecture d'un autre classique, *Autant en emporte le temps* de Ward Moore.

Les Derniers Jours du paradis

Titre original : *Burning Paradise* (2013)

Auteur : Robert Charles Wilson

Édition : Denoël, collections Lunes d'Encre, 2014. Traduction de Gilles Goullet.

Résumé : 2014. Depuis un siècle, aucune guerre n'a ensanglanté l'humanité… Mais cela a un prix : une entité extraterrestre s'est installée sur Terre, a méthodiquement modifié l'Histoire pour son propre intérêt et élimine ceux qui s'approchent un peu trop de la réalité. La jeune Cassie, issue d'une société secrète, la Correspondence Society, va se retrouver confrontée à cette créature, l'Hypercolonie, et va devoir lutter contre elle pour redonner son libre arbitre à l'humanité.

Commentaires : Voici un livre surprenant à bien des égards, on l'ouvre en pensant trouver un récit uchronique, et on trouve un bon récit de science-fiction. Robert Charles Wilson s'amuse avec certaines idées de *L'Invasion des profanateurs* de Jack Finney, impossible de ne pas penser à ceux-ci en découvrant ses simulacres. Rempli de personnages très humains (quels que soient ses romans, Robert Charles Wilson crée des individus auxquels on peut parfaitement s'identifier), de révélations (vous verrez que la technologie joue un rôle très important), on fuit aux côtés de personnages qui essaient de faire au mieux. Un roman efficace, bien écrit, et qui peut servir de porte d'entrée à la fois à ceux qui veulent découvrir la science-fiction et l'uchronie.

Vous avez aimé ? Alors précipitez-vous sur *Darwinia*, où toute l'Europe disparaît en 1912 au profit d'un nouveau continent à la faune et à la flore inconnues… Ou bien sur *Mysterium*, où une petite ville américaine se retrouve projetée dans une réalité parallèle de la nôtre, tous deux écrits par Robert Charles Wilson.

Dominion
Titre original : *Dominion* (2012)
Auteur : C. J. Sansom
Édition : Belfond, 2014. Traduction de Georges-Michel Sarotte.

Résumé : En 1940, Winston Churchill est écarté du pouvoir et le Royaume-Uni, soucieux de paix, pactise avec l'Allemagne. L'Empire britannique devient un dominion, un satellite de l'Axe.

Douze ans plus tard, la guerre sur le front de l'Est s'est enlisée. La situation économique se dégrade en Angleterre, la démocratie n'existe plus, les milices fascistes agissent en toute impunité. Sous la férule de Churchill, un réseau de résistants s'est développé et attend de passer à l'acte. Pendant ce temps, le Führer s'affaiblit et les luttes de pouvoir se dessinent entre l'armée et le corps des SS.

David Fitzgerald, fonctionnaire modèle, cache à tout le monde, y compris sa femme, ses origines juives. Son couple bat de l'aile après le décès accidentel de leur fils unique. Il se fait recruter par la résistance pour exfiltrer Frank Muncaster, un ancien camarade de faculté, interné après avoir violemment attaqué son frère, scientifique revenu des USA pour l'enterrement de leur mère. Ce qui l'a fait sortir de ses gonds, et qu'il tait depuis lors, intéresse la résistance, mais aussi, le Sturmbannführer Gunther Hoth, un redoutable chasseur d'hommes. Son secret pourrait bien changer le cours de l'histoire.

Commentaires : Il est fascinant de constater que l'invasion de l'Angleterre et l'occupation par les nazis restent au cœur des préoccupations britanniques. Après Len Deighton et son fabuleux *SS-GB*, C. J. Sansom apporte sa pierre à l'édifice avec cet énorme pavé, où nous suivons des personnes ordinaires faisant face à des situations extraordinaires et essayant de se débrouiller du mieux qu'elles le peuvent. Si beaucoup de lecteurs risquent de passer à côté du Who's Who des hommes politiques britanniques employés à contre-emploi (ou pas) dans cette uchronie, on pardonne aussi à l'auteur le grand secret derrière lequel tout le monde court et dont on se doute très rapidement. Mais c'est véritablement quelques scènes (la rafle pour ne citer que celle-là), la profondeur des personnages et les liens les unissant aux autres qui font qu'on tourne les pages avec délectation. Un très bel ouvrage.

Vous avez aimé ? Pour rester dans une Angleterre tombée aux mains des nazis, nous vous conseillons de lire *SS-GB, les Allemands ont envahi l'Angleterre 1941* de Len Deighton et *La Séparation* de Christopher Priest. Nous vous invitons aussi à regarder le film *En Angleterre occupée*, réalisé par Andrew Mollo et Kevin Brownlow.

L'ÉCHANGE

Titre original : *Time and Chance* (1990)

Auteur : Alan Brennert

Édition : Gallimard, collection Folio SF, 2002. Traduction de Philippe R. Hupp.

Résumé : Richard Cochrane a quitté une petite ville américaine pour devenir acteur à New York. À force de travail et de persévérance, il a réussi à percer. Il regrette de ne pas avoir pu fonder une famille.

Rick Cochrane est resté dans sa petite ville. Il travaille dans une compagnie d'assurances et a une femme et une fille. Il regrette de n'avoir pas pu devenir acteur.

Suite à un concours de circonstances, ces deux vies parallèles vont se croiser. Les deux Cochrane échangent leur place et chacun goûte enfin à la vie dont il rêvait.

Commentaires : *L'Échange* est un livre à mettre entre toutes les mains pour montrer tout le charme de l'uchronie personnelle. L'auteur a campé des personnages humains, à la fois solides et faillibles. Si, pour chacun des protagonistes, il semble simple de prendre la place de l'autre en se persuadant que tout se passera bien, tous les deux vont très vite s'apercevoir que chaque vie à ses particularités et ses problématiques. Alternant à chaque chapitre entre les points de vue de Richard et de Rick, Brennert réussit à faire ronronner son intrigue dès le départ et à lui faire prendre des directions aussi intéressantes qu'inattendues, sans jamais juger ses personnages (cela, vous vous en chargerez). La fin, savoureuse et très bien vue, vient clôturer de belle manière cet agréable roman.

Vous avez aimé ? Jetez un œil au film réalisé par David Dobkin, *Échange standard*, une comédie où des amis d'enfance vont échanger leur vie pour le meilleur du pire…

L'Étrange Affaire de Spring Heeled Jack

Titre original : *The Strange Affair of Spring Heeled Jack* (2010)

Auteur : Mark Hodder

Édition : Bragelonne, 2013. Traduction d'Olivier Debernard.

Résumé : Bienvenue dans une autre Angleterre ! La reine Victoria n'a jamais régné. Et au lieu de voir Sherlock Holmes et le Docteur Watson mener une enquête, vous suivrez ici la première aventure de sir Richard Burton, aventurier, et de son acolyte, Algernon Charles Swinburne, poète prometteur ne rechignant jamais devant un verre d'alcool. Nos deux héros vont successivement courir derrière des loups-garous et surtout derrière une légende urbaine anglaise célèbre : Spring Heeled Jack, Jack aux grandes jambes, le diable rieur et primesautier qui aime s'attaquer aux jeunes femmes...

Commentaires : Accrochez-vous pour une enquête aux multiples rebondissements, menée à toute vapeur, dans une Angleterre différente, où le futur est arrivé plus tôt, où certains seconds rôles vous rappelleront quelqu'un, et où l'aventure se trouve au coin de la rue. Plus encore que la maîtrise de l'intrigue, Mark Hodder impressionne en dévoilant la véritable nature de Jack et par là même la création de cet univers uchronique et steampunk. *L'Étrange Affaire de Spring Heeled Jack*, prix Philip K. Dick 2010, est un premier roman efficace. Il ne vous restera plus qu'à attendre les nouvelles enquêtes de Burton & Swinburne, qui promettent bien d'autres surprises.

Vous avez aimé ? Vous aimerez aussi *La Machine à explorer l'espace* de Christopher Priest ou encore *Anno Dracula* de Kim Newman.

Le Faiseur d'histoire

Titre original : *Making History* (1995)

Auteur : Stephen Fry

Édition : Gallimard, collection Folio SF, 2011. Traduction de Patrick Marcel.

Résumé : De nos jours, Michael Young est un jeune thésard en histoire à Cambridge. Le professeur Léo Zuckermann, vieux physicien obsédé par l'une des périodes les plus sombres du XXe siècle, a construit une machine à voyager dans le temps. Young l'utilise pour empêcher la naissance d'Hitler dans le but d'éviter la Seconde Guerre mondiale et le génocide des juifs. Mais quand il revient dans son époque, le monde alternatif qu'il découvre ne semble pas meilleur que la précédente version.

Commentaires : Pour Stephen Fry, ce ne sont pas ceux qu'on appelle les Grands Hommes qui font l'histoire. Si Hilter n'était pas né, un autre leader charismatique aurait pris sa place, surfant sur un puissant courant de pensée, pour dominer l'Europe et produire une barbarie différente dans la forme mais d'égale ampleur mortifère. Imaginer qu'il aurait pu y avoir pire XXe siècle que celui que nous avons connu est déjà, en soi, un exploit. L'intégrer à un roman où l'humour le dispute à l'ironie impressionne encore plus. Patchwork à la narration éclatée – Stephen Fry utilise des extraits de scénarios de film, de journaux intimes, d'articles issus d'encyclopédies par exemple – *Le Faiseur d'histoire* constitue une lecture hautement recommandable pour tout amateur d'uchronie.

Vous avez aimé ? Dans un registre beaucoup plus grinçant, vous aimerez peut-être *Le Dernier Dimanche de M. le Chancelier Hitler* de Jean-Pierre Andrevon.

Fatherland

Titre original : *Fatherland* (1992)

Auteur : Robert Harris

Édition : Pocket, collection Thriller, 1999. Traduction de Hubert Galle.

Résumé : Les forces de l'Axe ont gagné la guerre en 1944. Le nazisme et la paix règnent de l'Atlantique à l'Oural, sur une Europe grise et bureaucratique. Les États-Unis ont vaincu le Japon et se livrent à une guerre froide avec l'Allemagne.

En 1964, à Berlin, Hitler s'apprête à fêter ses 75 ans. Le président Kennedy est attendu : il doit conclure une alliance avec le Reich.

Deux meurtres étranges viennent perturber les préparatifs. Les victimes sont d'anciens SS de haut rang jouissant d'une paisible retraite. Les interrogations de l'inspecteur March, chargé de l'affaire, redoublent quand la Gestapo s'intéresse à l'enquête. Quel secret ces dignitaires nazis pouvaient-ils bien protéger ?

Commentaires : Thriller psychologique et politique, efficace, haletant et passionnant, *Fatherland* est un incontournable pour tout amateur d'uchronie. La société dépeinte par Robert Harris, noire, paranoïaque et étouffante, glace le lecteur. Ce roman, traduit dans le monde entier, constitue en outre une bonne porte d'entrée pour qui souhaite découvrir le genre.

Vous avez aimé ? En 1994, le roman a fait l'objet d'une adaptation télévisuelle intitulée *Le Crépuscule des aigles* (*Fatherland*) réalisée par Christopher Menaul. Attention à ne pas confondre avec le film du même nom de John Guillermin (*The Blue Max*, 1966) sur un aviateur allemand de la Première Guerre mondiale.

Les Îles du soleil

Titre original : *The Summer Isles* (2005)

Auteur : Ian R. MacLeod

Édition : Gallimard, collection FolioSF, 2005. Traduction de Michelle Charrier.

Résumé : John Arthur est le fier dirigeant de la Très-Grande-Bretagne, qu'il a réussi à relever patiemment après la défaite de l'Angleterre et de la France en 1918. Ancien soldat, décoré pour bravoure au front, il est rentré au pays et s'est lancé avec succès en politique. L'Alliance Impériale, son parti, devient rapidement le premier parti anglais. Sa branche armée, les Chevaliers de Saint-Georges, prend une importance considérable et supplante l'armée régulière. En 1932, il devient Premier ministre et redonne confiance à tout un pays qui s'enfonce dans le marasme. Les Irlandais, les juifs, les déviants sont fichés, traqués, pourchassés. Les biens des juifs sont saisis, et eux-mêmes expédiés dans des camps dans les îles au large de l'Écosse… En 1940, Geoffroy Brook, éminent professeur d'histoire à Oxford, a réussi à cacher son homosexualité, déviance le condamnant à la déportation dans ces sinistres camps. Mais lorsqu'on lui annonce qu'il souffre d'un cancer des poumons, il décide de faire une dernière chose avant de mourir : tuer celui qui se cache derrière le nom de John Arthur, son ancien amant…

Commentaires : Ian R. MacLeod a, à l'origine, écrit une nouvelle, qu'il a ensuite développée avec talent dans ce roman à l'ambiance feutrée, à la plume alerte, particulièrement agréable à lire et doté de surcroît d'une intrigue prenante qui se développe sur près de quatre cents pages. *Les Îles du soleil* souligne à quel point le fascisme peut s'insinuer partout et jusque dans les petites phrases du quotidien, dans le jugement abrupt des « autres », ces étrangers, ces déviants, qui ne devraient pas exister dans une société normale. Tout serait tellement plus simple sans eux. Alors autant s'en débarrasser, non ? Ce roman montre très bien que la tyrannie s'installe tranquillement parce que les hommes de bien ne font rien, attendant un sauveur, une personne responsable et capable d'agir. Et c'est un honorable professeur, qui cache soigneusement son homosexualité, un de ces déviants que le régime condamne et pourchasse, qui va décider de passer à l'action. Un très beau roman, qui pousse à réfléchir.

Vous avez aimé ? Vous aimerez aussi *Dominion* de C. J. Sansom.

Le Maître du Haut Château
Titre original : *The Man in the High Castle* (1962)
Auteur : Philip K. Dick
Édition : J'ai lu, collection Science-Fiction, 2013. Traduction de Michelle Charrier.

Résumé : L'Allemagne, l'Italie et le Japon ont remporté la Seconde Guerre mondiale. Les États-Unis sont coupés en deux territoires occupés par les Allemands d'un côté et par les Japonais de l'autre. Dans ce monde, un auteur de SF, Hawthorne Abendsen, rédige un roman uchronique, *Le Poids de la sauterelle*, dans lequel il imagine que les Alliés ont gagné la guerre. Son histoire alternative ressemble furieusement à la nôtre.

Commentaires : Philip K. Dick place son point de divergence en 1933. L'assassinat de Franklin Roosevelt à Miami fait basculer le cours de la guerre. Les États-Unis ne parviennent pas à sortir de la Grande Dépression et ne s'engagent pas dans la guerre déclenchée par les nazis.

L'auteur complexifie son intrigue avec une uchronie dans l'uchronie, dans une vertigineuse mise en abyme.

Écrit en 1962, récipiendaire du prix Hugo 1963, *Le Maître du Haut Château* a acquis le statut de chef-d'œuvre et de référence. Pourtant, nous ne le conseillerons pas aux néophytes qui veulent découvrir le genre. Philip K. Dick a écrit ce roman avec l'aide du *Yi King*, *Le Livre des Transformations* et l'interrogeait fréquemment pour décider de l'orientation du récit. Le *Yi King*, ouvrage millénaire chinois, parfois utilisé en divination, propose différentes possibilités d'évolution à partir d'une situation. Le procédé rend le roman plus complexe à appréhender.

Pour les lecteurs qui se lanceront dans l'aventure de la lecture du *Maître du Haut Château*, nous conseillons vivement d'investir dans la réédition proposée en 2012 par les éditions J'ai lu dans sa collection Nouveaux Millénaires. Cette dernière bénéficie d'une nouvelle traduction, d'une postface éclairante de Laurent Queyssi et des deux premiers chapitres d'une suite prévue par Philip K. Dick mais restée inachevée.

Plusieurs projets d'adaptation pour le petit écran sont dans les tuyaux depuis quelques années. Après la BBC et SyFy, c'est le service de vidéo à la demande d'Amazon (non disponible en France) qui a annoncé la commande d'un pilote. Si ce dernier a été tourné et est prévu pour diffusion en 2015, à l'heure où nous bouclons, nous ne savons pas si la série sera confirmée ou non. Mais nul doute que cette adaptation finira par voir le jour, dans notre univers ou un autre…

Vous avez aimé ? Nous vous conseillons *Fatherland*, un thriller uchronique dans un IIIe Reich victorieux, de Robert Harris.

Pavane

Titre original : *Pavane* (1966)

Auteur : Keith Roberts

Édition : Le Livre de Poche, collection SF, 2008. Traduction de Dominique Defert et Frank Straschitz.

Résumé : La reine Élisabeth Ire est assassinée en 1588. L'Invincible Armada espagnole triomphe et le Pape siège à Londinium (Londres). Le progrès technique, considéré comme démoniaque, reste condamné par la Papauté catholique.

Au XXe siècle, des locomotives à vapeur tirant jusqu'à cinq wagons disputent les routes aux cavaliers, les nouvelles sont transmises par des réseaux de sémaphores et, dans les châteaux encore debout en 1985, on prépare la révolte de la science, cette forme de sorcellerie qui menace le pouvoir par ces démons bizarres que sont l'électricité et la chimie…

Commentaires : Keith Roberts s'appuie sur la théorie de Max Weber pour bâtir son histoire alternative. Weber affirme que l'éthique protestante a joué un rôle prédominant dans l'avènement de la révolution industrielle et du capitalisme. En son absence, le progrès scientifique en aurait été fortement retardé. Dans *Pavane*, il faut attendre le XXe siècle pour la voir apparaître. L'auteur se plaît à explorer les changements sociaux induits par les avancées de la science et le conflit avec une autorité religieuse rétrograde. Les qualités de *Pavane* séduiront autant les amateurs d'uchronie que de steampunk.

Vous avez aimé ? Nous vous conseillons d'explorer l'hypothèse inverse avec *Les Conjurés de Florence* de Paul J. McAuley qui imagine que la révolution industrielle naît à Florence au XVIe siècle sous l'impulsion de Léonard de Vinci.

La Pièce d'à côté

Titre original : *The Woodrow Wilson Dime* (1968)

Auteur : Jack Finney

Édition : Denoël, collection Présence du futur, 1995. Traduction de Nathalie Serval.

Résumé : Benjamin Bennel broie du noir à l'approche de la trentaine : son travail le lasse, son mariage bat de l'aile et il a de plus en plus l'impression d'avoir raté sa vie. Jusqu'au jour où il trouve par hasard une pièce de monnaie qui ne devrait pas exister dans notre réalité… Grâce à elle il peut voyager dans un monde légèrement parallèle au nôtre où sa vie semble pavée d'or : marié à une femme superbe, il est également un publicitaire reconnu. Est-ce le meilleur des mondes possibles pour lui ? Pas vraiment, car son ancienne vie commence à lui manquer…

Commentaires : Jack Finney est un auteur américain du XXe siècle. Il est notamment connu pour son roman *L'Invasion des profanateurs*. Il a également écrit de merveilleuses œuvres jouant sur le thème du temps : *Le Voyage de Simon Morley* et sa suite, *Le Balancier du temps*, où un voyageur temporel va se retrouver dans le New York de la fin du XIXe siècle (le livre est agrémenté de nombreux croquis réalisés par le protagoniste). Nous vous recommandons également le recueil *Contretemps*[21], qui regroupe une bonne partie de ses nouvelles. *La Pièce d'à côté* est à prendre comme un grand éclat de rire, vu que les situations burlesques ne vont pas manquer pour notre grand plaisir. Un roman léger, drôle, à savourer sans modération.

Vous avez aimé ? Vous aimerez aussi *Si seulement…*, cycle de BD autour d'une uchronie personnelle.

---

[21] Jack Finney, *Contretemps*, Éditions Clancier-Guénaud, 1988.

La Porte des mondes

Titre original : *The Gate of Worlds* (1967)

Auteur : Robert Silverberg

Édition : Pocket, collection Classiques, 1999. Traduction d'Annie Saumont.

Résumé : En 1348, la peste noire a été bien plus dévastatrice. Les Ottomans envahissent l'Europe au XIVe siècle. L'Angleterre n'a colonisé ni l'Amérique ni l'Orient. À New Istanbul, la Tour de Londres voisine avec le Grand Palais du sultan Mahmoud, la Mosquée d'Ali avec la cathédrale Saint-Paul, les janissaires avec les « horse-guards ».

Dan, jeune Anglais, s'embarque en cette année 1963 pour chercher fortune dans les Hespérides. Et lorsqu'il débarque à Mexico, Dan découvre au fil d'aventures tragiques et comiques l'empire aztèque du XXe siècle.

Commentaires : Voilà un parfait roman d'initiation à l'uchronie pour le néophyte. Roman d'apprentissage reposant sur une histoire alternative des plus intéressantes, il saura aussi séduire un lectorat plus exigeant. L'univers présenté ne manque pas d'originalité ni d'exotisme par rapport à notre réalité : l'Empire turc domine le vieux continent et l'Empire aztèque règne sur les Amériques.

Vous avez aimé ? Vous aimerez aussi *Chroniques des années noires* de Kim Stanley Robinson qui, à partir d'un même point de divergence, produit une histoire mondiale complètement différente, ou encore *D'or et d'émeraude* d'Éric Holstein, qui propose une Colombie alternative.

Robert Silverberg

Né en 1935, Robert Silverberg publie sa première nouvelle de science-fiction à 18 ans. Romancier prolifique, anthologiste, vulgarisateur scientifique, il a reçu quatre fois le prix Hugo, cinq fois le prix Nebula et neuf fois le prix Locus. Il a brièvement présidé la Science Fiction and Fantasy Writers of America. Parmi ses œuvres les plus connues on trouve le cycle de Majipoor, Les Monades urbaines, Roma Æterna, L'Homme dans le labyrinthe, Les Ailes de la nuit *et* Pavane au fil du temps.

Comment avez-vous découvert l'uchronie ? Pouvez-vous nous parler des œuvres uchroniques qui vous ont marqué ?

Une des premières uchronies que j'ai découvertes est *De peur que les ténèbres*... de Lyon Sprague de Camp qui, je pense, est une des meilleures de ce genre. Les autres œuvres qui m'ont marqué sont « Sidewise in Time » de Murray Leinster et les nouvelles de *La Patrouille du temps* de Poul Anderson.

Comment et pourquoi avez-vous développé des uchronies ?

J'écris des uchronies parce qu'elles sont stimulantes intellectuellement mais aussi parce qu'elles s'appuient sur une connaissance approfondie de notre histoire que j'ai passé ma vie à acquérir.

Quel type de message voulez-vous faire passer à travers vos œuvres uchroniques ?

Je n'ai jamais pensé que les histoires portaient des « messages ».

Considérez-vous que l'uchronie est un genre en lui-même ? Pourquoi ?

Non, c'est un sous-genre de la science-fiction qui elle-même est un sous-genre de la fantasy.

L'uchronie est en lien avec l'histoire avec un grand H. Les livres de science-fiction imaginent notre futur. Mais les uchronies sont plus souvent publiées dans des collections SF que dans les œuvres historiques. Elles semblent être ancrées dans le domaine de la science-fiction. À votre avis, comment peut-on expliquer ça ?

Certaines uchronies sont plus de la science-fiction que d'autres. *If: or, History Rewritten* est un classique de l'histoire alternative mais ne donne pas vraiment la sensation d'être une histoire de science-fiction contrairement aux nouvelles de *La Patrouille du temps* de Poul Anderson.

Pouvez-vous nous parler de votre travail actuel (et uchronique) à venir ?

Je ne suis plus un écrivain actif depuis quelques années et je n'ai pas de nouveau projet à venir. Ma dernière uchronie est « Christmas in Gondwanaland », écrite en hommage à Poul Anderson pour l'anthologie *Multiverse: Exploring Poul Anderson's Worlds* dirigée par Greg Bear et Gardner Dozois.

Les Quinze Premières Vies d'Harry August
Titre original : *The First Fifteen Lives of Harry August* (2014)
Auteur : Claire North
Édition : Delpierre, 2014. Traduction d'Isabelle Troin.
Résumé : Chaque fois qu'Harry August décède, il renaît au même endroit et au même moment que lors de sa première naissance. À chaque nouvelle venue au monde, il garde le souvenir de ses vies précédentes. Et son décès survient toujours au même âge. Harry ne comprend ni le processus qui lui permet de se jouer de la mort, ni les raisons de cette immortalité, mais il découvre qu'il n'est pas le seul concerné. Les Ouroboriens, tels qu'ils se sont baptisés, sont assez nombreux pour se fédérer en communautés, aux valeurs ou aux orientations parfois opposées.

À la fin de sa onzième vie, une enfant apparaît à son chevet et l'avertit d'un danger futur. La fin de leur monde est proche. Ses semblables sont décimés : empêcher leur naissance les détruit définitivement. Tous comptent sur Harry August pour faire en sorte que cet avenir funeste ne se produise pas.

Commentaires : La narration, sous forme de journal personnel, suit les pensées d'Harry et alterne récit, souvenirs et réflexions intimes. Les digressions, les retours dans le passé d'une vie à l'autre, peuvent dérouter le lecteur au premier abord mais permettent d'aborder de nombreuses thématiques philosophiques (quel sens donner à une vie qui recommencera ?), morales (quelle valeur accorder à la vie d'un être humain normal ?) ou spéculatives puisque chaque boucle temporelle aboutit à la création d'un univers parallèle.

Le personnage d'Harry ne manque ni d'humour, ni de ressources et le suivre dans ses péripéties reste un plaisir.

Le roman se révèle complexe et riche tout en restant rythmé et ludique.

Vous avez aimé ? Vous aimerez aussi *Les Vies parallèles de Greta Wells* d'Andrew Sean Greer mélangeant voyage dans le temps et uchronie personnelle.

Replay

Titre original : *Replay* (1986)

Auteur : Ken Grimwood

Édition : Seuil, collection Points, 1998. Traduction de Françoise Casaril et Guy Casaril.

Résumé : Quoi qu'il fasse, Jeff Winston meurt d'une crise cardiaque à 43 ans et ressuscite à 18 ans, lorsqu'il était étudiant, en se souvenant de ses vies précédentes. Et il va en vivre beaucoup.

Commentaires : Un livre excellent sur le principe de la boucle temporelle, qui s'applique ici à une vie entière. Jeff va vite se rendre compte qu'il ne peut changer sa fin et va expérimenter le vaste champ des possibles qui s'offre à lui à chaque nouvelle vie. Jusqu'au moment où il rencontre une femme, Pamela, qui revit également sa vie en boucle. Ensemble, ils vont essayer de comprendre ce qui leur arrive et sortir de cette boucle. Sur ce principe jubilatoire de la boucle temporelle, Ken Grimwood écrit une fable humaniste (mais également empreinte de pessimisme) sur la valeur d'une vie, la volonté que nous avons de contrôler celle-ci et qui peut rapidement virer à l'obsession. L'auteur nous permet aussi de nous interroger sur nos choix, nos erreurs et notre capacité à savoir les accepter et les dépasser…

Replay reste une œuvre phare, traduite et vendue un peu partout dans le monde. Une possible adaptation cinématographique a été annoncée à plusieurs reprises sans qu'un film soit réalisé (ce qui n'est pas forcément un mal). L'auteur est malheureusement décédé à 59 ans d'une crise cardiaque alors qu'il travaillait sur une suite de *Replay*…

Vous avez aimé ? Vous aimerez aussi *Les Quinze Premières Vies d'Harry August* de Claire North basé sur le même principe.

Rêve de fer

Titre original : *Iron Dream* (1972)

Auteur : Norman Spinrad

Édition : Gallimard, collection Folio SF, 2006. Traduction de Jean-Michel Boissier.

Résumé : Dans *Rêve de fer*, Norman Spinrad imagine un tout autre Adolf Hitler. Né en Autriche le 20 avril 1889, il vit en Allemagne jusqu'en 1919 avant d'émigrer aux États-Unis. Il s'installe à New York et devient illustrateur pour des magazines de SF comme *Amazing Stories*. Dans les années 1940, il se lance dans l'écriture. Ses œuvres, comme *L'Empereur des astéroïdes*, *La Race de maîtres* ou *Demain, le monde* lui offrent le succès. En 1954, un an après son décès, son chef-d'œuvre, *Le Seigneur du Svastika*, reçoit le prix Hugo.

Commentaires : *Rêve de fer* contient *Le Seigneur du Svastika*, le roman de cet Adolf Hitler alternatif, accompagné de la biographie du romancier et d'une postface qui replace son œuvre en perspective. Norman Spinrad avec ce vrai faux roman a enfanté une œuvre sujette à controverse. Les obsessions d'Hitler se retrouvent dans la prose de son *Seigneur du Svatiska* et la lecture de ce texte outrancier au style laborieux se révèle assez pénible. Norman Spinrad réussit à ridiculiser totalement son personnage. *Rêve de fer* a reçu, en 1974, le prix Apollo. Pour l'apprécier, encore faut-il prendre la distance nécessaire pour ne pas tomber dans une lecture au premier degré et dans un complet contresens.

Vous avez aimé ? Dans un style plus accessible, vous apprécierez *La Part de l'autre* d'Éric-Emmanuel Schmitt.

Roma Æterna

Titre original : *Roma Eterna* (2003)

Auteur : Robert Silverberg

Édition : Le Livre de Poche, collection SF, 2009. Traduction de Jean-Marc Chambon.

Résumé : L'Empire romain n'a pas disparu. Il résiste aux invasions barbares et continue de dominer l'Europe et le bassin méditerranéen. Malgré les crises politiques, il parvient à maintenir une *Pax Romana*. Quelques siècles plus tard, un envoyé spécial de l'Empereur élimine un prophète d'Arabie avant qu'il ait eu le temps de fonder l'islam.

Roma Æterna rassemble des textes sans autre lien que l'histoire de cet empire romain millénaire dont ils brossent le portrait.

Commentaires : Robert Silverberg épouse, à des fins de spéculations historiques, la théorie d'Edward Gibbon qui considère que la chrétienté a affaibli l'Empire romain et l'a conduit à sa perte. Il choisit donc l'année 1270 avant Jésus-Christ comme point de divergence : le peuple juif ne traverse pas la mer Rouge et reste en Égypte. L'auteur supprime ainsi la chrétienté du monde romain et en imagine les conséquences plusieurs siècles plus tard. Il prend aussi soin d'éliminer l'islam de l'équation temporelle. À partir de ce point, il revisite mille cinq cents ans de notre histoire dans une fresque vertigineuse de grande ampleur.

Roma Æterna possède la particularité d'être un « fix-up », un recueil de nouvelles dans un même univers qui forme un tout cohérent et peut se lire comme un roman.

Vous avez aimé ? Vous aimerez aussi les nouvelles du recueil *Le Nez de Cléopâtre* de Robert Silverberg.

La Séparation

Titre original : *The Separation* (2002)

Auteur : Christopher Priest

Édition : Gallimard, collection Folio SF, 2008. Traduction de Michelle Charrier.

Résumé : Que s'est-il réellement passé dans la nuit du 10 au 11 mai 1941 ? On sait que Rudolf Hess s'est envolé d'Allemagne pour négocier la paix avec la Grande-Bretagne. Son avion a-t-il été abattu par la Luftwaffe qui l'avait pris en chasse ? Hess a-t-il réussi sa mission mais omis d'en informer Adolf Hitler ? Stuart Gratton, écrivain et historien, tente de répondre à ces questions. Ses recherches le conduisent à s'intéresser à deux frères jumeaux, Joe et Jack Sawyer, membres de l'équipe britannique d'aviron. Ces derniers ont rencontré Hess en 1936 aux Jeux olympiques de Berlin. Cette rencontre marque le début d'une séparation qui influera sur l'histoire.

Commentaires : Christopher Priest prend l'uchronie comme prétexte (car il ne s'agit pas d'autre chose ici) pour travailler sur l'un de ses thèmes de prédilection : le double, l'altérité, la séparation ou encore la réalité et la perception de celle-ci. Complexe et à la narration éclatée, le roman juxtapose documents historiques, récit classique et témoignages parfois contradictoires pour brouiller les pistes. Plusieurs réalités semblent coexister dans une même ligne temporelle. L'auteur s'intéresse plus au moment de la divergence qu'à la réécriture d'une histoire alternative. Le résultat n'en est que plus stimulant.

La Séparation a reçu les prix British Science Fiction (2002) et Arthur C. Clarke (2003) ainsi que le Grand Prix de l'Imaginaire (2006) lors de sa parution en France.

Vous avez aimé ? Nous vous invitons à lire *L'Échange* d'Alan Brennert pour la finesse du portrait psychologique d'un homme face aux conséquences de ses choix.

SS-GB, les Allemands ont envahi l'Angleterre 1941

Titre original : *SS-GB Nazi-Occupied Britain 1941* (1978)

Auteur : Len Deighton

Édition : Fayard, 1979. Traduction de Jean Rosenthal.

Résumé : Novembre 1941. L'Angleterre a été conquise par l'Allemagne nazie. Le commissaire principal Douglas Archer est forcé de collaborer avec la Gestapo. Chargé d'une enquête sensible, il s'aperçoit petit à petit que celle-ci peut faire basculer le cours de la guerre.

Commentaires : Écrit dans les années 1970, ce polar n'a rien perdu de son efficacité. Len Deighton présente patiemment, par petites touches, son uchronie. Le héros, Douglas Archer, est tiraillé entre son sens du devoir et l'obligation de collaborer avec l'armée allemande et les SS (les deux entités commencent déjà à se tirer dans les pattes). Enquêtant sur un meurtre inhabituel, qui implique le cadavre d'un scientifique anormalement bronzé à cette période de l'année et les relations qu'entretenait celui-ci avec la résistance anglaise, il remonte, de fil en aiguille, une piste qui intéresse tellement les hautes autorités du Reich qu'un officier SS le « seconde » et rend compte directement auprès du Reichführer Heinrich Himmler en personne. Et le triple jeu commence... Len Deighton déploie son intrigue avec minutie et talent, et le lecteur la suit avec autant de plaisir, sans parler du rebondissement final...

Vous avez aimé ? Nous vous conseillons la lecture de *Dominion* de C. J. Sansom.

Téméraire

His Majesty's Dragon (2006) – *Les Dragons de Sa Majesté* (2007)

Throne of Jade (2006) – *Le Trône de jade* (2007)

Black Powder War (2006) – *Par les chemins de la soie* (2008)

Empire of Ivory (2007) – *L'Empire d'ivoire* (2008)

Victory of Eagles (2009) – *La Victoire des aigles* (2010)

Tongues of Serpents (2010) – *Langues de serpents* (2011)

Crucible of Gold (2012) – *Le Trésor des Incas* (2012)

Blood of Tyrants (2013) – *Le Sang des tyrans* (2013)

League of Dragons (date de parution inconnue)

Auteur : Naomi Novik

Édition : Pocket, collection Science-Fiction/Fantasy. Traduction de Guillaume Fournier.

Résumé : À l'époque des guerres napoléoniennes, Will Laurence, un jeune capitaine anglais, capture une frégate française et sa cargaison : un œuf de dragon extrêmement rare et d'une valeur inestimable. L'œuf éclot en la présence de Will qui devient, de facto, pilote de ce dragon : Téméraire. Les dragons sont utilisés dans les combats aériens par la plupart des nations. Mais Téméraire n'est pas tout à fait comme les autres…

Commentaires : Dans cet univers alternatif, les dragons, lointains descendants des dinosaures, existent et sont apprivoisés depuis deux mille ans. Le cours de l'histoire n'en est pas si bouleversé que cela puisque nous retrouvons Napoléon à la même époque que dans notre ligne temporelle.

L'originalité supplémentaire de *Téméraire*, pour les lecteurs français, réside dans l'angle de vue adopté : celui des Anglais luttant contre un Napoléon se préparant à envahir l'Angleterre à dos de dragons. Naomi Novik revisite les guerres napoléoniennes dans une saga de fantasy réjouissante et accessible à tous, en particulier aux adolescents. Le lecteur averti n'y recherchera pas la vraisemblance historique mais pourrait apprécier le bestiaire fantastique proposé par l'auteur.

Vous avez aimé ? Nous vous conseillons *Rosée de feu* de Xavier Mauméjean, où les dragons constituent aussi une arme de guerre.

Les Vies parallèles de Greta Wells

Titre original : *The Impossible Lives of Greta Wells* (2013)

Auteur : Andrew Sean Greer

Édition : L'Olivier, 2014. Traduction d'Hélène Papot.

Résumé : New York, Greenwich village, 1985. Greta Wells ne se remet pas de la mort de son frère jumeau, Félix, atteint du sida, ni de sa rupture avec Nathan. Pour soigner sa dépression, elle suit un traitement à base d'électrochocs. Après la première séance, elle se réveille désorientée comme prévu. Ce qui n'était pas prévu, en revanche, c'est la date de son réveil : 1918. Dans ce monde parallèle, elle a épousé Nathan, qui est mobilisé en Europe. Félix est bien vivant et s'apprête à épouser la fille d'un sénateur tout en cachant son homosexualité. La Greta de 1918 n'est pas heureuse non plus et se fait aussi soigner par électrochocs. Lors de la seconde séance, Greta se retrouve en 1941. Greta et Nathan sont mariés et ont un fils, Félix. Le frère de Greta est lui aussi marié et père tout en cachant sa liaison avec son avocat, Alan. La Greta de 1941 a eu un accident de voiture qui a ôté la vie à sa tante Ruth. Déprimée aussi, elle subit aussi la thérapie par électrochocs. À chaque séance, Greta change d'époque. À chaque séance, la possibilité de vivre une autre vie, de faire des choix différents. Mais les autres Greta aussi font le voyage, et d'autres choix, ce qui complique la donne. Et d'une époque à l'autre, les mêmes questions finissent par se poser, les mêmes drames amoureux reviennent. Quelle vie Greta choisira-t-elle ?

Commentaires : On s'éloigne des canons du genre. Cependant Greta vit presque trois uchronies personnelles tant son destin, sa vie et ses questionnements semblent immuables malgré les époques différentes. Les parcours de vie et les dilemmes rencontrés par Greta se révèlent passionnants tant la psychologie du personnage principal est rendue avec acuité. Certaines thématiques, comme les ravages du sida dans les années 1980, l'homophobie, la xénophobie rampante vis-à-vis des Allemands vivant aux États-Unis dans les années 1940, sont abordées avec beaucoup de délicatesse, de tact et de finesse par le prisme de leurs effets sur la vie des différentes Greta. *Les Vies parallèles de Greta Wells* est un drame, sensible et touchant.

Vous avez aimé ? Nous vous conseillons la BD en trois tomes *Si seulement…*

Voyage

Titre original : *Voyage* (1996)

Auteur : Stephen Baxter

Édition : J'ai lu, collection Science-Fiction, 2003. Traduction de Guy Abadia.

Résumé : En 1963, Kennedy survit à la tentative d'assassinat de Dallas. À son instigation, le programme spatial gagne en ambition. Si, en 1969, Neil Armstrong marche sur la Lune, c'est déjà Mars que vise la NASA sous l'impulsion de Nixon, gêné par la popularité de l'ancien président Kennedy. Natalie York, géologue passionnée par la planète rouge, et Ralph Gershon, pilote qui rêve du cosmos, intègrent la mission Arcs, à destination de Mars.

Commentaires : Sur plus de quinze années, avec une précision qui confine à la minutie, Stephen Baxter se livre à une exploration approfondie d'une histoire alternative de la conquête spatiale.

Il décrit en détail la préparation de la mission et sa réalisation et fait œuvre de vulgarisation scientifique et technique. Le roman est tellement documenté qu'il ressemble parfois à un essai scientifique. C'est bien ici son seul défaut, particulièrement pour le lecteur qui ne rêve pas de devenir astronaute.

Vous avez aimé ? Stephen Baxter a écrit plusieurs uchronies. La dernière parue en France, *Anti-Glace* (éditions du Bélial, 2014), est une aventure steampunk débridée qui rejoue la conquête spatiale au XIXe siècle dans une tradition « vernienne ».

Et demain ?

Que nous réservent les années futures, en matière d'uchronies littéraires ? Tous les ans, nous constatons que la production ne tarit pas. Dans les perspectives de parutions, nous avons déjà repéré une série de Jo Walton, *Small Change*, dont les droits de traduction ont été acquis par Denoël pour sa collection Lunes d'encre. *Le Cercle de Farthing*, premier volume de la trilogie du *Subtil changement*, paraîtra en février 2015.

Jo Walton

Née au pays de Galles en 1964, Jo Walton vit depuis 2002 au Canada avec son mari et son fils. Elle est l'auteure d'une dizaine de romans. Tooth and Claw, *inédit en français, a reçu le World Fantasy Award en 2004.* Morwenna, *paru en 2014 en France, est récipiendaire du prix Hugo 2012, Nebula 2011, du British Fantasy Award 2012 et du prix Kurd-Laßwitz 2013. Jo Walton est aussi l'auteure d'une trilogie uchronique dont le premier volet,* Le Cerce de Farthing, *paraîtra en 2015 dans la collection Lunes d'encre des éditions Denoël.*

Comment avez-vous découvert l'uchronie ? Pouvez-vous nous parler des œuvres uchroniques qui vous ont marquée ?

J'avais 13 ans, c'était dans *La Patrouille du temps* de Poul Anderson. Dans ce livre, les voyageurs du temps s'efforcent de conserver la stabilité du temps et de stopper tout ce qui pourrait entraver celui-ci... mais ils échouent. L'histoire déraille : Rome n'a jamais connu d'essor, le XXe siècle est dominé par la Lituanie. J'ai été séduite et fascinée.

Après ça, il y a eu *Autant en emporte le temps* de Joseph Ward Moore puis les nouvelles d'Harry Turtledove.

Comment et pourquoi avez-vous développé des uchronies ?

Je ne peux m'empêcher de lire une histoire sans commencer à me demander comment les choses auraient pu se passer si cela avait été différent. Ce que nous voyons est le résultat d'un millier de hasards infimes, qui sont tous improbables mais se sont réalisés. Si les événements avaient été autres, tout aurait été différent.

Quel travail cela représente-t-il ?

C'est amusant ! C'est une manière intéressante de réfléchir à l'histoire, au temps et au présent. Plus nous connaissons l'histoire, plus nous pouvons en discerner les possibilités.

Quel type de message voulez-vous faire passer à travers vos œuvres uchroniques ?

Nous ne devrions pas tout considérer comme étant acquis car rien n'est jamais sûr.

Considérez-vous que l'uchronie est un genre en lui-même ? Pourquoi ?

Non, je considère qu'il fait partie des littératures de l'imaginaire.

L'uchronie est en lien avec l'histoire avec un grand H. Les livres de science-fiction imaginent notre futur. Mais les uchronies sont plus souvent publiées dans des collections SF que dans les œuvres historiques. Elles semblent être ancrées dans le domaine de la science-fiction. À votre avis, comment peut-on expliquer ça ?

L'essence même de la science-fiction est de poser la question « Et si… ? » Elle fait donc partie de l'uchronie. La distinction se fait sur la provenance des réponses, ce qui vu leurs nombreux points communs me semble une distinction infime.

Pouvez-vous nous parler de votre travail actuel (et uchronique) à venir ?

Mon roman, *My Real Children*, montre deux vies d'une même femme. Âgée et résidant dans un établissement pour patients atteints de démence, elle se souvient de deux versions différentes de sa propre vie et de l'histoire de la seconde moitié du XXe siècle.

Dans ma série *Small Change*, la Grande-Bretagne signe une paix séparée avec l'Allemagne après la chute de la France.

Les derniers mots (peut-être à propos d'uchronie) vous appartiennent !

C'est très facile de voir l'histoire comme solide et immuable. L'uchronie met à notre disposition de nouveaux moyens d'appréhender le passé et de nouvelles possibilités de le concevoir.

Uchronies dans les collections jeunesse

Dans les collections à destination des jeunes et jeunes adultes, certains genres connaissent un vif succès. Les aventures d'Harry Potter, jeune sorcier à lunettes inventé par J. K. Rowling, a créé l'événement. Depuis la parution du premier volet en 1999, Gallimard a vendu, rien qu'en France, plus de vingt-six millions d'ouvrages. Toute sortie d'un opus de cette série fantastique provoquait des files d'attente devant les librairies avant l'ouverture des portes. Les lecteurs ont grandi en même temps que Harry Potter, partageant ses questionnements, ses joies et ses peines. Succès éditorial, succès critique, le phénomène Harry Potter a aussi séduit les parents, heureux de voir leur progéniture abandonner les écrans pour ouvrir un livre. Les adaptations cinématographiques ont parachevé de construire la légende. La saga *Twilight* de Stephenie Meyer, avec ses adaptations cinématographiques, a fait entrer la littérature vampirique, transgressive par essence et parfois morbide, dans les collections à destination de la jeunesse – au prix de quelques aménagements du mythe. Cette série totalise plus de cinq millions d'exemplaires vendus en France depuis la sortie du premier tome en 2005. Avec la trilogie *Hunger Games*, quatre cent quarante mille exemplaires vendus depuis 2009, les dystopies se taillent à présent la part du lion sur les étals des librairies et dans les catalogues des éditeurs. Et l'uchronie dans tout cela ? Existe-t-elle dans les collections jeunesse ? Même si elle ne représente pas un courant majoritaire, elle est bel et bien présente. La segmentation du marché de la littérature jeunesse est un phénomène récent. La création du label *young adult*, avec des collections accueillant des fictions écrites et publiées spécifiquement pour les adolescents et les jeunes adultes, dotées d'un marketing spécifique, jouant sur les réseaux sociaux et le buzz, a modifié le paysage éditorial. Des sagas de fantasy au steampunk, en passant par les récits de vampires ou de zombies, le *young adult* offre une gamme diversifiée d'œuvres littéraires ou cinématographiques[22]. L'uchronie a toujours été représentée dans ces collections. Teintée de fantastique, de fantasy, d'utopie, de steampunk ou liée aux voyages dans le temps, elle offre une variété de romans qui permettent à tous les lecteurs de trouver aventure, plaisir de lecture et histoire alternative. Depuis 2008, on assiste même à une augmentation du nombre de publications d'œuvres relevant du genre. En France, l'uchronie a même eu de 2008 à 2012 sa collection dédiée, Ukronie (Flammarion). Nous vous invitons à faire un petit détour par les collections *young adult*, sous forme d'un guide de lecture enrichi de deux entretiens, le premier avec un auteur, le second avec un directeur de collection.

---

[22] Pour découvrir la richesse des collections young adult, se référer au *Guide de survie en territoire ado* de Laura Vitali (Éditions ActuSF, 2012).

Francophones

L'Équipée volage
Auteur : Rolland Auda
Édition : Sarbacane, collection Exprim', 2013
Résumé : En 1492, une mystérieuse brume noire empêche Christophe Colomb d'accoster en Amérique et, en 1905, date de l'action du roman, à bord du *Faste & Furieux*, une bande de piratesses chapeautées par Barbe-Marie et Rejji tente de découvrir l'île mythique d'Isocélie. Mais les embûches ne manquent pas.

Commentaires : *L'Équipée volage* est un ouvrage audacieux. L'imagination débordante de Rolland Auda nous offre machines incroyables, créatures improbables et une bande de personnages principaux déjantés. L'écriture, très inventive, se révèle truffée d'argot, de jeux de mots, de figures de style qui sont autant d'aspérités que de défis pour le lecteur. L'humour, omniprésent, permet de développer des situations cocasses, d'apporter une touche de légèreté dans les scènes un peu plus violentes. Les références, littéraires, cinématographiques et historiques abondent et les identifier ou les deviner devient un petit jeu entre le lecteur et l'auteur. Le roman foisonne de personnages réels ou imaginaires (parmi lesquels Conan Doyle, Gaston Leroux, Sherlock Holmes, Rouletabille, Cagliostro ou Corto Maltese...). Le roman brouille constamment les frontières entre réalité, histoire et imaginaire. Les péripéties s'enchaînent les unes aux autres et la narration, parfois éclatée, exige un peu de concentration pour ne pas perdre le fil de cette histoire pittoresque.

Vous avez aimé ? Avec un point de divergence presque similaire, mais plus classique dans sa construction, jetez-vous sur *Le Projet Abraxa* de Frédéric Delmeulle.

La guerre de 14 n'a pas eu lieu
Auteur : Alain Grousset
Édition : Flammarion, 2014

Résumé : En 1914, l'archiduc François-Ferdinand n'est pas assassiné. La guerre n'éclate pas mais la France et l'Allemagne construisent chacune un mur (respectivement ligne Maginot et ligne Siegfried), bardé des dernières technologies, afin d'empêcher l'ennemi de passer. Un siècle plus tard, les deux murs se font face, les sociétés sont exsangues, tout l'effort économique étant dirigé vers l'armée. De nos jours, une jeune femme, Constance, voulant améliorer sa condition (la place et le rôle des femmes n'ayant pas évolué depuis le début du XXe siècle) est recrutée par les services secrets français. Elle va peut-être faire tomber ces murs…

Commentaires : Voici un livre simple et efficace pour faire découvrir l'uchronie aux plus jeunes ! Écrit d'une plume alerte, vous suivrez les palpitantes aventures de Constance, qui se retrouve embarquée dans la plus trépidante des aventures et découvre un terrifiant secret militaire qui est à même de mettre fin à ce conflit larvé qui couve depuis un siècle. L'auteur réfléchit également au poids de cette guerre qui ne dit pas son nom et empêche les sociétés d'évoluer, que ce soit d'un point de vue technologique ou humain.

Vous avez aimé ? Alors précipitez-vous sur les ouvrages de la collection Ukronie qui revisitent l'histoire, partez enquêter dans les bas-fonds londoniens avec l'inspecteur Krine en lisant la trilogie de Stéphane Tamaillon, et plongez-vous dans les romans de Christophe Lambert (*La Brèche*, *Zoulou Kingdom*, *Le Commando des immortels*) qui vous feront frémir et découvrir d'autres horizons.

La guerre des mondes n'aura pas lieu !

Auteur : Johan Heliot

Édition : Mango Jeunesse, collection Mondes imaginaires, 2010

Résumé : Que se serait-il passé si le premier roman de SF de H.G. Wells n'avait pas été accepté par les éditeurs ? Vexé après avoir reçu une lettre assassine de l'un d'eux, H.G. Wells renonce à devenir romancier. Ulcéré par les injustices de la société anglaise, il décide même de plier bagage pour rejoindre le Nouveau Monde. En Californie, des colons ont fondé une cité merveilleuse et utopique : Icaria. Évidemment la cité n'est qu'un mirage mais la Californie est la terre de tous les possibles…

Ici c'est un tripode martien qui fait son apparition. À son bord, Astor vient prévenir la Terre d'une invasion extraterrestre imminente. La guerre des mondes aura-t-elle lieu ?

Commentaires : Uchronie de fiction doublée d'un hommage à H.G. Wells et à sa *Guerre des mondes*, *La guerre des mondes n'aura pas lieu !* s'inscrit dans la tradition des romans d'aventures et de conquête de l'ouest les plus divertissants. L'intrigue, un peu déjantée et menée tambour battant, ne perd jamais sa cohérence. Le personnage de H.G. Wells, idéaliste, optimiste et courageux, défend, par ses réflexions et ses actes, des valeurs respectables telles que l'humanisme, la solidarité, le respect des autres. Johan Heliot rend ses aventures instructives sans tomber dans le didactisme ou infliger des leçons de morale pompeuses. Le lecteur prend un malin plaisir à tenter de démêler, dans la biographie de H.G. Wells, la réalité de la fiction inventée par Johan Heliot.

Vous avez aimé ? Poursuivez avec l'incontournable *Guerre des mondes* de H.G. Wells, si ce n'est pas déjà fait.

L'Horloge du temps perdu
Auteur : Anne Fakhouri
Édition : L'Atalante, collection Le Maedre, 2013
Résumé : Théo, dont les parents sont divorcés, vit mal les moments passés avec son père, Alexandre, même si le travail de ce dernier, accessoiriste de cinéma, le fascine. Fan de SF, il obtient le droit d'accompagner son père sur le tournage d'un film tiré d'un livre de Stan Iala, son auteur préféré. Sans le vouloir, il assiste à une dispute entre ce dernier et son père autour d'une mystérieuse horloge. Il se retrouve projeté dans les années 1980, l'été des 14 ans de son père, dans le corps de celui-ci. Cet été-là, Alexandre a perdu les seules personnes qui comptaient à ses yeux, Pom et Arthur, ses deux meilleurs amis. Théo tente de réparer le passé tout en essayant de respecter son père, dont l'esprit reste piégé dans ce corps. Il ne doit pas non plus faire trop dévier l'histoire d'Alexandre, sous peine de ne jamais voir le jour.

Commentaires : Si *L'Horloge du temps perdu* reste un roman facile d'accès, il n'est pas dépourvu d'enjeux. Plus encore que la communication intergénérationnelle, la difficulté de cultiver l'amitié ou les regrets sur une enfance perdue, c'est la notion de choix qui constitue le pivot du roman. La vie peut se résumer à cette question, cruciale, des choix et de la responsabilité de chacun face aux conséquences de ceux-ci. La relation au père revêt une importance certaine : Théo n'est pas projeté dans son passé mais dans celui de son père, mais un père qui n'en est pas encore un et qui se révèle bien différent de l'adulte qu'il côtoie.

Les années 1980 sont bien différentes des années 2000 : le décalage temporel minime dans l'absolu (quelques dizaines d'années) induit un décalage d'époque important. Le lecteur peut alors mesurer la vitesse à laquelle notre société « moderne » évolue sur le plan technologique et les incidences de ces évolutions sur la société.

Vous avez aimé ? Poursuivez avec *Il était temps*, comédie romantique britannique réalisée par Richard Curtis où un jeune homme, capable de voyager dans son passé, tente de corriger les erreurs commises et de faire le bonheur de sa famille.

Louis le Galoup
Le Village au bout du monde (2009)
Les Nuits d'Aurillac (2009)
Le Maître des tours de Merle (2009)
La Cité de pierre (2010)
Le Cœur de Tolosa (2010)
Auteur : Jean-Luc Marcastel
Édition : Matagot
Résumé : En 999, un météore s'abat sur la France et la coupe en deux, ouvrant au sol une brèche immense. Outre les dégâts matériels et l'éradication de villages entiers, son impact réveille les volcans, perturbe le climat et enténèbre le ciel. Le niveau des mers monte. Cette période de désespoir et de malheurs sera baptisée Les Maljours. Autour de la Brèche, des mutations surviennent chez les animaux et les hommes, donnant naissance aux monstrueuses Malebestes.

Bien plus tard, tout près de la Brèche, vivent, insouciants, Louis et son frère Séverin. Après une attaque de Malebestes, Louis se rend compte qu'il n'est pas comme les autres. Il part en quête de ses origines pour découvrir qu'il est un galoup, mi-homme, mi-loup, et qu'il est, en sus, l'héritier d'une des plus illustres familles du royaume.

Commentaires : Romans initiatiques construits sur un schéma classique (quête et découverte de soi, amitié et trahisons, apprentissage de la vie tout au long d'épreuves plus ou moins dangereuses), la saga de *Louis le Galoup* étonne par sa forme, son style et son ton. Jean-Luc Marcastel choisit de conter ses histoires par la voix d'un troubadour que l'on rejoint au coin du feu, un soir de tempête hivernale, un conteur au vocabulaire riche, au langage parfois emphatique, toujours coloré, prompt à mettre en valeur les hauts faits des jeunes héros et à dramatiser un peu leurs aventures. La France médiévale alternative proposée constitue un décor impressionnant pour une saga homérique où l'amitié et la loyauté tiennent une place de choix.

Les annexes de chaque volume offrent des illustrations et des crayonnés de Jean-Mathias Xavier, des recettes de cuisine, des glossaires (utiles pour les mots médiévaux ou occitans) ou encore des extraits des chroniques des Maljours qui racontent leur genèse.

Ce cycle de cinq tomes de Jean-Luc Marcastel, magnifiquement illustré, enthousiasmera, grâce à son style haut en couleur et sa créativité, les jeunes ados bons lecteurs.

Vous avez aimé ? Vous pouvez poursuivre avec *La Geste d'Alban*, la nouvelle série de l'auteur située dans la même France médiévale alternative de *Louis le Galoup* mais trois cents ans plus tôt.

Jean-Luc Marcastel

Jean-Luc Marcastel, né en 1969 à Aurillac, est un écrivain français de romans fantastiques et de fantasy. Grand lecteur, fanatique de Dumas, Tolkien ou encore Lovecraft, il se définit comme conteur d'histoires. Il puise son inspiration dans les légendes et le folklore du grand sud-ouest de la France. Il est l'auteur de deux uchronies fantastiques, publiées par Matagot : Louis le Galoup, *série en cinq volumes, et* La Geste d'Alban, *deux tomes parus au moment de cet entretien. Il est aussi l'auteur de Frankia, un diptyque qui transpose la Seconde Guerre mondiale dans un monde fantastique, et de deux romans post-apocalyptiques jeunesse :* Le Dernier Hiver *et* Un Monde pour Clara. Praërie, *le premier tome de sa nouvelle série* Le Monde des Sinks, *est paru en juin 2014 aux éditions Scrineo.*

Comment avez-vous découvert l'uchronie ? En tant que lecteur, entretenez-vous un rapport particulier à l'uchronie ?

J'ai grandi au milieu des livres. Mon père possédait (et possède encore) une énorme bibliothèque et en sus des romans fantastiques (j'ai été biberonné très jeune à Leight Bracket, Edmond Hamilton, Edgar Rice Burroughs, Robert Howard, puis Lovecraft, et tous les auteurs de la grande époque de la SF), il avait une passion pour l'histoire et les civilisations passées et exotiques (j'ai grandi avec la BD *Alix*). Ma grand-mère m'a fait découvrir *Les Rois maudits* (la version avec Jean Piat). À 8 ans je suis allé voir *Ben-Hur* au cinéma. Là ça a été le choc… la révélation. Puis ont suivi des péplums comme : *Les Dix Commandements*, *La Bataille des Thermopyles*, *Les Derniers Jours de Pompéi*, *La Chute de l'Empire romain*. Après ce fut le Moyen Âge avec

Le Fils du Viking, *Le Seigneur de la Guerre*, *Robin des Bois*, *Ivanhoé* puis *Excalibur* (nouveau choc), la bande dessinée *Prince Vaillant* (que mon père gardait jalousement dans sa bibliothèque) avec les fabuleux dessins de Harold Foster… Alexandre Dumas, bien sûr, ses livres et leurs multiples adaptations cinématographiques, et enfin Jules Verne.

Mais je suis aussi un enfant de la génération *Star Wars*, et je dévorais également les livres fantastiques. Un jour, dans cette bibliothèque magique, je suis tombé sur *La Patrouille du temps* de Poul Anderson… Et dès lors, moi qui aimais l'histoire et l'Imaginaire, je me suis demandé… Et si ?

Et si, pour une raison X ou Y, quelqu'un avait changé l'histoire…

Je suis donc allé, en esprit, là où s'arrêtait Poul Anderson ou le film *Nimitz*. Que se passerait-il après si on modifiait le passé ?… Quel monde en résulterait ?

Je pense que c'est un processus normal de la pensée humaine, ne serait-ce qu'en se penchant sur sa propre vie, de se demander ce qu'il adviendrait si nous avions fait tel choix à la place de tel autre. Que serait alors devenue notre existence ? Certains, dont la vie n'a pas pris l'orientation qu'ils souhaitaient, vivent dans ce que je nommerais une « uchronie ordinaire » et permanente.

Alors si on l'applique à soi-même presque tous les jours, quand on affectionne un tant soit peu l'histoire, qu'on aime se livrer à un exercice intellectuel amusant, user de son imagination et bâtir des univers, comme c'était mon cas, il est normal, je dirais même inévitable, qu'on l'applique ce « Et si… » à la Grande Histoire.

Quelles sont les œuvres uchroniques qui vous ont marqué ?

Uchronique à proprement parler ? Non, pas vraiment. En fait je ne me suis jamais posé la question. J'ai lu *Pavane* de Keith Roberts, mais je ne peux pas dire qu'il fasse partie des livres qui m'ont le plus « marqué » d'un point de vue littéraire, même si je l'ai beaucoup aimé. L'idée d'une histoire parallèle me trottait déjà dans la tête depuis un moment.

Je me suis régalé avec les aventures d'Oswald Bastable, de Michaël Moorcock : *Le Seigneur des airs*, etc. Il y a quelques années, j'ai eu un coup de cœur pour *Le Livre de Cendres* la saga de Mary Gentle, mais je ne sais si on peut vraiment la cataloguer dans l'uchronie.

Comme vous le savez déjà, je ne suis pas très porté sur « les genres » et les « étiquettes », je dois même avouer que ce besoin d'enfermer l'Imaginaire dans des petites boîtes, comme un taxonomiste du rêve, est profondément étranger à ma nature. Pour moi, le rêve et l'imaginaire, par essence, doivent déborder des cadres et ne pas se laisser enfermer par les appellations.

Comment définiriez-vous l'uchronie ? Considérez-vous qu'il s'agisse d'un genre à part entière ?

Est-ce que je suis capable de définir l'uchronie ? Je ne connais pas la définition officielle, mais suppose qu'on pourrait dire : « Une œuvre se déroulant dans le passé, le présent ou l'avenir, partant du postulat que l'histoire (avec un grand « H ») a pris un chemin différent à partir d'un point de "divergence" situé en amont du récit. »

Ceci étant, et comme je me plais à le rappeler, j'ai horreur des étiquettes qu'on appose sur la littérature de l'imaginaire et, plus généralement, sur la littérature en règle générale, comme on le ferait avec des boîtes de soupe ou des fruits et légumes.

Pour moi il n'y a que deux genres de littérature, la bonne et la mauvaise. Cette notion étant très subjective, je dirais donc, pour être plus juste, que pour moi, il n'y a que deux genres de littérature : celle qui me plaît et celle qui ne me plaît pas (pour des raisons qui me sont personnelles et que je partage avec moi-même).

Je viens de découvrir, par exemple, que *Conan* était considéré comme appartenant à un genre nommé « sword and sorcery », tout comme les romans d'Abraham Merrit (que j'adore) qui, lui, est considéré comme un des précurseurs du genre. Je trouve cette appellation très réductrice, elle enferme ces récits dans un genre qui, rien que par son nom, semble les destiner à un public adolescent (ou adolescent attardé) avant de passer à des choses plus sérieuses…

Beaucoup de vos œuvres, même si elles se jouent des étiquettes, peuvent être considérées comme des uchronies fantastiques. Comment et pourquoi avez-vous développé ces uchronies ? Poursuiviez-vous un but précis en les écrivant ?

C'est vrai. Je pense que mon attrait pour ce genre d'exercice vient tout simplement que notre passé est d'une richesse infinie, que nous disposons, autour de nous, d'un extraordinaire potentiel de lieux, de légendes et d'histoires, petites ou grandes, à utiliser. Pourquoi aurais-je été inventer (en déguisant, par exemple, grossièrement la carte de la France et de l'Europe) un monde imaginaire avec des villes aux noms imprononçables, pour y placer une société féodale calquée sur la société médiévale, alors que j'avais tout sous la main ? Il me suffisait de donner un petit coup de pouce (comme dans le *Galoup* ou *Alban* avec ce cataclysme en l'an 999) et imaginer ce qui se passerait après.

Les histoires, comme les mensonges, sont toujours plus « réelles », paraissent plus « véridiques » et font moins « toc » quand elles comportent une part de vérité, quand elles se basent en partie sur la réalité.

Quant à poursuivre un but précis… Ça dépend du récit. Dans *Louis le Galoup* ou *Alban* je voulais écrire une histoire se déroulant dans ma région et les paysages que j'aimais et réutiliser les légendes de France, en particulier du sud de la France, dans un tout cohérent… J'ai donc créé la Grande Brèche et son pouvoir métamorphique pour expliquer les créatures fantastiques et les pouvoirs de mon héros. J'ai cassé la France en deux, et, en amateur d'histoire que je suis, j'ai eu envie de développer ce postulat et de voir où ça me menait… Cela m'a, à présent, donné des idées pour d'autres récits se déroulant dans cette France parallèle et balafrée… La réunion du Nord et du Sud, par exemple… Que va-t-il se passer quand les deux côtés de la Brèche vont se rencontrer ?

Dans *Frankia*, j'ai juste fardé la réalité d'un peu de rêve pour parler plus librement d'une des périodes les plus sombres de notre histoire, la Seconde Guerre mondiale, pour transmettre des témoignages que j'avais entendus et le vécu de gens que je connaissais. La peur de cette époque, les espoirs et la lutte (ma famille est originaire de Tulle, en Corrèze, une ville et un département marqués par les horreurs de la guerre, jusque dans ma famille puisque le frère de mon grand-père est mort en attaquant une colonne allemande à la fin de la guerre) mais à travers une histoire imaginaire.

Dans *Le Simulacre*, une trilogie qui sortira en octobre de cette année[23], je voulais marier deux des œuvres qui ont profondément marqué ma jeunesse : *Les Trois Mousquetaires* et *La Guerre des étoiles* (si, si, c'est possible et je vous le prouverai).

Dans *Les Fils de la Louve*, un de mes projets qui, peut-être, ne verra jamais le jour, je voudrais voyager dans la République romaine du XXIe siècle à travers trois personnages et ainsi parler de manière plus libre des problèmes de notre monde et de notre époque dans un cadre imaginaire.

Pensez-vous que l'uchronie doit avoir une utilité particulière ? Selon vous, à quoi sert-elle ou doit-elle servir ?

Non, je ne crois pas que l'uchronie « doive » avoir une utilité particulière. Je ne pense pas, comme certains de mes confrères, que tout livre doive forcément être « engagé » ou avoir une utilité autre que celle de nous faire rêver, voyager et oublier le quotidien le temps de quelques heures. S'il nous fait réfléchir et nous interroger en plus, et ceci de manière agréable, c'est tant mieux, mais le « message » ne doit jamais passer avant l'histoire. Comme disait Pierre Desproges, « je suis un artiste dégagé ». Je ne me sens pas obligé de caviarder mes livres d'un message politique pour donner une justification au papier et à l'encre que j'ai utilisés pour les produire… En plus, ce genre de livre, souvent très daté, vieillit assez mal.

Qu'on ne me fasse pas pour autant dire ce que je n'ai pas dit. Une uchronie peut, bien sûr, ouvrir à une réflexion plus vaste sur l'humanité en règle générale et ses problèmes éternels (comme c'est le cas de *Ceux qui*

[23] En 2014.

sauront, de mon confrère et ami Pierre Bordage), ou aider à réfléchir plus librement sur notre monde en le déportant dans un autre cadre ou une réalité parallèle, mais ce n'est en aucun cas une obligation.

Enfin je crois, sans prétention aucune, qu'une œuvre de fiction sert toujours au moins à quelque chose : faire rêver ceux qui la lisent. Pour ma part, et même si j'espère amener mes lecteurs à réfléchir sur des thèmes essentiels et intemporels, sur l'homme, la femme, leurs rapports, la liberté de conscience, etc. je n'ai pas la prétention de détenir la vérité avec un grand « V » et ne veux pas me faire donneur de leçon. Je mets dans mes récits ce que j'ai appris de la vie, à ma manière, et en toute modestie. Je ne suis plus prof d'histoire, et je n'ai jamais été prof de philosophie, alors je reste humble et je ne fais plus cours… Ce que j'ai toujours aimé, c'est raconter des histoires, alors je continue, et j'essaie de le faire bien.

Comment expliquez-vous l'intérêt que suscite l'uchronie depuis quelques années ? Pensez-vous que cet intérêt va perdurer ?

Je pense que cet intérêt a toujours été là, mais qu'il fallait savoir le susciter, l'entretenir.

Les éditeurs sont souvent frileux sur les projets qui sortent des sentiers battus. Ils surfent le plus souvent sur les modes et les succès venus d'outre-Manche ou d'outre-Atlantique : le *space opera* dans ma jeunesse, les écoles de sorcier ou de sorcière après *Harry Potter*, le med fan et la fantasy après *Conan*, *Le Seigneur des Anneaux* et maintenant *Le Trône de Fer*, les vampires depuis *Twilight*. En ce moment ce sont la dystopie (depuis *Hunger Games*) et les zombies (avec plus ou moins de bonheur) depuis *Walking Dead* et *World*

War Z. On voit une timide percée du steampunk qui a bien du mal à s'implanter vu que c'est un genre très ancré dans l'Angleterre victorienne qui présuppose, pour être apprécié, une connaissance de cette période et de l'histoire anglaise que ne possède pas une grande part des lecteurs de notre beau pays (l'histoire anglaise est très peu abordée dans nos programmes scolaires et peu de personnes lisent encore Conan Doyle ou Dickens de ce côté-ci de la Manche).

Une maison d'édition dont je tairai le nom, et à laquelle j'avais proposé mon *Simulacre* (qui va finalement sortir chez Matagot), et qui reprend le personnage de d'Artagnan dans un XVIIIe siècle alternatif (où on se bat à coups de pistolet à lumière, de rapières énergétiques, où la noblesse vit dans des castels volants et se déplace à bord de diligences aériennes, où l'on achève de construire en orbite la « Versailles Celeste »), m'avait répondu qu'ils adoraient l'histoire mais que j'aurais dû gommer complètement les références historiques et la déporter dans un univers de fantasy... Pour un récit dont l'intérêt principal était de mettre en scène d'Artagnan et les protagonistes des *Trois mousquetaires* je ne voyais vraiment plus ce qu'il pouvait rester de mon livre. L'argument en était que les références historiques feraient fuir le lecteur... Je trouve que c'était là prendre les lecteurs de l'Imaginaire pour des cuistres et des gens sans culture, ce qu'ils ne sont pas, loin de là. Le succès de l'exposition *Mousquetaires*, au musée de l'Armée, prouve de manière éclatante que j'avais raison. Les Français aiment leur histoire et ses héros. Il faut juste savoir les remettre à l'honneur et arrêter d'aller systématiquement rechercher l'inspiration chez nos voisins. Un peu de fierté, mordious ! La seule saga de fantasy française à avoir été traduite en anglais est celle des *Lames du Cardinal*, de mon confrère Pierre Pevel. Les Américains et les Anglais aussi aiment les mousquetaires ainsi que la France dans laquelle ils évoluent.

Donc oui, je pense que cet intérêt va perdurer, si on sait jouer avec notre histoire, car elle demeure un réservoir inépuisable d'inspiration.

Mais il faut aussi, avant toute chose, savoir en faire aussi une littérature d'évasion (comme pour le *Léviathan* de Scott Westerfeld). Le piège inhérent de l'uchronie est, je pense, la tentation de se vouloir trop « sérieux », de se prendre pour ce que nous ne sommes pas et de sacrifier le récit et les personnages à la description exhaustive de cette réalité parallèle (mais c'est une chose vraie également pour tous les autres genres de l'imaginaire), de faire de l'univers le héros principal de son récit. Quand le contexte prend le pas sur les personnages, que l'auteur oublie qu'il est avant tout là pour raconter une histoire et emmener ses lecteurs en voyage plutôt que de donner un cours ou montrer l'étendue de son savoir ou de ses connaissances, il se trompe de lectorat ou de vocation.

Avez-vous des projets ou actualités en lien avec l'uchronie ?

Plein en fait, même si je n'en avais pas conscience jusque-là.

Le Simulacre, ma nouvelle série chez Matagot (l'éditeur de *Louis le Galoup* et d'*Alban*, mes « uchronies médiévales ») où je renoue avec Jean-Mathias Xavier qui va illustrer les trois volumes de cette histoire.

Il ne s'agit pas là d'une uchronie sérieuse, mais d'un vrai roman de cape et d'épée dans un XVIIIe siècle parallèle où les Terriens sont entrés en contact avec des espèces venues d'outre-espace qui nous « vendent » une technologie pour eux dépassée mais pour nous extraordinairement avancée... Cette histoire se place donc à la croisée des genres entre Alexandre Dumas et George Lukas. Je la qualifierais plus volontiers de « Versaillespunk » que d'uchronie véritable... Mais une chose est sûre... Mes lecteurs ne vont pas s'ennuyer.

Je vous parlais aussi tout à l'heure des *Fils de la Louve*. Une plongée dans une Gaule et une Rome alternatives, dans la République romaine du XXIe siècle (où l'Empire romain d'Occident est redevenu une république, a survécu aux troubles des invasions barbares et a perduré jusqu'à nos jours) confrontée à des problèmes assez similaires à ceux que traverse actuellement notre société. Je trimballe ce projet depuis longtemps mais je n'ai pas encore trouvé l'éditeur qui se décidera à le publier, cela leur fait souvent peur... Pourtant je sais pouvoir le mener à bien et en faire une aventure qui emporta ses lecteurs et, j'espère, les amènera aussi à s'interroger sans même s'en rendre compte.

Le mot de la fin (forcément uchronique) vous appartient, faites-vous plaisir !

Je vais emprunter les mots d'Alexandre Dumas, un de mes maîtres en écriture, à qui je rends hommage dans *Le Simulacre* : « On peut violer l'histoire, à condition de lui faire de beaux enfants. »

Le Projet Abraxa

Auteur : Frédéric Delmeulle

Édition : Flammarion, 2013

Résumé : Une bande d'adolescents, composée de deux filles et de deux garçons quelque peu révoltés par l'injustice du monde, décide de modifier le passé pour construite un monde meilleur. À bord du *Vertov*, un sous-marin nucléaire russe capable de remonter le temps, ils se lancent aux trousses de Christophe Colomb, dans l'océan Atlantique, au XVe siècle. Un grain de sable vient perturber le plan soigneusement ourdi : les navires de Christophe Colomb sont suivis, de loin, par des navires portugais. Et le *Vertov*, par sa simple apparition, déclenche une catastrophe.

Commentaires : L'idée de départ est séduisante : empêcher Christophe Colomb de découvrir l'Amérique pour éviter l'esclavage et le commerce triangulaire. La narration alternée entre le journal intime d'Emma, adolescente contemporaine, et le journal de bord d'Alvaro, jeune marin portugais embarqué à bord du *Vitória*, caravelle lancée à la poursuite de Christophe Colomb, permet au lecteur de bien appréhender les époques et les sociétés de chacun, de mesurer le choc des cultures au moment de la rencontre, de sentir le poids des croyances et superstition et d'anticiper sur les conséquences d'une ingérence temporelle. *Le Projet Abraxa* relève plus du voyage dans le temps à conséquences uchroniques que de l'uchronie pure. Sa lecture est à conseiller aux jeunes adultes pour son intrigue, mais aussi pour les petits coups de gueule poussés par ces adolescents clairvoyants et qui pimentent le récit.

Vous avez aimé ? Alors poursuivez avec la série, publiée dans une collection pour adulte cette fois, des Naufragés de l'Entropie, située dans le même univers et composée de deux tomes : *La Parallèle Vertov* et *Les Manuscrits de Kinnereth*.

Le Réveil des Dieux
Auteur : Fabrice Colin
Édition : Hachette Jeunesse, 2007
Résumé : Tokyo, 1888. Le Japon est une colonie anglaise depuis douze ans. Tradition séculaire et modernité s'y côtoient. Le Tosho Daigogen, divinité protectrice de la ville, donne à Errol Steel, 14 ans, une mission capitale : protéger Tokyo d'un complot fomenté par le sorcier Ikaru. Ce dernier compte engloutir la cité sous un raz-de-marée gigantesque. Errol dispose de trois jours pour s'acquitter de sa mission.
Commentaires : Véritable course contre la montre, dans un univers japonisant, avec, parfois, des clins d'œil aux films d'animation de Miyazaki, mais empreint des conventions britanniques, cette uchronie mêle intrigue personnelle (ici un secret familial) à un enjeu bien plus vaste (la survie de dix millions de personnes). La dimension fantastique n'est pas oubliée – folklore japonais, dieux protecteurs, magie... – et contraste avec la ville modernisée par les Anglais. Ce décor n'empêche pas quelques questionnements éthiques ou moraux sur la colonisation, la résistance et le terrorisme. Un bon roman initiatique qui entraînera jeunes et moins jeunes lecteurs dans des aventures trépidantes.
Vous avez aimé ? Lisez *La Malédiction d'Old Haven* du même auteur, qui place son héroïne dans une Amérique uchronique du XVIIIe siècle où la Sainte Inquisition règne en maître et traque sans répit les infidèles, les sorcières et même les dragons.

Le Simulacre

La seconde vie de d'Artagnan (2014)

Auteur : Jean-Luc Marcastel

Illustrateur : Jean-Mathias Xavier

Éditeur : Matagot

Résumé : Et si une flotte extraterrestre, dotée d'une technologie largement supérieure, avait attaqué au temps du roi Louis XIII ? Malgré le combat acharné de certains de nos plus grands héros (d'Artagnan, Athos, Porthos et Aramis pour ne pas les nommer), l'humanité se prépare à succomber quand soudain... Une autre flotte intervient et nous sauve de l'extinction. Rapidement baptisés Archanges par la population, ils vendent, par l'intermédiaire des Jésuites, des reliquats de leur technologie... Le temps passe... Louis XIV finit de construire son palais de Versailles qui sera en orbite autour de la terre, la Bastille est devenue une prison flottant au-dessus de Paris dans laquelle il ne vaut mieux pas entrer... Partez à l'aventure à la suite d'Estella, jeune voleuse au minois charmant, qui embarque dans un vaisseau volant pour aller grappiller quelques bijoux et quelques pièces aux ruffians... Et c'est alors qu'elle rencontre d'Artagnan... Le héros, vieux et diminué, lui transmet avant de disparaître dans un dernier duel flamboyant un secret redoutable... D'Artagnan est mort, mais s'éveille à nouveau dans son château de Gascogne... Simulacre du héros, il doit d'urgence monter à la capitale, pour sauver le Roi et la Nation, et revoir de vieux amis... et ennemis !

Commentaires : Partez à l'aventure aux côtés d'une jeune voleuse agile et d'un jeune héros qui vient de renaître ! Plongez dans un livre enchanteur, rempli de verve, de gouaille et de fantastique. Admirez les personnages réinventés dans un esprit empruntant à la fois au steampunk (ou plutôt au Versaillespunk) et au roman de cape et d'épée. Combats, poursuites, adversaires, que demander de plus ? Activez votre rapière et foncez, vous ne le regretterez pas ! Ce premier tome de la trilogie enchantera tout type de lecteurs.

Vous avez aimé ? Lisez *L'Âge de la déraison* de Gregory J. Keyes, qui réinvente notre XVIIIe siècle, en imaginant que la science alchimique fonctionne, et où nous luttons contre une race extraterrestre. Dégustez sans modération la série *De cape et de crocs*, où vous partirez à l'aventure avec deux fiers aventuriers, un renard français et un loup espagnol, accompagnés d'un adorable lapin, ancien garde du cardinal, qui feront le tour du monde, iront sur la Lune, et se battront pour l'amour, et le panache !

Focus sur la collection Ukronie

DIVERGENCES 001

Anthologie dirigée par Alain Grousset

Édition : Flammarion, collection Ukronie, 2008

Résumé : Les neuf nouvelles présentées dans cette anthologie sont des uchronies au sens de Renouvier : la réécriture de l'histoire à partir d'un point de divergence. Ces derniers sont variés. L'arche de Noé a coulé pour Pierre Pelot. Les Néandertaliens de Jean-Marc Ligny supplantent les hommes de Cro-Magnon. Fabrice Colin joue avec les destins d'Octave, de Marc-Antoine et de Cléopâtre. Michel Pagel s'attaque à Henri IV en assassinant Henri de Navarre lors de la Saint-Barthélémy. Johan Heliot envoie Napoléon réaliser ses conquêtes en Amérique. Laurent Genefort imagine que la Grande Guerre perdure et fait, en 1931, enquêter les Brigades du Tigre sur la disparition de Marie Curie. Xavier Mauméjean nous emmène aux USA après la victoire de l'Axe en 1945. En 1963, la résistance s'organise et la série *The Twilight Zone* en sera l'étendard. Roland C. Wagner refait l'histoire de la Seconde Guerre mondiale. Trotski a remplacé Staline, décédé pendant la révolution d'Octobre, à la tête de l'URSS. Il n'a pas signé de pacte avec l'Allemagne et, en 1940, les Soviétiques envahissent l'Europe. Paul J. McAuley réécrit la conquête spatiale, menée par les Britanniques après la récupération des techniques et des savants allemands à la fin de la Deuxième Guerre mondiale.

Commentaires : Cette anthologie, destinée à faire découvrir le genre aux jeunes lecteurs, accomplit parfaitement sa mission. Tous les textes au sommaire sont inédits sauf celui de Paul J. McAuley, publié dans un numéro de *Galaxies* (n° 29). La variété des époques, la créativité et l'angle de vue adoptés par les auteurs font de cette découverte de l'uchronie un excellent moment de lecture. En guise de bonus, le volume contient une postface d'Éric B. Henriet, ainsi qu'une bibliographie, non exhaustive mais cependant bien fournie d'œuvres francophones.

Tous les textes présentés dans *Divergences 001*, à l'exception de « Une Histoire très britannique » de Paul J. McAuley, ont été réédités dans l'anthologie *10 façons de bouleverser le monde* (Flammarion, collection Tribal, 2014).

Vous avez aimé ? Toutes les uchronies publiées dans la collection Ukronie s'offrent à vous.

Alain Grousset

*Passionné de science-fiction et de bande dessinée, Alain Grousset est l'auteur, le plus souvent en collaboration avec Danielle Martinigol, de plus d'une soixantaine d'ouvrages, tous destinés aux jeunes. Fondateur de fanzines (*Divergent 54, Fantascienza*), il a aussi signé des articles et des critiques littéraires en science-fiction dans* Les Nouvelles d'Orléans *et* Lire. *Il a obtenu le prix jeunesse du ministère de la Jeunesse et des Sports en 1992 pour* La Citadelle du vertige *et le Grand Prix de l'Imaginaire en 1994 pour* Les Chasse-Marée. *De 2008 à 2012, il a dirigé la collection Ukronie, aux éditions Flammarion Jeunesse.*

En tant qu'auteur ou lecteur entretenez-vous un rapport particulier à l'uchronie ? Avez-vous écrit des textes uchroniques ?

J'avais bien entendu lu diverses uchronies qui m'avaient marqué comme l'incontournable *Maître du Haut Château*, mais je n'en avais jamais écrit avant de proposer aux éditions Flammarion une collection uchronique. Une fois la collection en place avec l'anthologie *Divergence 001* et *Ceux qui sauront*, le premier tome de la saga de Pierre Bordage, la direction éditoriale a souhaité que j'écrive un roman avec ma complice Danielle Martinigol. Ce fut ainsi qu'est né *Sens interdit*, dont la divergence est l'altération de l'odorat suite à la grippe espagnole de 1918.

Comment définiriez-vous l'uchronie ?

Un « Et si ? » en marche arrière. Cette question fondamentale pour la SF prend ici tout son sens. L'uchronie nous montre que notre destin se construit sur des milliards de « Et si ? » pour finalement ne garder qu'un chemin. L'uchronie nous met au bord de ce chemin pour mieux le juger et peut-être appréhender le futur différemment.

L'uchronie entretient avec l'histoire des liens évidents puisqu'il s'agit de réécrire notre histoire telle qu'elle aurait pu être à partir d'un point de divergence. La science-fiction spécule sur notre avenir. Or les uchronies sont plus souvent étiquetées « SF » que « roman historique ». À votre avis, comment peut-on expliquer ce phénomène ?

Les historiens anglo-saxons adorent ce genre de spéculation historique, mais cela ne semble pas amuser les Français qui pensent que l'histoire est trop sérieuse pour ce genre d'amusement. En quoi ils ont tort. Car l'histoire est mouvante. Elle bouge au gré des découvertes. Certains acteurs minorés jusqu'alors peuvent devenir majeurs lorsqu'on découvre l'importance de leurs actes. Ou l'inverse. Cela peut également provenir du fait que certains auteurs ne font pas des uchronies pures (il n'y a qu'une trame de temps) pour se réfugier dans les univers parallèles. La SF prend alors le dessus.

Comment expliquez-vous l'intérêt que suscite l'uchronie depuis quelques années ? Pensez-vous que cet intérêt va perdurer ?

Je suis assez fier d'être feu le créateur de la première collection uchronique en France. J'aime beaucoup ce thème et apparemment je ne suis pas le seul. Cet intérêt grandissant peut être un effet de mode, porté par la crise que nous traversons. En effet, changer le cours du temps, revenir en arrière semble digne d'intérêt lorsqu'on se sent mal dans son époque. Les uchronies personnelles font également fureur. Beaucoup se demandent qu'elle aurait été leur vie s'ils étaient restés avec leur amour de jeunesse. Je pense cependant qu'il y aura toujours des auteurs affutés en histoire qui souhaiteront traiter ce thème dans leur bibliographie.

Comment est née l'idée de la collection Ukronie ? Quelle était son ambition ? Poursuiviez-vous un objectif précis ?

Flammarion voulait me confier une collection de SF jeunesse. J'ai refusé, car il en existait plusieurs à l'époque, et je ne souhaitais pas en ajouter une de plus. Par contre, Flammarion publie toujours beaucoup d'ouvrages historiques en direction des jeunes, alors j'ai proposé la meilleure des rencontres entre la science-fiction et l'histoire : l'uchronie. Après, il a fallu que j'explique ce qui se cachait derrière ce mot barbare. Au final, Flammarion a dit banco !

Tous les ouvrages publiés dans cette collection sont des uchronies pures. La trilogie de Pierre Bordage dans laquelle Jules Ferry est assassiné avant d'avoir rendu l'école obligatoire porte un message éducatif fort. Pensez-vous que l'uchronie doit avoir une utilité particulière ? Selon vous, à quoi sert-elle ou doit-elle servir ?

Je suis un adepte des uchronies pures. Il n'y a qu'un temps, celui décrit par l'auteur. Avec les mondes parallèles, je trouve que l'on délaye trop la trame historique, donc le message. Ce message quel est-il ? Un, que l'histoire est fragile, mais pas immuable. Deux, qu'il suffit d'un rien pour la faire basculer dans bien plus terrible. Trois que nos actes ne sont jamais anodins et peuvent avoir des conséquences personnelles, mais aussi sociétales.

Dans la préface de l'anthologie *10 façons de bouleverser le monde* vous écrivez que l'uchronie « doit rapprocher les amateurs de l'histoire passée de ceux qui adorent l'histoire future. Ces deux lectorats ne sont pas antinomiques. Au contraire, la curiosité est leur terrain de rencontre. »

Pensez-vous que les deux lectorats tendent à se mélanger ou se rejoindre ? Voyez-vous une évolution ?

Si les historiens sont réticents, car pour eux remodeler l'histoire, c'est faire du révisionnisme, pour les lecteurs, c'est autre chose. Bien souvent, lorsqu'une uchronie les a passionnés, ils cherchent à en savoir plus sur la période historique traitée. Les lecteurs de SF vont donc vers le passé. Dans l'autre sens, les lecteurs d'ouvrages historiques sont friands de cette littérature uchronique qui adore les anecdotes, qui fait réfléchir par son décalage. Bref, un terrain d'entente passionnant.

Pour terminer, avez-vous des projets en lien avec l'uchronie ?

Je viens de terminer un ouvrage pour ados intitulé *La guerre de 14 n'a pas eu lieu*. Cela s'imposait en cette période de centenaire de traiter cette Première Guerre mondiale à la mode uchronique !

Les Fils de l'air

Auteur : Johan Heliot

Édition : Flammarion, collection Ukronie, 2009

Résumé : À l'automne 1789, la famille royale fuit Versailles. Louis XVI, Marie-Antoinette et leurs deux enfants, Charlotte et Louis, accompagnés de La Fayette, n'ont pas d'autres choix que d'emprunter la voie des airs pour échapper à la vindicte populaire. À bord d'une charlière, un ballon à gaz construit et piloté par Jacques Charles, ils réussissent à rejoindre Saint-Malo où ils embarquent pour l'Amérique. La traversée, mouvementée, leur fait rencontrer Surcouf. C'est une nouvelle vie qui les attend puisque, avec l'aide de Benjamin Franklin et de George Washington, ils créent une compagnie de transport aérien qui risque de bouleverser la société.

Commentaires : Le roman est centré sur une jeune héroïne audacieuse, Charlotte, qui mérite son titre de fille de l'air par son tempérament plutôt que par sa naissance. Outre l'histoire de cette jeune fille déterminée, le roman couvre une assez longue période historique, de la Révolution française à l'époque napoléonienne, et laisse rapidement place à une intrigue de grande envergure dont la maîtrise du ciel constitue le principal enjeu. Johan Heliot utilise de manière originale les personnages historiques connus comme Georges Washington ou Benjamin Franklin en leur offrant des destins bien différents de ceux qu'on leur connaît. L'aspect steampunk, très travaillé, ajoute encore au plaisir de lecture.

Vous avez aimé ? *Léviathan*, la saga uchronique en trois tomes de Scott Westerfeld, est faite pour vous.

Jean et Clara
Ceux qui sauront (2008)
Ceux qui rêvent (2010)
Ceux qui osent (2012)
Auteur : Pierre Bordage
Édition : J'ai lu, collection Science-Fiction
Résumé : « Liberté, égalité, fraternité, trois mots magnifiques, n'est-ce pas ? Trois mots qui formaient le cœur de la Révolution. Trois mots qui, si nous avions su les cultiver, auraient changé la face du monde. »

Pierre Bordage choisit de faire diverger l'histoire au moment de la Révolution française. Cette dernière échoue. La monarchie de droit divin est restaurée. En 1882, Jules Ferry a été assassiné. L'école est interdite pour les gens du peuple. Seule l'élite aristocratique a droit à l'éducation. En 2008, la situation a peu évolué. Les aristocrates ont accès à l'instruction, au progrès, et vivent à Versailles dans le faste des palais. Ils oppriment le reste du peuple et utilisent l'armée et la gendarmerie royale pour réprimer (dans le sang si nécessaire) ses nombreux mais vains soulèvements. Jean, fils de « cou noir » (ouvrier), désireux d'améliorer son sort, suit les cours d'une école clandestine. Clara, fille d'un grand bourgeois récemment anobli qui veut la marier avec le rejeton d'une noble famille, tente de se révolter. Leurs destins vont se croiser sur fond de rébellion du peuple et les conduire, de péripétie en péripétie, jusqu'en Amérique.

Commentaires : Cette série, à la volonté éducative évidente de par son point de divergence, s'adresse à un public adolescent. Le contexte historique, bien étoffé et très travaillé, et l'analyse politique qui en découle, livrent une uchronie teintée de dystopie. Véritable plaidoyer pour les valeurs républicaines bien galvaudées de nos jours (liberté, égalité, fraternité), ce XXIe siècle décalé se révèle propice à la réflexion et tente d'éveiller les consciences à la nécessité de lutter contre toute forme d'oppression sociale. Les trois romans, à la narration fluide et bien rythmée, se dévorent même si, parfois, le lecteur risque de trouver la démonstration un peu trop appuyée.

Vous avez aimé ? Pour ceux qui aiment les histoires de révolution, nous recommandons deux romans steampunk de Richard Harland : *Le Worldshaker*, et sa suite *Le Liberator*.

La Reine des Lumières
Auteur : Xavier Mauméjean
Édition : Flammarion, collection Ukronie, 2009
Résumé : En 333 avant notre ère, Alexandre le Grand arrive à Gordion, où l'attend la légendaire prophétie : « Celui qui parviendra à défaire le nœud gordien s'emparera de l'Asie. » Plutôt que de le trancher avec son épée, il l'étudie et parvient à le dénouer. La prophétie se réalise et Alexandre le Grand fonde son empire. Deux mille ans plus tard, l'empire d'Alexandre domine toujours le monde, de l'Angleterre à l'Inde. La belle Roxane, fille du souverain qui vient d'être assassiné, réclame le trône. Son objectif : mettre fin aux inégalités qui perdurent. Avec l'aide du capitaine Drake, espion et aventurier, la princesse rassemble une poignée de fidèles prêts à tout pour que règne la liberté.

Commentaires : Xavier Mauméjean nous propose une uchronie intelligente, originale et exotique. L'Europe telle que nous la connaissons n'existe pas. La religion chrétienne n'a pas vu le jour et le monothéisme ne s'est jamais imposé. Même si les divinités les plus révérées restent Apollon et Dionysos, le panthéon grec a explosé en quantité de cultes teintés de religion indienne. L'Empire bâti par Alexandre n'évolue plus vraiment, ce qui le ronge à petit feu. Les valeurs sur lesquelles il repose soulèvent des questions éthiques sur l'esclavage (mais sans le commerce triangulaire, ce qui laisse l'Afrique en paix), les différences de droit, l'absence de liberté. Le contraste avec notre société moderne et nos valeurs républicaines issues d'une Révolution française, de fait absente dans le roman, provoque une prise de conscience : les droits s'acquièrent par la lutte et une civilisation ne peut perdurer sur l'oppression d'une partie de sa population. Pour toutes ces raisons, *La Reine* *des Lumières* parlera à toutes les générations de lecteurs, de 13 à 130 ans.

Vous avez aimé ? Aux adolescents « bons lecteurs » ou leurs parents, nous conseillons de lire *Alexandre le Grand et les aigles de Rome* de Javier Negrete.

Sens interdit

Auteurs : Alain Grousset et Danielle Martinigol

Édition : Flammarion, collection Ukronie, 2010

Résumé : En 1918, la grippe espagnole a fait des millions de victimes et modifié radicalement l'odorat humain.

En 2010, chaque enfant est testé pour savoir à quelle classe d'Odorants il appartient : Animal, Végétal ou Minéral, ce qui conditionne son futur dans une caste… sous la domination tyrannique des religieux de l'Ordre des Flagellants. Les enfants ont perdu la capacité de tout sentir. Mais en Afrique, Mathis, l'orphelin blanc, possède l'Odorat absolu. Traqué par des extrémistes religieux, recherché par les laboratoires, il n'aura de cesse de découvrir, avec l'aide de son amie Anne-Marianne, l'origine de son pouvoir extraordinaire.

Commentaires : *Sens interdit* part d'un postulat très original : le virus de la grippe espagnole ne décime pas la population mais induit la perte de l'un de nos cinq sens. Au sein de la société, les classes sociales sont hiérarchisées en fonction de la capacité à sentir et non plus en fonction de l'argent ou de la naissance. Et le pouvoir est détenu par un ordre religieux extrémiste. Notre jeune héros, Mathis, constitue une anomalie et un facteur de changement, synonyme de trouble pour l'ordre établi. Il est facile de faire des parallèles avec notre monde (enjeux des compagnies pharmaceutiques par exemple) et ces rapprochements ouvrent des perspectives de réflexion intéressantes pour les jeunes lecteurs.

Action, amour, amitiés, dépaysement – le parcours de Mathis le conduit de la Tanzanie à la France en passant par la Suisse –, tous les ingrédients d'un roman d'aventures sont ici réunis pour allier plaisir de lecture et réflexion sur notre monde actuel.

Vous avez aimé ? Quittez les rivages de l'uchronie pour accoster en territoire dystopique avec la trilogie *Divergente* de Veronica Roth.

Étrangers

EVERNESS, L'ODYSSÉE DES MONDES
Planesrunner (2011) – *L'Odyssée des mondes* (2013)
Be My Enemy (2013) – Non traduit
Empress of the Sun (2014) – Non traduit
Auteur : Ian McDonald
Édition : Gallimard Jeunesse. Traduction de Jean Esch.
Résumé : Londres, de nos jours. Everett, 14 ans, assiste au kidnapping de son père, un brillant chercheur en physique quantique. Sa mère doute de son récit. La police ne le croit pas. Everett se rend compte que la photo qu'il a prise avec son smartphone a été maquillée. Au même moment, il reçoit un fichier mystérieux et des vidéos codées qui lui ont été envoyés par son père.

Armé de sa tablette, baptisée Dr Quantum, ne pouvant plus avoir confiance en personne, Everett va se charger de résoudre l'énigme et de retrouver son père, même si son enquête le mène dans un Londres parallèle, sillonné de zeppelins, comme l'*Everness*.

Commentaires : Roman d'apprentissage jouant avec les mondes parallèles, *L'Odyssée des mondes* jongle avec le concept d'uchronie, de manière éloignée mais réelle. Chaque monde parallèle connaît un point de divergence avec notre histoire. Ils constituent donc des mondes alternatifs multiples, exotiques, dans lesquels un jeune héros, intelligent et débrouillard, vit des aventures époustouflantes. Rebondissements, piraterie aérienne, enjeux planétaires, le rythme ne faiblit pas un instant. Ian McDonald traite de thématiques intergénérationnelles : l'amitié, la loyauté, la tolérance, l'importance de la famille, celle que l'on a et celle qu'on se choisit. Il distille quelques concepts de physique quantique en les vulgarisant pour les lecteurs adolescents. L'humour, les références et les citations qui parsèment le récit en rendent la lecture sympathique pour un adulte.

Vous avez aimé ? *Leviathan* de Scott Westerfeld vous plaira.

Léviathan

Leviathan (2009) – *Léviathan* (2010)
Behemoth (2010) – *Béhémoth* (2011)
Goliath (2011) – *Goliath* (2012)

Auteur : Scott Westerfeld

Édition : Pocket Jeunesse. Traduction de Guillaume Fournier et illustrations de Keith Thompson.

Résumé : En 1914, l'archiduc François-Ferdinand est empoisonné. La guerre éclate et, par le jeu des alliances, embrase une Europe déjà coupée en deux entre les Darwinistes menés par les Anglais et les Clankers conduits par les Allemands.

Charles Darwin a percé le secret de l'ADN. Les Darwinistes sont capables de fabriquer à partir d'animaux divers et variés l'équivalent de machines : les montgolfières sont remplacées par des méduses volantes, le zeppelin est une baleine trafiquée. Les Clankers, apôtres des machines, de la technologie, des boulons et de l'hydraulique, fabriquent chars d'assaut géants et canon Telsa à électricité. Dans ce contexte de poudrière, Alek, fils de l'archiduc et dont la vie est menacée, est exfiltré par des partisans fidèles à la mémoire de son père. À bord d'un robot de combat, ils fuient vers la Suisse. Chez les Darwinistes, Deryn Sharp, une jeune orpheline, se fait passer pour un garçon pour s'engager dans l'Air Service. Son but n'est pas de prendre part à la guerre, mais bien de pouvoir voler à nouveau. Sous la fausse identité de Dylan, elle embarque sur le *Léviathan* à destination de Constantinople.

Commentaires : Voici une série de qualité, à mettre entre toutes les mains, qu'elles soient jeunes ou moins jeunes. Cette trilogie allie enjeux personnels – une très belle histoire d'amour et d'amitié adolescentes – et historiques, offre des personnages attachants, ne manque ni d'action, ni de rebondissements, et happe le lecteur dans le tourbillon de l'histoire sans jamais connaître de baisse de rythme. Ces romans d'apprentissage et d'aventure, de facture classique dans leur narration, reposent sur un contexte uchronique on ne peut plus original. Clankers et Darwinistes, deux conceptions opposées du monde, permettent à Scott Westerfeld de laisser libre cours à son imagination foisonnante. Il propose au lecteur des créatures ou des machines toujours plus extraordinaires tout en cultivant un air de réalisme. Les superbes illustrations de Keith Thompson aident à se représenter l'univers et parviennent à rendre la démesure de certaines créations de l'auteur. Scott Westerfeld prend aussi soin de démêler l'histoire de la fiction dans une postface très instructive.

La série est récipiendaire de nombreux prix : prix Locus 2010 et prix Elbakin.net 2011 pour *Léviathan*, prix ActuSF de l'Uchronie 2012 pour *Béhémoth*.

Vous avez aimé ? Pour prolonger le plaisir, vous pouvez vous plonger dans *The Manual of Aeronautics, an illustrated guide to the Leviathan Series* (2012) (non traduit en français).

Time Riders

Time Riders (2010) – *Time Riders* (2012)

Day of the Predator (2010) – *Le Jour du prédateur* (2012)

The Doomsday Code (2011) – *Code apocalypse* (2012)

The Eternal War (2011) – *La Guerre éternelle* (2013)

Gates of Rome (2012) – *Les Flammes de Rome* (2013)

City of Shadows (2012) – *Les Brumes de Londres* (2013)

The Pirate Kings (2013) – *Les Seigneurs des mers* (2014)

The Mayan Prophecy (2013) – *La Prophétie maya* (2014)

Auteur : Alex Scarrow

Édition : Nathan. Traduction de Aude Lemoine et Anne Lauricella.

Résumé : Trois adolescents d'époques différentes sont sauvés de la mort au dernier moment par un homme mystérieux. Liam O'Connor en 1912, Maddy Carter en 2010 et Sal Vikram en 2026. Tous trois intègrent l'Agence et deviennent des Time Riders. Ils ont pour mission d'empêcher que des voyageurs venus du futur ne modifient le passé… et ne détruisent notre monde.

Commentaires : Nous quittons donc les rives de l'uchronie avec cette série sur les voyages temporels. Les trois jeunes héros ont pour mission d'empêcher les divergences de l'histoire. En 2066, la machine à remonter le temps est devenue une réalité et les voyages temporels menacent la continuité historique et, par ricochet, le monde. Les jeunes héros de cette série doivent protéger l'histoire. L'intrigue de chaque tome tourne autour d'un événement historique majeur dont l'altération pourrait entraîner une forte divergence. Cette série, menée tambour battant, au parfum d'aventures et de voyages dans le temps, connaît un grand succès auprès des adolescents, à partir de 13 ans.

Vous avez aimé ? La série *Via Temporis* de Joslan F. Keller relate les aventures dans le passé d'un couple d'étudiants parisiens. Ils doivent déjouer les manigances machiavéliques d'un ennemi mystérieux. Le concept de police temporelle vous intéresse ? Plongez dans les aventures de *La Patrouille du temps* de Poul Anderson.

Le Worldshaker

Worldshaker (2010) – *Le Worldshaker* (2010)

Liberator (2011) – *Le Liberator* (2013)

Auteur : Richard Harland

Édition : Hélium. Traduction de Valérie Le Plouhinec.

Résumé : Colbert Porpentine vit sur le *Worldshaker*, un immense navire-monde propulsé par la vapeur. Petit-fils de Sir Mormus Porpentine, il sera amené, à sa majorité, à lui succéder à la tête du navire. Il n'a que 16 ans et sa vie est, pour l'instant, rythmée par les leçons de son percepteur et les mondanités dues au rang de sa famille. Les Porpentine font partie des meilleures familles, celles des aristocrates les plus proches de la reine Victoria III, qui habitent les ponts supérieurs. Une nuit, un événement va faire basculer sa vie : Riff, une Immonde échappée des cales du vaisseau, se réfugie dans sa cabine. Elle tente d'échapper à son destin : être transformée en Larbin, les serviteurs idiots des aristocrates. Col prend conscience de l'iniquité de la société et conduit avec Riff une révolution.

Commentaires : Le point de divergence se situe pendant les guerres napoléoniennes. Dans notre histoire, un ingénieur proposa à Napoléon de construire un tunnel sous la Manche pour envahir l'Angleterre. Napoléon rejeta l'idée et perdit la bataille de Trafalgar. Dans le monde alternatif proposé par Richard Harland, Napoléon opte pour le tunnel et envahit l'Angleterre. La guerre s'éternise, se mécanise et s'industrialise de plus en plus. Les super puissances, l'Angleterre, la Russie, l'Autriche, la Prusse et la Turquie, construisent des mégalonefs, d'immenses vaisseaux capables de naviguer sur terre et sur mer et abandonnent une Europe polluée et presque inhabitable. L'impérialisme se déplace constamment. La révolution à bord du *Worldshaker* secoue l'ordre établi.

Romans d'apprentissage, romans d'amitié, romans d'idées mêlant intrigues politiques et ambitions personnelles, *Le Worldshaker* et sa suite *Le Liberator* traitent, avec justesse et sans moralisation ou manichéisme, de l'intolérance, de la haine de l'autre non pour ce qu'il est mais pour sa naissance. Le rythme est haletant, avec moult rebondissements et scènes d'action. La fin reste ouverte, optimiste, porteuse d'espoir en un homme meilleur et, par ricochet, en un monde meilleur.

Le Worldshaker a reçu le prix Tam-Tam/Je bouquine en 2011.

Vous avez aimé ? Un coup d'œil à *Astor, le riff de la rue*, un roman steampunk du même auteur, chez le même éditeur, et situé dans le même univers, dont la principale héroïne est… la musique. Et à la trilogie de *Clara et Jean* de Pierre Bordage, qui porte les mêmes valeurs républicaines.

Essais

L'uchronie entretient des liens étroits avec l'histoire. Logiquement, on pourrait s'attendre à trouver de nombreux essais. Ils ne sont pourtant pas si nombreux. L'uchronie reste le terrain du romanesque plutôt que celui de la réflexion universitaire. Parfois, elle n'est présente que sur quelques pages, comme dans *Figures de proue* de René Grousset (Plon, 1949) qui consacre trois pages à une histoire alternative de Napoléon. En 1799, ce dernier s'empare de Saint-Jean-d'Acre et se constitue un Empire au Moyen-Orient, jusqu'en Inde. Autre exemple, *La Campagne de Russie* de Curtis Cate (Tallandier, 2006) qui, dans son introduction, imagine trois divergences possibles (défaite russe aux frontières, défaite française aux frontières, pas de campagne en Russie). L'essai en lui-même se consacre à l'histoire telle qu'elle a été.

Nous avons sélectionné quelques essais, plus ou moins romancés, plus ou moins historiquement sérieux, que nous allons vous présenter en quelques mots. Cette liste, classée par ordre chronologique de publication, n'est, bien entendu, pas exhaustive.

▪ *La Véritable Histoire de France* de Bernard Quilliet (Presses de la Renaissance, 1983)

En 1789, pendant une partie de chasse, Louis XVI décède d'une chute de cheval et la Révolution française n'a pas lieu. Bernard Quilliet reconstruit l'histoire de France de 1789 jusqu'à l'élection de François

Mitterrand en 1981 et revisite le destin de figures historiques majeures comme Robespierre, Napoléon ou Hitler. Une histoire contrefactuelle qui manie aussi bien humour et sérieux.

▪ *La République populaire de France, 1949-1981 : de l'assassinat du général de Gaulle au coup d'État du général Massu* de Maurice Goldring (Belfond, 1984)

En 1949, la Belgique est rattachée à la France. Le 12 juin, le général de Gaulle est assassiné par un extrémiste flamand. Les communistes prennent le pouvoir et Maurice Thorez devient Président de la République. Comment la France aurait-elle évolué, gouvernée par le Parti communiste ? nous demande Maurice Goldring. Une curiosité à lire à condition d'être familier de l'histoire du Parti communiste français.

▪ *Le Feld-Maréchal von Bonaparte* de Jean Dutourd (Flammarion, 1996)

Et si la Corse n'avait pas été achetée par Louis XV ? Napoléon serait parti se former dans les écoles militaires autrichiennes. Et si Louis XVI avait réagi plus fermement au début de la Révolution française ? La Bastille n'aurait pas été prise le 14 juillet 1789. Dans ce pamphlet, irrévérencieux et ouvertement royaliste, Jean Dutourd décortique la « décadence » de la France.

▪ *Et si on refaisait l'histoire ?* de Anthony Rowley et Fabrice d'Almeida (Odile Jacob, 2009)

Cet essai propose de réécrire l'histoire à partir de moments clés qui sont autant de points de divergence. Et si Ponce Pilate avait gracié Jésus ? Si les Arabes avaient gagné la bataille de Poitiers contre Charles

Martel ? Et si Louis XVI avait réussi à quitter la France et Napoléon III à empêcher la guerre de 1870 ? L'essai propose seize scénarios où l'histoire aurait dévié de son cours. Les chapitres, trop courts, ne permettent pas un développement approfondi des scénarios uchroniques.

▪ *La Saint-Barthélémy n'aura pas lieu* de Joël Schmidt (Albin Michel, 2011)

Le 9 septembre 1561, Catherine de Médicis convoque le colloque de Poissy dans l'espoir de trouver un accord entre protestants et catholiques. La France embrasse la Réforme et devient protestante. Joël Schmidt revisite l'histoire de France, de Henri IV à la IIIe République, et détaille les bienfaits découlant de ce choix : prospérité économique, paix, Europe unie sans pour autant verser dans l'apologie d'une religion. Une histoire alternative, bien documentée.

▪ *Le Plan Schlieffen : Un mois de guerre, deux siècles de controverse* de Pierre-Yves Henin (Economica, 2012)

Pierre-Yves Henin retrace la genèse du Plan Schlieffen, plan d'invasion de la France élaboré en 1905 par le général von Schlieffen, chef d'état-major de l'armée, puis les modifications qui lui ont été apportées jusqu'à sa mise en œuvre et son échec sur la Marne. Dans une troisième partie, il expose et commente les analyses réalisées *a posteriori*. Il prolonge la réflexion en étudiant d'autres issues possibles des campagnes de l'été 1914. Précis, détaillé, complet, cet essai de stratégie militaire est à même de provoquer de nombreux débats chez les historiens.

▪ *Et si… JFK n'avait pas été assassiné en 1963 ? L'histoire mondiale revue et corrigée en 20 uchronies* de Luc Mary (L'Opportun, 2013)

Que se serait-il passé si la Première Guerre mondiale n'avait pas eu lieu ou si MacArthur avait utilisé la bombe atomique contre la Chine ? Que serait-il advenu de l'Amérique si John Fitzgerald Kennedy avait échappé à l'attentat de Dallas ? Que serions-nous devenus si les Allemands étaient entrés dans Paris en 1914 ? En vingt textes, indépendants les uns des autres, Luc Mary revisite l'histoire de notre XXe siècle.

▪ *Et si Napoléon avait triomphé à Waterloo ?* de Philippe Valode et Luc Mary (L'Opportun, 2013)

Ce livre propose quarante uchronies autour d'événements majeurs, des guerres, des batailles célèbres de notre histoire. Vercingétorix gagne à Alésia ? Jeanne d'Arc ne finit pas sur un bûcher ? Napoléon triomphe à Waterloo ? Les auteurs proposent des histoires alternatives intelligentes, dans les années qui suivent le point de divergence. La fin de chacune d'entre elles reste ouverte pour laisser l'imagination du lecteur travailler.

▪ *1940. Et si la France avait continué la guerre…* et *1941-1942. Et si la France avait continué la guerre…* de Jacques Sapir, Franck Stora et Loïc Mahe (Tallandier, collection Texto, 2014)

En juin 1940, Pétain ne réussit pas à prendre le pouvoir. La France ne résigne pas et poursuit la guerre. Voilà le point de départ de cette uchronie au long fleuve, qui compte deux volets publiés. Le premier tome se concentre sur la lutte du gouvernement français contre l'Allemagne hitlérienne à partir de l'Afrique du Nord. Dans le deuxième volet, en 1941, le centre de gravité du conflit s'est déplacé vers le sud. La guerre en Méditerranée s'intensifie, tandis que Hitler envisage de se lancer à l'assaut de l'URSS. Cette fresque, d'une ambition rare, couvre tous les aspects du conflit : économie, politique, diplomatie, stratégique et tactique.

▪ *Des Bleus dans les yeux* de Louis Dumoulin (Desports, 2014)
Dans cette uchronie footballistique, première du genre, Louis Dumoulin réinvente vingt années de la vie de l'équipe de France, depuis le match perdu contre la Bulgarie en 1993 jusqu'à la coupe du monde de 2014. Comme le football contribue aussi à façonner notre société, il en profite pour explorer les répercussions des exploits des Bleus sur la politique du pays. Le cocktail, bien dosé, est agrémenté d'une pointe d'ironie. Laissons le mot de la fin, bien réel celui-ci, à Éric Cantona : « When the seagulls follow the trawler, it is because they think sardines will be thrown into the sea. »

Les essais sur l'uchronie sont encore moins nombreux à paraître que les essais d'histoires contrefactuelles. Le domaine ne semble pas beaucoup intéresser les universitaires, historiens ou les théoriciens du genre. À notre connaissance, il n'existe en français que quatre essais traitant du genre en lui-même. Nous les présentons par ordre chronologique de parution.

▪ *Le Détroit de Behring : Introduction à l'uchronie* d'Emmanuel Carrère (P.O.L., 1986)
Récipiendaire du Grand Prix de la Science-Fiction catégorie Essai en 1987 et du prix Valery-Larbaud en 1987, ce court essai de 128 pages divise encore, de nos jours,

les amateurs d'uchronie. Emmanuel Carrère, dans ce qu'il appelle une introduction au genre, livre ses propres réflexions en s'appuyant sur un nombre limité d'œuvres, d'importance plus ou moins avérée. Même s'il rappelle l'étymologie, la naissance du terme, et décrit le procédé, il s'attache surtout à traiter de l'idéologie politique qui sous-tend la démarche uchronique. Pour lui, une altération de l'histoire n'est jamais innocente, ni neutre. Le titre de son essai n'est pas anodin et fait référence à une tentative, réelle cette fois, de réécrire l'histoire. En 1953, les abonnés de la *Grande encyclopédie soviétique* reçurent une circulaire les invitant à découper la notice consacrée à Beria, tombé en disgrâce, et à la remplacer par une notule sur le détroit de Behring. Pour autant, Emmanuel Carrère estime que l'uchronie relève essentiellement d'un « un jeu de l'esprit, d'un divertissement inutile et mélancolique ». Si la première partie de cette expression ne laisse guère de place au doute, c'est beaucoup moins le cas de la seconde, surtout au regard du volume et de la qualité des ouvrages parus.

■ « Napoléon et l'uchronie » de Jacques Van Herp (Recto-Verso, 1993)

Paru dans le n° 71 de la revue *Idées & Autres*, cet essai questionne les relations entre Napoléon et l'uchronie. Il s'interroge sur le mythe de l'homme face à l'histoire, sur la place des Grands Hommes au sein de celle-ci, sur les différentes possibilités et choix qui s'offraient à eux. À travers la figure de Napoléon Bonaparte, c'est à la fois Prométhée enchaîné (pour nous) et Zeus Triomphant (en uchronie) que nous découvrons. Un essai court et stimulant, le premier et le seul consacré dans sa totalité à l'exploration des liens entre Napoléon et l'histoire alternative.

▪ *L'Histoire revisitée : Panorama de l'uchronie sous toutes ses formes* d'Éric B. Henriet (Encrage, collection Interface, 2004)

Couronné du Grand Prix de l'Imaginaire catégorie Essai en 2005, cet essai ambitieux dresse un panorama quasi exhaustif de l'uchronie. Éric B. Henriet dissèque le genre à partie de son étymologie, propose une définition, étudie sa naissance et son développement. Il tente d'en cerner les limites et les liens avec d'autres genres historiques ou science-fictifs. Il pose aussi la question de la finalité de la démarche, en écho à Emmanuel Carrère.

L'exploration de l'uchronie « sous toutes ses formes » le conduit à les traquer sur tous les supports : littérature, bande dessinée, dessin animé, cinéma, télévision, jeux, mais aussi en fonction des périodes historiques les plus propices à abriter des œuvres uchroniques au nombre desquelles on retrouve l'extinction des dinosaures, l'Empire romain, Jésus et l'avènement du christianisme, la grande peste noire de 1348, la découverte de l'Amérique, Napoléon, et les guerres avec la prédominance en volume des uchronies liées à la Seconde Guerre mondiale. Les annexes offrent, en bonus, une chronologie du genre jusqu'en 1939 et une impressionnante liste de textes francophones.

Dense, complet et intelligent, cet ouvrage reste l'essai de référence sur le genre.

▪ *L'Uchronie* d'Éric B. Henriet (Klincksieck, collection 50 Questions, 2009)

Éric B. Henriet dresse un portrait global de l'uchronie. Il recherche les racines, définit ses caractéristiques. Il aborde des thématiques voisines comme l'histoire secrète, les paradoxes temporels ou l'anticipation. Il explore ses liens avec le steampunk ou le voyage dans le temps. Il la traque sur tous les supports imaginables : livres, essais, films, émissions de télévision, chansons, Internet… Présenté sous forme de questions-réponses thématiques, l'essai évite l'écueil d'une présentation ennuyeuse. Cinquante entrées permettent donc d'appréhender le genre sans digressions parasites mais toujours avec le souci du détail et de la précision. Les questions sont pertinentes, les réponses intelligentes, synthétiques et précises. La bibliographie, tout aussi impressionnante que le reste de l'essai, couvre la littérature, la BD (comics et mangas inclus), le cinéma et télévision, les jeux, la musique, la radio, les conférences et colloques, Internet et même la peinture… Érudit, précis et clair, *L'Uchronie*, régulièrement réédité, constitue donc un incontournable pour qui s'intéresse au genre. Plus synthétique et plus accessible au néophyte que *L'Histoire revisitée*, il constitue l'essai idéal pour une entrée en matière.

Nouvelles

Si l'uchronie se prête naturellement à un récit long, développant une histoire alternative de grande ampleur, elle n'est pourtant pas absente des formats courts tels que la nouvelle ou la novella. La plupart sont éparpillées dans divers supports – magazines, recueils de nouvelles – mais quelques-unes sont disponibles en numérique ou regroupées dans des anthologies. Nous n'avons pas la prétention, encore une fois, de recenser la totalité du corpus existant. Nous avons pris soin de vous proposer des textes diversifiés et, pour une grande part d'entre eux, toujours disponibles.

Dans le domaine francophone, voici quelques anthologies de nouvelles uchroniques, présentées par date de parution.

▪ *Passés recomposés* (Nestiveqnen, 2003)

L'anthologie, dirigée par André-François Ruaud, propose douze histoires alternatives, d'une grande diversité sur les thèmes, les époques – Égypte antique, XVIIe et XVIIIe siècles, l'avant-guerre 14-18, l'après Seconde Guerre mondiale jusqu'au futur dans un Empire galactique – et le traitement, plus axé sur l'imaginaire que sur la reconstitution d'une histoire alternative vraisemblable. Très vite, l'uchronie classique, avec quatre textes, cède la place à l'uchronie fantastique (ou fantasy ou SF.). L'ambition d'André-François Ruaud de faire découvrir le genre par le prisme de l'imaginaire constitue une clé d'entrée originale.

■ *U-Chroniques* (Imaj'nère, 2012)

Depuis 2011, l'association Imaj'nère propose une anthologie pour accompagner sa convention annuelle à Angers. L'édition 2012, baptisée *U-Chroniques*, sous une illustration de couverture signée Manchu, proposait seize textes, tous agrémentés d'une illustration de Francisco Varon. L'uchronie est ici, avant tout, considérée comme un « jeu littéraire » qui permet de réinventer petite ou grande histoire. Néanmoins, les auteurs montrent que ce jeu ne peut rester sans conséquences. La diversité des thèmes offre un panorama surprenant alliant plaisir et stimulation cérébrale.

■ *Le jour où le mur de Berlin n'est pas tombé – et tous ceux qui suivirent* (Les Uchroniques, 2014)

Les Uchroniques est une maison d'édition éphémère composée de quinze étudiants en Master à l'université de la Sorbonne dont le travail de fin d'études consistait à éditer un livre au format papier et au format numérique. La promotion 2014, parrainée par Emmanuel Carrère, a choisi l'histoire alternative comme fil conducteur pour cet ouvrage. Autre originalité, les uchronies présentées ici ont toutes le même point de divergence : l'absence de chute du mur de Berlin. Une soixantaine d'écrivains, d'artistes et d'illustrateurs ont collaboré à cet ouvrage protéiforme où coupures de presse, affiches, tracts, montages photographiques côtoient BD et nouvelles. Le ton oscille entre violence, poésie, humour et engagement politique. Le livre, superbe objet en lui-même, propose une histoire alternative où l'inventivité règne en maître.

▪ *10 façons de bouleverser le monde* (Flammarion Jeunesse, 2014)

Dans la section jeunesse de ce guide, nous avons évoqué *Divergences 001*[24], une anthologie d'uchronies publiées par Flammarion dans sa collection Ukronie. Huit des textes présents dans cette anthologie ont fait l'objet d'une nouvelle publication en 2014 dans *10 façons de bouleverser le monde*. Elles étaient accompagnées de deux textes inédits. « La mémoire en négatif » d'Alain Grousset prend pour point de divergence la catastrophe de Tchernobyl qui, dans cette réalité alternative, a ravagé l'Europe. Les réfugiés n'échappent pas aux conséquences des irradiations. Dans cette France post-apocalyptique, un jeune homme se rend en terre contaminée pour récupérer un objet familial précieux. Le récit, intimiste, touchera les jeunes lecteurs. « L'homme-qui-allait-sauver-le-monde » de Chris Debien rend hommage à *Alice au pays des Merveilles* et à *Matrix*. En l'an 2000, le bug informatique a eu lieu. Il a servi de prétexte à un contrôle accru des réseaux et de l'Internet. Alice, membre d'une brigade de police spéciale, se retrouve en capacité de renverser l'ordre établi.

Penchons-nous, à présent, sur les recueils de textes uchroniques. Quelques auteurs se sont prêtés au jeu. Nous en avons choisi quatre, deux américains et deux français, pour la qualité des ouvrages qu'ils nous ont offerts.

▪ *La Patrouille du temps* de Poul Anderson

En 1960 paraît aux USA *Guardians of Time*, premier volet d'un cycle de recueils de nouvelles sur une brigade

[24] Voir p. 213.

de police temporelle chargée de prévenir et de corriger les dérapages de l'histoire causés par des visiteurs du futur maîtrisant la technique du voyage dans le temps. Si les membres de cette brigade sont recrutés dans différentes périodes de l'histoire, une civilisation avancée, les Danelliens, veille au continuum historique. La totalité des nouvelles a pour héros Manse Everard, vétéran de la Seconde Guerre mondiale. Au fil des textes, il enchaîne mission sur mission dans des époques très différentes. *La Patrouille du temps*, classique parmi les classiques, peut paraître un peu daté, mais la réflexion et les questionnements sur le sens de l'histoire que le recueil porte restent d'actualité. Les éditions du Bélial se sont lancées dans l'édition de la totalité des nouvelles publiées en anglais dans ce cycle. L'intégrale se compose de quatre tomes : *La Patrouille du temps*, *Le Patrouilleur du temps*, *La Rançon du temps* et *Le Bouclier du temps*.

▪ *Le Nez de Cléopâtre* de Robert Silverberg

En 1994, Denoël publiait *Le Nez de Cléopâtre*, recueil de six nouvelles dont deux uchronies et un texte qui s'en approche. Dans « Légendes de la forêt Veniane », l'Empire romain a résisté aux invasions et s'est étendu au monde entier. Tyr, un jeune adolescent, et sa sœur font la connaissance d'un vieil homme qui se révèle être le frère de l'Empereur assassiné quelques années plus tôt. Il pourrait bien menacer les fondements de la Seconde République. Comme *Roma Æterna*, cette nouvelle s'inscrit dans le cycle *Nova Roma*, en grande partie inédit. « Tombouctou à l'heure du Lion » se situe dans le même univers que *La Porte des Mondes*. La peste noire de 1348 a emporté les trois quarts de l'Europe occidentale permettant à l'Empire ottoman de prospérer. Cinq siècles plus tard, ce dernier se délite. À Tombouctou, le roi se meurt et son fils se sent prêt à prendre la relève. Intrigues politiques, complots, jeux de pouvoir sont remarquablement mis en scène dans une uchronie aux bases solides. « Le Traité de Düsseldorf » met en scène un agent extraterrestre qui, en 1959, revient pour s'assurer que le traité qu'il avait négocié pour mettre fin à la Première Guerre mondiale a bien produit les effets escomptés. Il n'en est rien, bien entendu.

▪ *La Cité du soleil et autres récits héliotropes* de Ugo Bellagamba

La Cité du soleil a bénéficié de deux éditions : la première aux éditions du Bélial en 2003 et une seconde en poche dans la collection FolioSF de Gallimard. Cette dernière, enrichie d'un texte, comporte deux nouvelles, « L'Apopis républicain » et « La Stratégie Alexandre », situées dans le même univers uchronique mâtiné de *space opera*. En 1799, Napoléon s'empare de Saint-Jean-d'Acre et de Constantinople. Il fonde une dynastie basée sur le panthéon égyptien. Deux siècles plus tard, son Empire règne sur Terre et dans l'espace. Au XXIIe siècle, à bord du *Champollion*, vaisseau en route vers Titan, deux républicains fomentent un coup d'État. Ils ont pour mission d'assassiner l'Aiglon. Une découverte sur Titan va cependant les faire douter du bien-fondé de la démarche. « L'Apopis républicain », texte ambitieux et profond, satisfera le lecteur par sa portée philosophique. Dans sa suite, « La Stratégie Alexandre », l'Empire est tombé, au profit d'une République. Cette dernière se retrouve menacée par une puissance extraterrestre presque invulnérable.

▪ *Le Train de la réalité et les morts du général* de Roland C. Wagner

En 2012, L'Atalante publiait un recueil de nouvelles de Roland C. Wagner, situé dans l'univers de *Rêves de Gloire*, uchronie fleuve évoquée précédemment dans ce guide. Ce recueil n'en est pas tout à fait un. Les textes présentés racontent les différentes morts du général de Gaulle et constituent autant de fragments agrégés de mondes uchroniques. Le lecteur retrouve la même ambiance que dans le roman même si le ton se révèle plus violent ou plus provocateur. Le travail sur la langue, savoureux, et le portrait des différents groupes sociaux séduisent le lecteur. Si ce dernier retrouve des ingrédients déjà présents dans le roman comme le rock, les vautriens, la casbah ou encore un Alger alternatif, *Le Train de la réalité* n'est ni une suite, ni un complément. Il entre en résonnance avec le roman et, telle une ramification, éclaire ce dernier sous un jour nouveau.

Entre le roman et la nouvelle, se développe ces dernières années un format original : la novella. Sous ce vocable – le mot, dérivé de l'italien nous revient par les anglophones – sont regroupés les textes de taille intermédiaire : trop courts pour êtres qualifiés de romans et trop long pour prétendre être une nouvelle. Bien qu'utilisé par des auteurs comme Charles Dickens, Stephen King, Truman Capote ou encore Ernest Hemingway, ce format atypique ne se rencontre pas souvent au détour des tables des libraires. Récemment, un auteur français, Olivier Gechter, et un éditeur, Céléphaïs, se sont lancés dans une aventure éditoriale peu banale : proposer un feuilleton uchronique dans ce format, intitulé *Le Baron Noir*. Deux tomes ont été publiés : *L'Ombre du maître espion* en 2013 et *Bel Ange* en 2014. Le Baron Noir, un super-héros avant l'heure, officie dans un Paris alternatif, en 1864. La révolution industrielle a eu lieu cent ans plus tôt, la Seconde République est présidée par Louis Napoléon Bonaparte. Antoine Lefort, dandy parisien, riche héritier d'un empire industriel, tel un Batman à l'armure steampunk, chasse les méchants la nuit. Inspiré des feuilletons populaires du XIXe siècle, *Le Baron Noir* propose des aventures enlevées et réjouissantes.

L'amateur d'uchronie peut aussi trouver des nouvelles appartenant au genre disséminées dans des revues ou au sommaire d'anthologies de science-fiction. Elles sont parfois rééditées en numérique ou « à la pièce ». Nous vous en présentons quelques-unes, francophones ou traduites. Sont indiquées les éditions les plus récentes ou les plus facilement accessibles.

Nouvelles uchroniques françaises

▪ « Quand il y aura des pommiers sur Mars » de Ugo Bellagamba est d'abord parue dans le magazine *Khimaira* avant d'être rééditée dans un format numérique par les éditions du Bélial. Les Soviétiques ont gagné la Guerre froide et colonisé Mars avec l'aide de la Chine. Le communisme domine sur Terre. Sur la planète rouge, le *Nikita Sergueïevitch*, un dirigeable de type Zeppelin, inaugure son premier vol. À son bord, parmi les invités, s'est glissé un dangereux terroriste américain, anticommuniste et fanatique religieux de surcroît. Dans ce texte, l'uchronie entretient un lien très fort avec l'utopie. Cet univers alternatif et fantasmé, teinté d'une forme de nostalgie, porte ici à rêver.

■ « L'Ugraphiste » de Fabien Clavel, courte nouvelle d'uchronie littéraire, est parue dans un recueil d'essais intitulé *Ludicium indoctum. Études sur la réception des œuvres du point de vue de leur appréciation* (Éditions Philologicum, 2012). Dans ce texte, Jérémie, informaticien, travaille comme translittérateur bien qu'il préfère utiliser le terme d'ugraphiste, bâti sur le modèle de l'utopie et de l'uchronie. L'ugraphie consiste donc à écrire ce qui n'existe pas en modifiant les textes classiques disponibles en version numérique. Dans un monde où le livre papier a presque entièrement disparu, le jeu n'est pas sans conséquence. La police de la Toile traque donc les ugraphistes et Jérémie, après s'être fait pincer pour avoir réussi l'exploit de modifier toutes les versions d'un livre numérique en même temps, se retrouve chargé de travailler sur *Les Misérables*, roman de Victor Hugo dont la version numérique subit de discrètes, mais néanmoins considérables, modifications. Réalité et fiction s'entremêlent avec brio jusqu'à une fin glaçante.

■ « La Dynamique de la Révolution » de Jean-Claude Dunyach, dans le recueil *Déchiffrer la trame* (L'Atalante, 2001), multiplie les points de divergence (et les clins d'œil aux lecteurs) pour un effet papillon ébouriffant. Marat ne meut pas assassiné dans son bain puisque Charlotte Corday glisse sur le savon ; Antoine Lavoisier, rescapé de la guillotine, invente la nitroglycérine (ce qui lui vaut la promesse de fonder un prix de la Paix à son nom) et Napoléon Bonaparte gagne à Waterloo. Cette nouvelle prouve que l'érudition et l'humour se marient bien avec l'uchronie.

■ « H.P.L. 1890-1991 » de Roland C. Wagner (réédition Éditions ActuSF, 2006) se présente comme une biographie de l'écrivain Howard Phillips Lovecraft. Il s'agit en réalité d'une uchronie personnelle : Lovecraft n'est pas mort en 1937 et vit même jusque 101 ans. Sa longue carrière, fructueuse, lui permet ainsi de côtoyer des acteurs majeurs du milieu de l'édition de SF comme Philip K. Dick, John W. Campbell ou Robert Heinlein et lui donne l'occasion de réviser ses positions politiques. Cette fausse biographie réussit le pari de séduire les fans de l'auteur et les amateurs de SF.

■ « Celui qui bave et qui glougloute » de Roland C. Wagner (réédition Éditions ActuSF, 2009) nous plonge dans l'Ouest américain dans les années 1890, en pleine guerre entre Tuniques Bleues et Indiens. L'arrivée des Martiens, des Vénusiens, d'un monstre qui glougloute et l'évasion des Dalton risquent bien de bousculer le cours de l'histoire. Zizanie et pagaille dans un Far West déjanté, voilà le programme de cette uchronie fantastique et jouissive.

Nouvelles uchroniques étrangères

■ « Chute d'un papillon au point du jour » (*Galaxies-SF* n° 10, 2010) et « Quand l'ombre se répand sur la Maison Jaguar » (*Galaxies-SF* n° 13, 2011) d'Aliette de Bodard partagent le même univers uchronique. La Chine a découvert puis colonisé l'Amérique précolombienne, un siècle avant les Espagnols. Quatre cents ans plus tard, le continent nord-américain est partagé en trois : Xuya, l'ex-colonie chinoise, est un pays prospère, attirant des centaines d'immigrants ; le Grand-Mexica, l'empire issu des conquêtes aztèques, domine l'industrie électronique et informatique ; et les États-Unis (plus petits qu'aujourd'hui) sont un pays essoufflé et en ruine, fermé sur lui-même. Dans « Chute d'un papillon au point du jour » nous suivons, dans la ville xuyenne de Fenliu, une enquêtrice chargée de découvrir le meurtrier d'une artiste qui crée des hologrammes. « Quand l'ombre se répand sur la Maison Jaguar », construite sur un long flashback, met deux jeunes chevaliers d'une Maison aux prises avec des enjeux politiques qui les dépassent. L'univers proposé par Aliette de Bodard surprend par son contraste entre les traditions d'un âge ancien et le niveau technologique ultramoderne atteint par cette société.

■ « La Route de Jérusalem » de Mary Gentle (*L'O10ssée*, FolioSF, 2010)

En 1312, l'ordre du Temple fut dissous par le pape Clément V. Mary Gentle imagine qu'une femme, un messie du nom de Sophia, fait diverger l'histoire. La papauté reste à Avignon, l'ordre poursuit son œuvre. En 2011, dans une société moderne, l'ordre du Temple, bras armé d'une église puissante, multiplie les opérations de maintien de la paix ou de lutte contre le terrorisme. L'une d'entre elles en particulier suscite l'intérêt des médias : elle aurait conduit à un massacre d'innocents. Le lieutenant Tadmartin, tiraillée entre sa foi et les vœux qu'elle a prononcés, devient le mouton noir. « La Route de Jérusalem » n'est pas, et de loin, le meilleur texte uchronique de l'auteur. Mieux vaut lui préférer, dans un format certes plus long, son *Livre de Cendres*.

■ « En regardant pousser les arbres » de Peter F. Hamilton (*Manhattan à l'envers*, Milady, 2013)

Edward Buchanan travaille pour la famille Raleigh et se retrouve à enquêter sur le meurtre de l'un des membres de cette famille, un étudiant très prometteur, heureux en amour et aimé de tous. L'assassinat a lieu en

1832 en Angleterre. Edward résoudra l'affaire en 2038 au gré des avancées de la médecine légale. Une telle longévité s'explique par l'exceptionnelle stabilité politique de l'Empire romain, source de nombreux progrès techniques. Il n'est jamais tombé, s'est développé et a complètement changé la face de l'Europe. La société, organisée en Familles, a presque totalement banni la violence. Des choix radicaux ont rendu possible une meilleure qualité de vie au prix de quelques sacrifices : refuser un développement fondé sur le pétrole a permis d'enrayer la pollution même si la vitesse des voitures, électriques, atteint à peine les 40 km/h. Pourquoi vouloir aller vite quand on a presque l'éternité devant soi ? Si l'univers alternatif que nous propose Peter Hamilton nous est culturellement proche, il se révèle suffisamment insolite et exotique pour nous faire rêver ou philosopher. Vertige assuré.

▪ « Le Radeau du Titanic » de James Morrow (*Utopiales 11*, Éditions ActuSF, 2011)

Lors du naufrage du Titanic, plutôt que de le laisser couler, le capitaine et son équipage fabriquent un radeau improbable. Bilan : seulement dix-sept morts et une lente dérive qui commence sous la houlette d'un capitaine improvisé, qui tient plus ou moins scrupuleusement un journal de bord. Uchronie doublée d'une utopie, la nouvelle souffre d'un manque de réalisme pour convaincre totalement mas fait passer un agréable moment de lecture.

▪ « L'Homme qui apparut » de Henry Beam Piper (*Histoires de la 4e Dimension*, Le Livre de Poche, 1983)

En 1809, pendant les guerres napoléoniennes, un diplomate britannique bascule dans un monde parallèle dans lequel la Révolution française et les conquêtes de Napoléon n'ont jamais existé. Le récit, composé de missives, de rapports et de témoignages, amène l'uchronie de manière subtile et brillante. Mondes parallèles et uchronie ? Un cocktail qui fonctionne à merveille dans cette nouvelle.

Revues

Quand un genre connaît une forme d'engouement, les revues et magazines spécialisés finissent par se pencher sur le phénomène. L'uchronie, genre littéraire devenu multi-supports, n'échappe pas à la règle. C'est le cas dans les années 2000, quand le genre connaît un effet de mode : des revues spécialisées en jeux, littérature ou histoire commencent à s'emparer du sujet. Puisque la littérature de science-fiction devient le terreau de prédilection de l'uchronie, ce sont les revues consacrées à l'imaginaire qui s'interrogent le plus souvent sur celle-ci. Voici un petit panorama, par ordre chronologique, des revues ayant évoqué l'histoire alternative.

▪ *Imagine...* n° 14 (automne 1982)

Imagine... est une revue de science-fiction québécoise bimestrielle publiée de 1979 à 1997. Le numéro d'automne 1982 est consacré à l'uchronie vue du Québec. L'article « Québec uchronique » de Jean-Marc Gouanvic est disponible à la lecture sur le site de NooSFere[25]. Il n'est guère facile de trouver un exemplaire de cette revue.

▪ *Présences d'Esprits* n° 7 (été 1995) et *Présences d'Esprits* n° 72 (été 2012)

Présences d'Esprits est un fanzine consacré à la science-fiction, à la fantasy ou au fantastique à parution

[25] Jean-Marc Gouanvic, « Québec uchronique », in NooSFere, http://www.noosfere.com/icarus/articles/article.asp?numarticle=269

trimestrielle. En 1995, il consacre un premier dossier à l'uchronie contenant une définition du genre par Serge Perraud dans un long article intitulé « L'uchronie, pour une histoire différente » (disponible à la lecture sur le site de NooSFere[26]), un entretien avec Pierre Barbet, un « uchroniste », auteur d'histoires alternatives au Fleuve Noir, un cahier critique et une bibliographie succincte. En 2012, la revue revient en terres uchroniques pour explorer le genre dans les animés, les mangas et comics, les jeux et le steampunk.

- *Futuribles* n° 248 (décembre 1999)

Futuribles est une revue mensuelle française de prospective sur les grands enjeux du monde contemporain et ses évolutions possibles. Dans son numéro 248, elle propose un dossier de Bernard Cazes intitulé « L'uchronie ou l'avenir virtuel ». Après une brève introduction sur le genre, Bernard Cazes se penche sur le livre de Niall Ferguson, *Virtual History - Alternatives and Counterfactuals* (Picador, 1997) qui présente neuf histoires alternatives différentes. Malgré quelques réserves, l'exercice est qualifié de « stimulant » et potentiellement « éclairant quant au véritable poids des décisions humaines dans l'évolution des sociétés ».

- *Phénix* n° 58 (janvier 2003)

La revue francophone belge *Phénix* (parution arrêtée) consacre les trois quarts de son numéro 58 à un dossier sur l'uchronie. Quatre nouvelles d'auteurs francophones (« Milano » de Denis Labbé, « La Vraie Mort de Marat » d'Alain Dartevelle) et étrangers

[26] Serge Perraud, « L'uchronie, pour une histoire différente », in NooSFere, http://www.noosfere.com/icarus/articles/article.asp?numarticle=35

(« L'Histoire secrète de l'ornithoptère » de Jan Lars Jensen, « La déception est dans l'air » de J. Gregory Keyes) figurent au sommaire. Plusieurs articles, denses, complètent le numéro. Éric B. Henriet, P. J. G. Mergey et Pedro Mota dressent un panorama des œuvres uchroniques. Dominique Warfa s'intéresse au steampunk, Alain Dartevelle aux aspects uchroniques de l'œuvre de Philip K. Dick.

▪ *Bifrost* n° 34 (avril 2004)

Bifrost est une revue francophone de science-fiction créée en 1996 à parution trimestrielle. Le numéro 34 propose un dossier spécial uchronie. Pedro Mota présente le genre (définition, portrait et limites), se propose une liste d'incontournables et offre une bibliographie / guide de lecture alléchante. Le dossier s'accompagne de cinq nouvelles proches de l'uchronie ou relevant du voyage temporel (« La Pucelle enfumée » de Jean-Pierre Andrevon, « Voyage au bout de l'Europe » de Gilbert Millet, « La Nuit du Grand Duc » de Johan Heliot, « Sisyphe et l'étranger » de Paul Di Filippo et « Ciné-panorama » de Xavier Mauméjean).

▪ *La Clepsydre/Yellow Submarine* n° 132 (octobre 2004)

Ce numéro, intitulé « Conscience historique », est issu de la collaboration de deux fanzines, *La Clepsydre*, dédié aux « fictions temporelles », et *Yellow Submarine*, spécialisé dans la science-fiction et la fantasy. Il se décompose en deux parties : des articles de fond, des entrevues et des chroniques portant sur le temps et l'histoire comme moteurs d'imaginaire et comme éléments de compréhension du présent et des nouvelles pour la partie fiction. L'uchronie, dans sa dimension spéculative, devient un moyen d'interroger le passé pour, peut-être, mieux appréhender le présent.

▪ *Tangente Jeux & Stratégie* n° 16 (novembre 2005)

Tangente Jeux & Stratégie est un magazine bimestriel français consacré aux jeux de société et aux casse-tête. Il a connu 26 numéros et sa publication s'est arrêtée en juillet 2006.

Dans son 16e numéro figure un dossier sur l'uchronie avec une définition du genre, des articles sur l'uchronie dans les jeux de société français, dans les jeux de rôles et quelques textes spéculatifs à partir d'un point de divergence.

▪ *Écrire l'histoire* n° 12 (printemps 2013) et n° 13 (automne 2013)

Écrire l'histoire, revue française à périodicité semestrielle, consacre une partie de ses numéros 12 et 13 à l'uchronie. Dans un dossier coordonné par Paule Petitier, docteur en littérature française et agrégée d'histoire, on retrouve des articles d'Éric Vial, Simon Bréan et d'historiens chercheurs comme Pierre Singaravélou et Quentin Deluermoz qui interrogent les liens entre l'histoire en tant que discipline universitaire, l'histoire contrefactuelle ou contrefaite et la littérature.

Nous terminerons avec deux références supplémentaires. Pierre Corbell a écrit dans le n° 110 (juillet 1994) de *Solaris*, un magazine trimestriel canadien de science-fiction et fantastique publié depuis 1974, un article intitulé « L'uchronie, une ancienne science inspire un nouveau sous-genre ». Il est disponible en lecture gratuite sur Internet[27]. Dans le *Galaxies-SF nouvelle série* n° 22 consacré au temps (mars 2013), François Manson vous invite à voyager en uchronie.

---

[27] Pierre Corbell, « L'uchronie, une ancienne science inspire un nouveau sous-genre », in NooSFere, http://www.noosfere.com/icarus/articles/Article.asp?numsection=12&numarticle=40

3

Uchronie et œuvres graphiques

L'arrivée de l'uchronie au sein des œuvres graphiques s'est faite dans la seconde moitié du XXe siècle. Que ce soit à travers des moyens détournés (un voyage dans le temps débouchant sur une uchronie, ou la création d'un monde parallèle) ou d'uchronies entièrement assumées, ce média est devenu depuis quelques années une vitrine de premier plan. Pour autant, si le nombre d'œuvres à caractère uchronique semble se multiplier ces derniers temps, et ce, tout support confondu (bande dessinée, comics ou manga) nul ne peut prédire si le phénomène perdurera.

Bande dessinée francophone

La bande dessinée franco-belge adopte l'uchronie en trouvant certains compromis comme le voyage dans le temps permettant de créer une réalité alternative, ou tout simplement de modifier l'histoire. Ainsi, dans le tome 11 des aventures de Yoko Tsuno, *La Spirale du temps* (éditions Dupuis), il est utilisé pour empêcher rien de moins que la fin de l'humanité. Dans les tomes 5 et 6 de *421* (également aux éditions Dupuis), il permet à l'agent spécial de voyager dans un monde parallèle où les Turcs ont gagné la bataille de Lépante (bataille du 7 octobre 1571 ayant opposé la flotte ottomane à une puissante escadre chrétienne et qui mettra un coup d'arrêt à l'expansionnisme ottoman) avant d'essayer de revenir dans le sien. La série des *Brigades du temps* (écrite par Kris et dessiné par Bruno Duhamel, toujours aux éditions Dupuis) s'amuse quant à elle avec le concept même de l'uchronie : dans un futur plus ou moins lointain, une agence, Ukronia, surveille le temps afin d'empêcher une autre agence de modifier l'histoire (sans que l'on sache pour l'instant le but de ces manœuvres). Chaque histoire débute avec le point de divergence (mort de Christophe Colomb dans la première histoire, qui est racontée sur les deux premiers tomes, et tentative de mise en alerte de la base américaine de Pearl Harbor, le 7 décembre 1941, face à l'attaque japonaise qui déclenchera la guerre du Pacifique et l'entrée en guerre des États-Unis d'Amérique face aux puissances de l'Axe). L'agence envoie automatiquement deux agents qui essaient de réparer l'histoire du mieux qu'ils le peuvent car ils ne peuvent plus la remodifier. Du coup nous assistons en direct à la mise en place d'une uchronie et son intégration dans une nouvelle histoire. À côté d'œuvres jouant sur d'autres principes, comme *Uchronie(s)* qui mélange réalités parallèles et uchronies, nous trouvons également des œuvres purement uchroniques, ce qui démontre une approche pragmatique de l'emploi du genre afin de servir avant tout une histoire. Mais nous pouvons également tomber sur des œuvres qui semblent uchroniques et qui, au final, n'en sont pas. Ainsi la série *Dent d'ours* (deux tomes parus chez Dupuis, le troisième et dernier sortira en 2015), au graphisme léché, nous relate de manière romancée les aventures d'Hannah Reitsch, femme-pilote exceptionnelle au service du IIIe Reich. Le deuxième tome voit ainsi à la fois sur sa couverture et dans son récit un avion expérimental, le Focke-Wulf Triebflügel, qui n'a existé qu'à l'état de projet. Le voir en action dans cette bande dessinée fait-elle de cette dernière une uchronie ? Pour nous la réponse est un non sans appel. Le propos des auteurs est de montrer, à travers ces deux tomes, à quel point l'Allemagne, alors aux abois, se mentait à elle-même en imaginant que quelques armes, fussent-elles miraculeuses, allaient pouvoir renverser la donne stratégique. La mise en scène d'une escadrille de prototypes, certes novateurs, mais sans possibilité de les construire en grand nombre, sans pilotes formés et sans avoir eu le temps d'établir une quelconque doctrine d'utilisation montre les limites de l'exercice.

Si la BD connaît actuellement une embellie exceptionnelle en matière d'uchronie, force est de constater que celle-ci se concentre de plus en plus sur la Seconde Guerre mondiale. Bien qu'elle soit le dernier grand conflit mondial, dont les conséquences géopolitiques se font encore sentir de nos jours, il serait dommage de réduire l'uchronie à un exercice de style par rapport à cette guerre, même si certaines œuvres en proposent une relecture originale. C'est par exemple le cas des *Divisions du fer*, une nouvelle série publiée par Soleil depuis septembre 2014, qui imagine que la guerre se poursuit avec l'utilisation de méchas-panzers (comprendre par-là robots géants) par chacun des belligérants.

Arrowsmith - Unité d'élite aérienne (terminée)
Édition : Éditions U.S.A., 2005
Auteur : Kurt Busiek (scénario) ; Carlos Pacheco (dessin)
Résumé : *Arrowsmith* se déroule dans un monde parallèle au nôtre où des créatures issues de différents folklores (nains, golems, dragons, etc.) cohabitent avec les humains. Vous vivrez ainsi une Première Guerre mondiale matinée de fantasy. Conte initiatique et réflexion sur la cruauté de la guerre, vous suivrez les pas hésitants du jeune Fletcher Arrowsmith qui va se brûler les ailes en devenant pilote (non pas d'un avion mais en volant avec l'aide d'un dragon posé nonchalamment sur son épaule) et en allant combattre pour une juste cause. Mais toutes les belles causes ne préparent pas à l'horreur du champ de bataille.
Commentaires : Véritable enchantement visuel, avec un trait très cartoon et un très bon sens du détail du dessinateur Carlos Pacheco. Kurt Busiek n'est pas en reste en nous servant une belle histoire, pleine de bons sentiments, mais non exempte de moments douloureux. Le monde est fascinant et vous allez vous amuser à relier les différents éléments narratifs permettant de comprendre comment celui-ci s'est construit. La Première Guerre mondiale ne sert pas que de décor, car Busiek a tout à fait compris ce qu'elle représentait, y compris dans un monde de fantasy : la fin de la guerre courtoise, et la tuerie de masse à l'aide d'armes terrifiantes, voire inhumaines. L'esprit chevaleresque disparaît et l'horreur est partout. À l'origine, Kurt Busiek et Carlos Pacheco avaient prévu de continuer à développer cet univers, mais rien n'est venu. Aussi ne boudez pas votre plaisir, si vous apercevez un exemplaire de l'intégrale (où vous pourrez admirer les splendides cartes de ce monde

parallèle sur les rabats de couvertures) à un prix abordable, foncez !

Vous avez aimé ? Vous aimerez la BD *La Brigade chimérique* ou les romans *Rosée de feu* de Xavier Mauméjean et *Téméraire* de Naomi Novik qui mélangent histoire et fantasy de manière flamboyante.

Les Brigades du Temps (en cours)
1492 À l'ouest, rien de nouveau (2012)
La Grande Armada (2013)
Il faut sauver l'USS Enterprise (2014)
Édition : Dupuis
Auteurs : Kris (scénario) ; Bruno Duhamel (dessin)
Résumé : Quand l'histoire emprunte un autre chemin, l'Agence envoie ses meilleurs éléments pour tenter de remettre celle-ci sur les rails. Luttant en effet contre un ennemi invisible et au but mystérieux, elle se doit de réparer toute tentative uchronique afin d'empêcher la disparation complète de l'humanité.

Commentaires : Servie par un graphisme semi-réaliste et extrêmement précis, *Les Brigades du temps* renoue avec les grandes séries d'aventure où voyage dans le temps et uchronie sont présentés de manière ludique et décalée. Les deux premiers tomes proposent une histoire complète où tous les protagonistes et l'univers sont dévoilés aux lecteurs. Kris et Bruno Duhamel ont ensuite décidé d'écrire des histoires complètes en un tome. Après avoir présenté une découverte uchronique du Nouveau Monde portant en germe toute une série de questions sur la découverte d'une autre civilisation et ce qui s'est passé après (de manière aigre-douce), les auteurs reviennent sur l'attaque de Pearl Harbor et l'entrée en guerre des USA contre l'Axe. Une série efficace, intelligente et à suivre, forcément.

Vous avez aimé ? Nous vous conseillons *Le Projet Abraxa* de Frédéric Delmeulle, pour la magnifique machine à voyager dans le temps qu'il a inventée et sa réflexion sur ce qu'a apporté la découverte du Nouveau Monde ou *La Patrouille du temps* de Poul Anderson, qui met en scène les aventures d'une police temporelle.

Les Divisions de Fer (en cours)
Commando Rouge (2014)
Pacific Invasion 1948 (2014)
Opération Rebalance (2015)
Édition : Soleil
Auteurs : Jean-Luc Sala (scénariste) ; Ronan Toulhoat et Khaled (dessin)

Résumé : Et si la Seconde Guerre mondiale avait continué au-delà de 1945 grâce à l'utilisation de super-armes ? 1943, Albert Einstein est enlevé à Los Alamos par un commando de l'Axe. Il est contraint de travailler sur la création d'armes secrètes capables de faire basculer le cours de la guerre. Décembre 1944, l'Axe utilise pour la première fois des marcheurs de fer, des tanks bipèdes ou quadrupèdes, qui permettent à l'Axe de renverser la vapeur et de prolonger la guerre… C'est cette nouvelle phase qui va nous être conté…

Commentaires : Petit conseil de lecture : lisez les pages internes qui vous présentent, sous forme de rapports caviardés, cette autre histoire. Ils vous permettront de mieux cerner le point de divergence de cette uchronie, qui n'est pas forcément celui que l'on croit, et de rêver à d'autres albums qui montreront tel ou tel événement. Amateurs d'action, de robots géants et de véritables méchants, cette série est faite pour vous ! Chaque tome raconte une mission précise, et la série a l'air d'être partie pour nous montrer tous les fronts à différents moments. Si l'Axe semble remporter une série de succès initiaux, nul doute que les forces alliés préparent leur revanche… Mais l'intérêt de cette série est avant tout dans les fantastiques machines de guerre présentées, dans les scénarios, à la fois pastiches et hommages aux films de guerre (si ce n'est de propagande) de cette époque. Bref, vous avez là une série B uchronique comme on aimerait en voir plus souvent ! Celle-ci ne se prend guère au sérieux, mais c'est bien cela qui fait tout son charme !

Vous avez aimé ? Vous aimerez également *Block 109*, pour sa réécriture explosive de la Seconde Guerre mondiale, *Wunderwaffen* pour découvrir le point de vue de l'adversaire et *WW2.2*, qui revisite cette guerre sur tous les fronts…

Le Grand Jeu (terminée)
Ultima Thulé (2007)
Les Dieux noirs (2008)
La Terre creuse (2009)
Indochine (2010)
Le Roi Dragon (2011)
Antinéa (2013)
Édition : Delcourt
Auteurs : Jean-Pierre Pécau (scénario) ; Léo Pilipovic (dessin)

Résumé : 1940. La France réussit à stopper les panzers d'Hitler. En 1945, l'Allemagne signe une paix séparée avec les Alliés. Hitler a disparu et ses derniers fidèles sont traqués et arrêtés. Nestor Serge, reporter à *France-Soir*, est envoyé au Groenland pour enquêter sur la disparition mystérieuse du dirigeable *Charles-de-Gaulle*, fleuron d'Air France.

Commentaires : Cette série aurait pu devenir le chef-d'œuvre mixant éléments fantastiques et uchronie. La plume de Jean-Pierre Pécau n'a jamais été aussi acérée pour dénoncer le totalitarisme, le racisme et le fanatisme qui ne sont pas l'exclusivité des nazis. Après un premier cycle de trois tomes dont l'action se situe en Europe et où Pécau s'amuse brillamment avec des engins uchroniques et des mythes chtoniens (pour ne pas dire autre chose…), l'action se déplace dans la perle de l'Empire français : l'Indochine. Entre folklore et paysages magnifiques, nous continuons à suivre avec plaisir les aventures du reporter sans peur et sans reproche jusqu'au dernier tome. Et c'est là que le bât blesse. Jean-Pierre Pécau prévoyait de conclure sa série avec un dernier arc se situant aux États-Unis. Et celui-ci ne verra jamais le jour. D'où une fin en hommage au roman *L'Atlantide* de Pierre Benoît, qui peut s'avérer extrêmement frustrante pour tous les lecteurs, car il est peu probable que Nestor Serge sorte de son sommeil pour vivre de nouvelles aventures, pour notre plus grand malheur.

Vous avez aimé ? Vous aimerez *Arrowsmith*, pour sa relecture très fantasy de la Première Guerre mondiale, ainsi qu'*Oméga*, 14e tome de la série *Jour J*, qui imagine une France devenue fasciste après que les ligues d'extrême droite ait renversé la République le 6 février 1934, et *Opération Charlemagne*, 18e tome et suite directe du précédent.

Jour J (en cours)
Les Russes sur la Lune ! (2010)
Paris, secteur soviétique (2010)
Septembre rouge (2010)
Octobre noir (2010)
Qui a tué le président ? (2011)
L'Imagination au pouvoir ? (2011)
Vive l'Empereur ! (2011)
Paris brûle encore (2012)
Apocalypse sur le Texas (2012)
Le Gang Kennedy (2012)
La Nuit des tuileries (2012)
Le Lion d'Égypte (2013)
Colomb Pacha (2013)
Oméga (2013)
La Secte de Nazareth (2013)
L'Étoile blanche (2014)
Général Bonaparte (2014)
Opération Charlemagne (2014)
Édition : Delcourt

Auteurs : Jean-Pierre Pécau, Fred Duval et Fred Blanchard (scénario) ; Philippe Buchet, Gaël Séjourné, Florent Calvez, Colin Wilson, Mr Fab, Gess, Damien, Bojan Kovacevic, Igor Kordey, Emem et Maza (dessin)

Résumé : Chaque tome explore un événement uchronique et son impact sur le monde (une histoire a été découpée en deux tomes : les volumes 4 et 5).

Commentaires : Série phare qui a contribué fortement à la mise en avant de l'uchronie dans le monde de la bande dessinée. Les goûts des lecteurs étant différents, nous incitons ceux-ci à feuilleter chaque tome afin de voir si l'uchronie présentée les tente, d'autant plus qu'une connaissance de l'histoire est recommandée pour apprécier tout le sel des intrigues. Si les uchronies sur le XXe siècle sont légion, on voit petit à petit émerger des points de divergence plus anciens.

Cette série, qui ne plaira pas forcément à tout le monde, n'est jamais aussi bonne qu'avec les messages politiques qu'elle fait passer. Ainsi le tome 6 *L'Imagination au pouvoir ?* (et son contrepoids plus sombre, le tome 8 *Paris brûle encore*) s'amuse avec la France de 1968 à nos jours et reste une analyse brillante de l'histoire politique de celle-ci. Mais qu'on ne s'y trompe pas, les grandes aventures comme le tome 7, *Vive l'Empereur*, avec son univers steampunk fort bien rendu (et son hommage flamboyant quoiqu'un peu trop appuyé à *Salammbô*) ou le tome 9 et son opération militaire franco britannique dans ce qui reste de l'Amérique après la guerre atomique de 1962, restent de beaux moments de bravoure et d'ironie glaçante.

Une série dans laquelle chacun(e) pourra piocher selon ses goûts et ses humeurs, sa volonté de trouver une histoire crédible ou menée tambour battant en déchirant les voiles du possible. L'un des derniers tomes parus, *L'Étoile blanche*, part ainsi d'un point de divergence quasi utopique, la survie du *Titanic*, pour mettre en place une dystopie terrifiante que l'on peut mettre en parallèle avec l'histoire des multinationales mondiales. « La géographie ça sert, d'abord, à faire la guerre », disait Yves Lacoste. Cette série confirme donc que l'un des buts avoués de l'uchronie est d'apporter un message (bien souvent politique).

Jour J a reçu le prix ActuSF de l'Uchronie en 2011 (catégorie Prix spécial).

Vous avez aimé ? Vous aimerez aussi *Uchronie(s)* pour les différentes réalités proposées, *Les Brigades du temps* pour sa mise en avant du point de divergence ou *WW2.2* pour sa relecture originale de la Seconde Guerre mondiale.

Jean-Pierre Pécau

Jean-Pierre Pécau est un ancien professeur d'histoire, qui a travaillé dans le milieu du jeu de rôle (en tant que traducteur et créateur), de la télévision (en tant que scénariste) et également comme scénariste de bandes dessinées. Il a à son actif une vingtaine de séries dont les thèmes vont de la science-fiction à l'histoire en passant par l'uchronie.

Comment avez-vous découvert l'uchronie ?

Sans doute par mes lectures SF, Philip K. Dick *Le Maître du Haut Château* à l'époque on ne devait d'ailleurs pas parler d'uchronie c'était dans les années 1970, mais d'histoire alternative.

Quelles sont les œuvres uchroniques qui vous ont marqué ?

Même réponse que plus haut *Le Maître du Haut Château* sans aucun doute, et puis les Jerry Cornélius de Michael Moorcock.

Comment et pourquoi avez-vous développé des uchronies en BD ?

C'est la suite logique des séries *Arcanes* et *Histoire secrète*. Avec Fred Blanchard on se dit que le côté historique-fantasy peut déboucher sur une uchronie plus « sérieuse » en tout cas plus historique. On tente donc le coup avec *Jour J* en demandant à Fred Duval de monter dans le bateau avec nous. Et comme souvent, au même moment, l'air du temps devient très uchronique, on commence à parler d'uchronie partout, en tout cas en France, les pays anglo-saxons ayant une tradition bien plus ancienne que nous dans le genre.

Quel travail cela représente-t-il ?

C'est une gymnastique à acquérir à partir d'une période historique « qu'est-ce qui se serait passé si ». Mes premières amours dans le jeu de simulation m'aident beaucoup, un *wargame*, c'est une uchronie par excellence.

Quel message souhaitez-vous faire passer à travers vos uchronies ?

Le géographe Yves Lacoste disait « La géographie, ça sert à faire la guerre » je dirais que l'uchronie ça sert à faire de la politique. En mettant en perspective les différentes possibilités d'une situation historique on réfléchit automatiquement à ce qu'une situation politique va changer dans le monde ou pas et on comprend vite que tout peut changer. L'histoire n'est qu'une suite de hasards heureux ou pas.

Considérez-vous que l'uchronie soit un genre à part entière ? Pourquoi ?

Assurément, ce n'est ni de la science-fiction, ni de l'histoire bien entendu, c'est un genre à part qui comporte d'ailleurs des sous-genres, comme le steampunk par exemple.

Qu'est-ce que votre uchronie apporte au genre, au niveau de la bande dessinée ?

Jour J est une bibliothèque, la première du genre en BD je crois, puisque chaque tome aborde une uchronie. À terme on pourrait imaginer une sorte d'histoire parallèle globale exploitant toutes les grandes bifurcations possibles de l'histoire du monde.

Pourriez-vous nous parler de vos travaux uchroniques en cours et à venir ?

Jour J continue bien sûr et va donner naissance à des petits frères ou des petites sœurs. En l'espèce des séries uchroniques qui se développeront sur plusieurs tomes. Ce qui répond à une frustration d'écriture : développer un monde uchronique en un seul volume est souvent très rageant, on ne peut pas tout raconter, je travaille donc actuellement à deux séries qui comporteront plusieurs tomes, trois ou quatre sans doute, ce qui permettra de rentrer plus complètement dans les périodes choisies. Il s'agit de :

- *USA über alles*, en 1944, l'Allemagne obtient une paix séparée avec les Alliés, la guerre continue sur le front russe ;
- et de l'adaptation du best-seller *Et si la France avait continué la guerre*…, le tout devant paraître fin 2015 sans doute.

Le mot de la fin (forcément uchronique) vous appartient, faites-vous plaisir !

C'est très étrange cette actualité de l'uchronie qu'on retrouve en BD mais aussi en littérature voire au cinéma. Je ne suis pas encore arrivé à comprendre ce qu'elle signifiait, pourquoi en ce moment précis ? Sans doute la période très incertaine que nous vivons appelle à ce genre d'exercice, la faillite de toutes les idéologies, la certitude que nous sommes à la veille de grands bouleversements doit compter pour beaucoup. Comme la science-fiction ne parle pas de l'avenir, l'uchronie ne parle pas d'histoire bien sûr ! Les deux genres parlent d'ici et de maintenant !

Metropolis (en cours)
Édition : Delcourt, collection Machinations (deux tomes)
Auteurs : Serge Lehman (scénario) ; Stéphane De Caneva (dessin)
Résumé : Imaginez un monde où la Première Guerre mondiale n'a pas eu lieu... Imaginez une ville gigantesque située au milieu de l'Europe. Bienvenue à Metropolis, cité orgueilleuse, grandiose, au zénith de sa puissance, et qui s'apprête, peut-être, à chuter... Vous visiterez celle-ci grâce à l'inspecteur Faune. Enfant trouvé lors de l'inauguration de la ville, il en devint le citoyen n° 1, pris en charge et éduqué par les services de Metropolis. Suite à un attentat extrêmement meurtrier, on retrouve un charnier dans les fondations de la ville. Faune va devoir aller sortir de sa retraite médicale un ancien flic qui bascula dans la folie après avoir arrêté un tueur d'enfants. Ensemble, ils doivent empêcher la ville de sombrer dans le chaos...
Commentaires : Dès le premier tome, Serge Lehman frappe très fort, distillant ici et là des petits clins d'œil uchroniques. Trouverez-vous la référence à *If: or, History Rewritten* de J. C. Squire, première anthologie uchronique de langue anglaise ? Sourirez-vous en entendant un certain Winston Churchill parler d'une uchronie qu'il compte écrire, texte qu'il a réellement publié dans notre réalité et qui se trouve au sommaire de ladite anthologie ? L'auteur s'amuse à nouveau à distordre les frontières du réel et de l'imaginaire, en mettant en scène des personnages réels (Freud, un médecin qui s'appelle Louis Ferdinand Destouches que vous connaissez sous son nom de plume, Céline) et d'autres, issus d'œuvres de fiction, comme le commissaire Lohmann (*M le Maudit* de Fritz Lang). Que ce soit au niveau du titre, comme

de l'ambiance, Serge Lehman rend un hommage appuyé à Fritz Lang, et réussit, comme souvent, à promener le lecteur pour l'amener où il veut sans lui montrer du doigt ce qu'il doit voir.

Œuvre ambitieuse, prenante, nul doute qu'au bout des quatre tomes nous aurons une œuvre uchronique que l'on pourra qualifier de classique du genre, nous en faisons le pari.

Vous avez aimé ? Vous aimerez aussi *Watchmen* d'Alan Moore, brillante réflexion sur le mythe du super-héros.

Nico (en cours)
Atomium-Express (2010)
Opération Caraïbes (2010)
Femmes fatales (2012)
Édition : Dargaud
Auteurs : Fred Duval (scénario) ; Philippe Berthet (dessin)

Résumé : Et si, en 1947, deux soucoupes volantes s'étaient écrasées, l'une à Roswell, aux États-Unis, et l'autre en Sibérie ? Suite à l'annonce officielle de cette découverte et grâce à la technologie récupérée, le monde change énormément. 1960, Nico, jeune agent de la CIA, se bat contre la menace communiste partout dans le monde.

Commentaires : Série rétro-futuriste imaginant les aventures d'une James Bond au féminin. Fred Duval s'amuse à glisser ici et là des clins d'œil uchroniques mais n'en oublie pas pour autant de nous régaler avec un scénario efficace, drôle et relevé qui lève petit à petit le voile sur sa mystérieuse héroïne. Le tout avec un graphisme épuré du plus bel effet de la part de Philippe Berthet. Une série décalée et réjouissante en diable.

Vous avez aimé ? Vous aimerez aussi *Les Brigades du temps* de Bruno Duhamel et Kris où deux agents ont pour mission de protéger notre trame historique des bouleversements induits par une autre agence, qui essaie de modifier l'histoire sans que l'on comprenne leur but, au risque de faire disparaître toute l'humanité.

Si seulement… (terminée)
Si seulement… (2011)
Si seulement ? (2012)
Si seulement ! (2012)
Édition : Bamboo, collection Grand Angle
Auteurs : Rodolphe (scénario) ; Lounis Chabane (dessin)

Résumé : Et si vous pouviez voyager dans des mondes parallèles où votre vie serait différente suite à divers événements ? Joe Horton, écrivain reconnu, achète une magnifique demeure ayant appartenu à un soi-disant « sorcier ». Il découvre une pièce murée avec trois portes. En en empruntant une au hasard il se retrouve dans un monde parallèle où sa vie a suivi une autre voie. Il doit se débrouiller pour revenir à l'étrange maison et tenter de revenir dans sa réalité…

Commentaires : Voilà une série fort sympathique pour découvrir, de manière simple et efficace, l'uchronie personnelle. Servie par un graphisme réaliste et léché, nous suivons les mésaventures du héros, qui essaie, tant bien que mal, de comprendre ce qui lui est arrivé et de rentrer chez lui. Acteur et spectateur de ses différentes vies, il se débat du mieux qu'il peut et contemple à quel point un minuscule détail peut changer le cours d'une existence.

Vous avez aimé ? Vous aimerez aussi les films *Family Man* et *Un jour sans fin*, l'une jouant sur le principe de l'uchronie personnelle, l'autre sur celui de la boucle temporelle, ou les romans *La Part de l'autre* d'Éric-Emmanuel Schmitt, *Replay* de Ken Grimwwod et *L'Échange* d'Alan Brennert, pour les nombreuses vies uchroniques que vivent les différents protagonistes.

Uchronie(s) **(terminée)**
Saison 1
New Byzance
Ruines (2008)
Résistances (2009)
Réalités (2010)
New Harlem
Rapt (2008)
Rétro-Cognition (2009)
Révisionnisme (2010)
New York
Renaissance (2008)
Résonances (2009)
Retrouvailles (2010)
Épilogue (2011)
Saison 2
New Beijing
Tome 1 (2012)
Tome 2 (2013)
Tome 3 (2014)
New Moscow
Tome 1 (2012)
Tome 2 (2013)
Tome 3 (2014)
New Delhi
Tome 1 (2013)
Tome 2 (2013)
Tome 3 (2014)
Épilogue (à paraître en 2015)
Édition : Glénat
Auteurs : Corbeyran (scénario) ; Éric Chabbert, Tibéry, Djillali Defali, Aurélien Morinière, Nicolas Otéro et Louis Lachance (dessin)

Résumé : Zack Kosinski a un don : il est un prescient, capable de voir d'autres réalités par-delà la nôtre, capable de vivre sur des terres alternatives, mais qui ont évolué de manière subtilement différente, des uchronies. Avec un groupe d'ami(e)s il essaiera de comprendre ce qu'il est et de trouver un endroit où vivre.

Commentaires : Cette série est une formidable publicité pour le mot uchronie, tout d'abord de par son titre, mais surtout en expliquant le terme et ce qu'il recouvre à des lecteurs néophytes. Pour le reste vous avez un thriller efficace, riche en rebondissements, et très bien mené par Corbeyran et les nombreux dessinateurs travaillant d'arrache-pied pour construire ces autres réalités, chacune avec ses particularités et son charme, et ce, pour notre plus grand plaisir.

Vous avez aimé ? Nous vous conseillons les autres séries scénarisées par Corbeyran comme *Le Régulateur* ainsi que la série *Si seulement...*, sur le thème de l'uchronie personnelle et des mondes parallèles.

Corbeyran

Corbeyran est scénariste de bandes dessinées. Né à Marseille le 14 décembre 1964, il vit à Bordeaux depuis 1987. Auteur prolifique et polymorphe, il a écrit une vingtaine de « one-shots » ainsi qu'une soixantaine de séries de bandes dessinées (dont Le Chant des Stryges, Le Régulateur, Le Réseau Bombyce, Châteaux Bordeaux, Weëna*), dont la fameuse série* Uchronie(s), *qui est toujours en cours aux éditions Glénat.*

Comment avez-vous découvert l'uchronie ? Quelles sont les œuvres uchroniques qui vous ont marqué ?

J'avais lu il y a très longtemps le *Maître du Haut Château* de Philip K. Dick, mais comme je lis énormément j'avais un peu oublié ce roman. C'est en réfléchissant à une nouvelle manière d'aborder une série d'anticipation en BD que je me suis souvenu de ce texte, et c'est ainsi qu'est née la série *Uchronie(s)*. Trois impulsions m'ont incité par ailleurs à concrétiser le projet sous cette forme. Tout d'abord, les éditions Glénat insistaient depuis un moment pour que je leur propose une « série à concept » (type *Décalogue* et *Triangle secret*). Ensuite, chacun de leur côté, les dessinateurs Éric Chabbert et Djilali Defali m'ont fait savoir qu'ils souhaitaient s'investir sur une histoire de mondes parallèles. C'est en synthétisant ces différentes pistes que j'ai imaginé une série complexe à base de réalités multiples.

Comment et pourquoi avez-vous développé une uchronie en BD ? Quel travail cela représente-t-il ?

Quand on crée, et *a fortiori* quand on crée beaucoup (ce qui est mon cas), on est toujours à la recherche de quelque chose de neuf, d'une voie inédite à explorer. Les lecteurs de BD sont exigeants, avides de sensations nouvelles, ils en ont marre de lire toujours la même chose, ils veulent être surpris. L'uchronie, en BD, n'avait pas du tout été exploitée jusque-là, du moins à ma connaissance. Ça m'a semblé la meilleure des raisons pour m'intéresser au genre. J'ai mis en place trois récits dans trois univers différents, mais avec un lieu commun (New York) et un personnage récurrent (Zack Kosinski). Chacun de ces récits possède une trame propre, mais les récits s'interpénètrent et l'intrigue de l'un vient bouleverser l'intrigue de l'autre, qui lui-même bouleverse l'intrigue du troisième, et réciproquement. Dit comme ça, ça paraît simple, mais ça a été un travail énorme pour mettre en œuvre un tel projet. Je tenais de surcroît à ce que les trois séries soient lisibles dans n'importe quel ordre. En lecture « verticale », on peut démarrer par *New Harlem* ou *New Byzance*, ou encore *New York*, peu importe. On peut aussi avoir une lecture « horizontale », c'est-à-dire lire les trois tomes 1 puis les trois tomes 2, etc. La seule obligation est de lire l'épilogue en dernier. Quand on lit les dix tomes, ça coule de source (et c'est d'ailleurs le but recherché !), mais c'est une usine à gaz à mettre sur pied. J'avais tout écrit avant que les dessinateurs ne démarrent la réalisation, ce qui m'a permis de bien verrouiller chaque scénario, au détail près. Pour vous donner une idée d'ordre temporel : j'ai mis une semaine rien que pour rédiger le petit résumé qui sert d'avant-propos au tome 10 (l'épilogue) !

Pourquoi ce titre ?

Au départ, j'avais proposé *Réalité(s)*. J'aimais bien ce titre mais il n'a pas convaincu l'éditeur qui, après réflexion, a opté pour *Uchronie(s)*, qui lui semblait plus pertinent.

Pourquoi avoir mélangé mondes parallèles, uchronie et un message à la fois social, politique et humaniste ?

L'uchronie est un genre. Un genre est un cadre. Quand on a un cadre, il faut avoir quelque chose à encadrer et mon envie à ce moment-là était d'offrir une vraie BD de science-fiction à nos lecteurs. J'ai donc imaginé un récit d'anticipation : un physicien trouvait (enfin) une utilité à la matière sombre contenue dans le vide sidéral et cette découverte lui permettait de s'affranchir des limites de sa propre réalité et de voyager d'une dimension à l'autre. Pour couronner le tout, il fallait trouver un axe original pour chaque série. J'ai alors pensé aux différentes manières d'exercer le pouvoir sur une population : l'intégrisme religieux (*New Byzance*), la manipulation historique (*New Harlem*) et l'usage militaire de la science (*New York*).

Considérez-vous que l'uchronie soit un genre à part entière ?

Je ne sais pas. Je ne suis pas un spécialiste. Ce qui m'intéresse, c'est que ce genre existe et qu'il offre des possibilités infinies. L'uchronie est une gymnastique intellectuelle très stimulante.

Qu'est-ce que votre uchronie apporte au genre, y compris au niveau de la bande dessinée ?

Je ne sais pas. Je ne suis pas critique de ma propre production. Je laisse ça à ceux dont c'est la vocation. Pour ma part, j'ai trouvé l'exercice particulièrement réjouissant. C'était un vrai challenge, tant sur le fond que sur la forme. Le public a répondu présent. C'est tout ce qui compte pour moi.

Pourriez-vous nous parler de vos travaux uchroniques en cours et à venir ?

La deuxième saison d'*Uchronie(s)* se termine bientôt. Les trois tomes trois de *New Delhi*, *New Beijing* et *New Moscow* sortent fin 2014 et l'épilogue, qui sortira l'année suivante, conclura (définitivement cette fois) cette fresque de vingt albums. De mon côté, je tourne la page et je vais tenter d'explorer de nouveaux territoires…

Le mot de la fin (forcément uchronique) vous appartient, faites-vous plaisir !

Et si la BD était enfin considérée, en France, comme un vrai vivier d'idées et que les producteurs – français – s'attachaient (enfin) à développer des projets audiovisuels innovants et intéressants pour la télévision et le cinéma en piochant généreusement dans la richesse du 9e art ?

Wunderwaffen (en cours)
Le Pilote du Diable (2012)
Aux portes de l'enfer (2013)
Les Damnés du Reich (2013)
La Main gauche du Führer (2014)
Disaster Day (2014)
Le Spectre de l'Antarctique (2014)
Édition : Soleil
Auteurs : Richard D. Nolane (scénario) ; Maza (dessin)
Résumé : 1946. La guerre fait rage en Europe. Depuis l'échec du débarquement des Alliés le 6 juin 1944, et ce, pour des raisons inexplicables tant pour ces derniers que pour les Allemands, ainsi que la mort de Joukov et de son état-major sur le front de l'Est, les choses semblent s'améliorer pour l'Allemagne nazie. L'utilisation de ses nouvelles armes aériennes, les Wunderwaffen, lui permettent d'espérer un peu plus encore pour cette guerre qui n'en finit plus…

Commentaires : Ne soyez pas rebutés par les couvertures, très tapageuses et provocantes (un peu trop même). De même si le graphisme de Maza, très bon pour les avions, semble un peu plus figé et brouillon quand il s'occupe de personnages, ce défaut s'amenuise de tome en tome. Richard D. Nolane nous montre toute l'horreur des nazis en les choisissant comme protagonistes principaux de son histoire : veules et monstrueux, il est difficile d'avoir de l'empathie pour chacun d'entre eux et on en vient presque à plaindre le héros, Walter Murnau, pilote d'élite de la Luftwaffe, coincé entre le marteau et l'enclume… Nolane aimant beaucoup les thèmes surnaturels, ceux-ci avancent de manière voilée (ou pas) et sont l'un des éléments clés de l'intrigue. Reste à savoir jusqu'où celle-ci nous mènera !

Cette série n'est surtout pas à prendre au premier degré, mais elle peut choquer (et nous pensons que c'est le but de l'auteur) par tout ce qu'elle contient. Derrière les superbes appareils et les combats dantesques, la pourriture du nazisme s'étend insidieusement…

Suite au succès de la série, Richard D. Nolane a annoncé deux nouvelles séries uchroniques : *Zeppelin's War* où il joue encore avec ses thèmes favoris – ésotérisme, combats aériens et Première Guerre mondiale – et *Space Reich*, à paraître en 2015, qui imagine la course à l'espace entre le Reich et les USA.

Vous avez aimé ? Nous vous conseillons les BD suivantes : *Le Grand Jeu*, pour découvrir, avec les trois premiers tomes un contexte original (le IIIe Reich perd la Campagne de France en 1940 et se voit contraint de capituler en 1944) ou *Zeppelin's War* (Prix de l'Uchronie 2014 dans la catégorie Graphisme).

WW2.2 (terminée)
La Bataille de Paris (2012)
Opération Felix (2012)
Secret Service (2013)
Éliminer Vassili Zaïtsev (2013)
Une odyssée sicilienne (2013)
Chien jaune (2013)
Paris, mon amour (2013)
Édition : Dargaud.
Auteurs : David Chauvel, José Robledo, Mathieu Gabella, Herik Hanna, Luca Blengino, Hubert Boulard (scénario) ; Éric Henninot, Hervé Boivin, Marcial Toledano, Vincent Cara, Ramon Rosanas, Pasquale Del Vecchio, Etienne Le Roux (dessin)
Résumé : Novembre 1939, Hitler est assassiné par Johann Georg Esler lors d'un attentat à la bombe. Si la Seconde Guerre mondiale a déjà débuté, une autre histoire se met en place sous nos yeux.
Commentaires : Chaque tome est indépendant mais participe à la mise en place de cette guerre uchronique (le déroulement de celle-ci est traité au début de chaque tome). Chaque histoire se focalise à la fois sur un événement précis mais également sur une perception ou un parallèle avec notre histoire. Que ce soit du point de vue de l'histoire ou du dessin, tous les tomes ont un charme certain et une histoire intéressante. Le tome 1, par exemple, raconte l'attente d'un petit groupe de soldats français de l'attaque allemande dans Paris. Impossible de ne pas y voir un parallèle avec la drôle de guerre et l'irruption, aussi brève que violente, de l'attaque allemande en mai-juin 1940 (ce qui permet aux auteurs de rappeler le sacrifice volontaire de soldats français pour tenter d'arrêter l'adversaire). Le tome 2 nous plonge en plein cœur de l'opération Félix (invasion de la ville

anglaise de Gibraltar, au sud de l'Espagne) et s'interroge sur la dimension à la fois religieuse et messianique du nazisme. Le tome 3, l'un des meilleurs, joue sur la thématique de l'espionnage et nous promène du début à la fin. Le tome 4 joue sur le registre du film de guerre et sur ces soldats à part qu'étaient les snipers en les plaçant dans un environnement urbain différent et surprenant. Le tome 5 peut être perçu comme un hommage aux films italiens des années 1960 tandis que le tome 6 fait penser à des films comme *Le Pont de la rivière Kwaï* ou *Furyo* et montre comment des individus sont broyés par la raison d'État. Dans le dernier tome, suite et fin du tome 1, nous retrouvons et suivons jusqu'à la conclusion de la guerre un soldat français, devenu une bête de guerre et qui devient de plus en plus insensible. On lui propose de participer à une opération suicide qui pourrait changer le cours de la guerre. Il ne s'attend pas à découvrir le véritable sens du mot enfer en acceptant celle-ci.

Cette série, courte et fort bien construite, réussit le tour de force de montrer qu'on peut innover y compris en jouant avec un thème majeur de l'uchronie, la Seconde Guerre mondiale, avec une approche originale et surprenante à chaque tome. Une très bonne surprise qui ne dépareillera pas dans vos bibliothèques. La série *WW2.2* a reçu le prix ActuSF de l'Uchronie 2013.

Vous avez aimé ? Vous aimerez aussi les BD *Jour J*, pour ses nombreuses relectures uchroniques, et *Block 109*, qui imagine également une disparition précoce d'Hitler et met en scène un univers intéressant (orienté très « série B »).

Comics

Le monde des *comic books* est très particulier, y compris au niveau de ses uchronies. Le marché reste dominé par deux maisons d'édition, DC Comics et Marvel. Ayant développé chacune de leur côté un vaste univers fictif impliquant des centaines de super-héros, les différentes tentatives uchroniques se raccrochent automatiquement à l'univers dont elles sont issues. Marvel est la première maison d'édition à franchir le pas en créant la série *What If...* (Et si...). Cette dernière élabore des hypothèses uchroniques à certains embranchements de l'histoire fictive de ses super-héros (et si Spiderman avait rejoint les Quatre Fantastiques par exemple). Le tout est raconté par un personnage omniscient, The Watcher, qui contemple cette autre réalité, et dont l'issue est généralement tragique.

Emboîtant le pas à Marvel, DC Comics développe un autre parti pris avec la série *Elseworlds*, qui imagine un destin uchronique aux super-héros DC, mais ceux-ci sont transposés dans d'autres temps, d'autres lieux afin de vérifier s'ils sont intrinsèquement bons ou évoluent différemment suivant la réalité alternative où ils se trouvent. La première aventure uchronique met ainsi en scène Batman, à Gotham City certes, mais à la fin du XIXe siècle et luttant contre Jack l'Éventreur ! Elle est devenue, *a posteriori*, le premier tome de cette nouvelle série. Nous vous proposons un panel d'œuvres issues des deux éditeurs afin que vous vous fassiez votre idée.

D'autres éditeurs s'essaieront à l'uchronie avec certaines de leurs licences. Ainsi Dark Horse a créé des histoires alternatives de la première trilogie de *Star Wars*, imaginant des histoires qui peuvent aller de l'intéressant (*Star Wars Infinities : Un Nouvel Espoir* imagine que Luke Skywalker ne détruit pas l'étoile de la mort) à l'anecdotique (*Star Wars Infinities : L'Empire contre-attaque* où Luke meurt de froid sur la planète Hoth) en passant par le très sympathique *Star Wars Infinities : Le Retour du jedi* où l'opération de sauvetage d'Han Solo dans le palais de Jabba tourne mal. Le tout est disponible chez Delcourt.

Plus rare, l'œuvre uchronique sans héros costumés, avec des thématiques surprenantes.

Bullet Points : Trajectoires en vol

Édition : Panini comics, collection 100 % Marvel, 2008

Auteurs : Joe Michaël Straczynski (scénario) ; Tommy Lee Edwards (dessin)

Résumé : Et si le docteur Erksine avait été assassiné vingt-quatre heures avant d'injecter le sérum du super soldat à Steve Rogers l'empêchant ainsi de devenir Captain America ? C'est toute l'histoire de l'univers Marvel qui aurait changé…

Commentaires : La collection *What If…* explore des uchronies de fiction propre à l'univers Marvel. À partir de ce point de divergence, Straczynski s'amuse à brouiller les pistes en redistribuant les rôles de superhéros de manière intéressante. Ainsi Steve Rogers passera à la postérité en tant qu'Iron Man ! Le pauvre Peter Parker deviendra Hulk et les Quatre Fantastiques ne verront jamais le jour : seul Reed Richards survivra au voyage spatial qui voit leur création et il deviendra le responsable du S.H.I.E.L.D. (à la place d'un certain Nick Fury). Mais tous ces personnages, alliés ou ennemis, devront faire face à la plus grande menace de l'univers connu : Galactus, le dévoreur de mondes.

Revisitant avec talent l'âge d'or de Marvel, cet opus, au graphisme particulier, se lit le sourire aux lèvres, que l'on connaisse à fond ou pas l'histoire de l'univers Marvel.

Vous avez aimé ? Vous aimerez *Marvel 1602*, qui transpose l'univers de Marvel en plein XVIIe siècle. Avec notamment la première histoire, scénarisée par Neil Gaiman et dessinée par Andy Kubert, qui mérite le détour (tome 1 publié dans la collection Deluxe de Panini Comics en 2007).

Royal Space Force
Édition : Delcourt, 2011
Auteurs : Warren Ellis (scénario) ; Chris Weston (dessin)
Résumé : En 1945, l'Angleterre réussit à capturer les scientifiques nazis à Peenmünde, la base secrète allemande où les V2, préfigurant les futurs missiles balistiques nucléaires et les fusées partant à la conquête de l'espace, étaient fabriqués par des déportés. Ils seront le fer de lance de l'Angleterre de l'après-Seconde Guerre mondiale en lui ouvrant les portes de la conquête spatiale. Après avoir régné sur les mers pendant des siècles, le Royaume-Uni règnera également sur l'espace. Mais tout a un prix...

Commentaires : Ce comics fut édité auparavant par les éditions Semis sous le titre *Ministère de l'Espace*. La réédition Delcourt, en plus d'offrir une belle reliure cartonnée, possède une préface et une postface revenant sur la création de l'œuvre et où on s'aperçoit à quel point Warren Ellis, en plus de rendre hommage à une série britannique des années 1960, *Dan Dare*, a mis beaucoup de lui-même dans cette uchronie très sombre. Car dans ce monde uchronique, si l'Angleterre a régné de manière unilatérale de 1945 au début du XXIe siècle, ce fut grâce à un secret ignoble, extrêmement bien enterré, et qui refait surface au risque de détruire ce nouvel empire que l'on pouvait croire éternel. Parabole de la conquête spatiale (et des savants nazis qui, tel Von Braun, aidèrent les USA), la révélation du Grand Secret peut sembler trop énorme, mais le véritable message se trouve dans l'ultime case qui montre ce que cette aventure a permis : la continuité d'un Empire et de ses règles iniques.

Vous avez aimé ? Vous aimerez *Françatome* de Johan Heliot, qui s'amuse là aussi, de manière aigre-douce, avec la conquête spatiale ou *Le Château des étoiles* d'Alex Alice, qui lance celle-ci dès le XIXe siècle et de fort belle manière.

Superman Red Son

Édition : Urban Comics, collection Deluxe, 2013

Auteurs : Mark Millar (scénario) ; Dave Johnson et Killian Plunkett (dessin)

Résumé : Et si Superman avait atterri en Union Soviétique, en 1938, et était devenu le chantre du communisme ?

Commentaires : Cette histoire de Superman, jouant de manière sarcastique avec le mythe du surhomme au bon cœur, prompt à aider son prochain et sa terre d'adoption, montre à quel point celui-ci va se fourvoyer en croyant bien agir. Car ce n'est rien de moins que la mise en place d'une dictature à la *1984*, dirigée par un homme omniscient et omnipotent, que Mark Millar se propose de nous raconter. Rempli de petites allusions à l'histoire de Superman, sans que vous perdiez au change si vous ne connaissez pas la plupart d'entre elles, Millar rejoue la Guerre froide à l'envers et s'interroge sur la place du super-héros à la fois comme outil de propagande et comme reflet d'un pays et d'une idéologie. Une histoire passionnante, certainement la meilleure de Mark Millar, capable du meilleur comme du pire et certainement l'histoire de Superman à lire.

Vous avez aimé ? Vous aimerez : *Watchmen*, brillante et vertigineuse réflexion sur le super-héros ; *Bullet Points* qui réinvente l'âge d'or de Marvel ou *Superman : Identité Secrète* qui réinvente là-aussi la figure de Superman de manière originale.

WATCHMEN

Édition : Urban Comics, collection DC Essentiels, 2012

Auteurs : Alan Moore (scénario) ; David Gibbons (dessin)

Résumé : Dans un monde où les super-héros existent, et ont été interdits d'activité par une loi en Amérique, les membres d'un ancien groupe de justiciers enquêtent sur la mort de l'un d'entre eux alors qu'un conflit nucléaire entre les USA et l'URSS approche à grands pas…

Commentaires : Voici une œuvre culte, dense, possédant plusieurs niveaux de lecture. Alan Moore s'amuse à transposer son histoire dans un monde uchronique qui a vu la naissance de justiciers masqués, puis d'un véritable super-héros, le Dr Manhattan, doté de pouvoirs incommensurables et inimaginables qui, petit à petit, le coupent de l'humanité. Celui-ci permet aux USA de remporter la guerre au Vietnam et de voir Nixon gagner un troisième mandat (donc pas de Watergate) et se représenter pour un quatrième. Une belle dictature qui ne dit pas son nom. *Watchmen* porte une réflexion douce-amère sur le rêve américain, sur la société et la place des héros dans celle-ci.

Alan Moore pensait révolutionner le monde du *comic book* avec son histoire. Pourtant, seul l'aspect sombre, violent et profondément nihiliste de l'œuvre a été retenu par bon nombre d'auteurs les conduisant à la création de super-héros plus sombres et plus violents encore.

Après y avoir goûté vous relirez ce *comic book* avec toujours autant de plaisir. N'hésitez pas à regarder le film qui en a été tiré, *Watchmen – Les Gardiens* réalisé par Zack Snyder, qui, à sa manière, réussit à transposer de très belle manière cette histoire intemporelle.

Vous avez aimé ? Nous vous conseillons de lire *La Brigade chimérique* qui raconte pourquoi et comment tous les super-héros européens ont disparu avec la Seconde Guerre mondiale.

Mangas

Seules quelques œuvres uchroniques émergent de la production de masse japonaise. Leur rapport avec l'uchronie est différent du nôtre : si nous avons l'habitude de lire une œuvre uchronique qui explicite, à un moment ou à un autre, son point de divergence, les Japonais racontent précisément celui-ci et, de fait, développent peu l'univers uchronique qui en découle.

Il ne faut pas oublier que la production japonaise, et encore plus particulièrement au niveau des mangas, s'adresse avant tout au public nippon et, malgré sa qualité, ne rencontre que peu de succès chez nous.

Le manga *Zipang*, qui devrait connaître sa conclusion en 2015 en France après dix années de publication (et quarante-trois tomes), est ainsi l'exemple frappant d'une série qui n'a pas rencontré son public malgré ses qualités. Le fait qu'au bout de quarante-deux tomes nous devinions son caractère uchronique sans que celui-ci ait été mis en œuvre (il s'agit tout simplement du changement de la fin de la guerre du Pacifique sans qu'il y ait deux bombes atomiques utilisées sur le sol japonais) montre que nous vivons le point de divergence, et verrons certainement l'uchronie qui en découle à la fin de la série.

Nous pensons également au manga *Erased*[28], qui vient d'être traduit chez Ki-Oon et qui joue sur le registre du voyage temporel et de l'uchronie personnelle. Le héros

[28] Kei Sanbe, *Erased*, Ki-Oon, 2014-. Série en cours (trois tomes parus en 2014).

du manga a, en effet, la capacité de voyager dans le temps sur une très courte période afin d'aider les gens victimes d'accidents. Il cache également une blessure secrète, que lui-même a refoulée. Suite à un drame le touchant personnellement, il voyage dans le temps, et se retrouve à l'époque de son enfance. Se rappelant petit à petit son passé, il va essayer de changer celui-ci du mieux qu'il le peut. À l'heure où nous écrivons ces lignes, trois tomes sont parus, et le moins que l'on puisse dire, c'est que cette œuvre mérite le détour : dure, traitant de thèmes généralement peu usités dans le manga (enfant battu, exclusion sociale, *serial killer*, problème d'empathie chez le héros), et avec un scénario retors qui se relance sans cesse, nous avons entre les mains une série avec certes un graphisme particulier, mais un scénario qui vous fait tourner les pages et donne toujours envie d'en savoir plus. Une série à découvrir et à suivre.

Autre curiosité, le manga *Le Chef de Nobunaga* qui voit un chef voyager dans le passé et devenir le cuisinier attitré du célèbre et flamboyant Oda Nobunaga qui a tenté d'unifier le Japon au XVIe siècle. Retors, intelligent et imprévisible, ce personnage historique fascine aussi bien les Japonais que les Occidentaux. Avec quatre tomes parus en 2014, nous ne savons pas encore si la série va basculer dans l'uchronie, ou se contenter de suivre la vie d'Oda Nobunaga avec un point de vue extérieur, permettant ainsi à un lectorat de découvrir l'histoire à travers le regard d'un personnage contemporain, mais l'œuvre vaut le détour ! Tout comme la très bonne série *Thermae Romae* où un architecte, du temps de l'empereur Hadrien, voyage dans le temps à l'aide de chute répétés dans des thermes. Il découvre par ce biais la civilisation japonaise de nos jours ! Une histoire avec un graphisme inhabituel mais très beau, drôle et agréable à lire. Le propos de Mari Yamazaki n'est pas d'imaginer une uchronie mais de réfléchir au choc culturel que peuvent rencontrer deux civilisations séparées par des siècles. À l'heure où nous écrivons ces lignes, l'auteur vient d'annoncer qu'une suite verra le jour. Développera-t-elle une uchronie, rien n'est moins sûr, mais replonger dans le passé (et le présent) sera toujours un plaisir.

Comme vous le voyez, ce bref tour de piste permet de constater qu'au Japon aussi, en terme de manga, l'uchronie présente des œuvres originales et atypiques. Il est par contre intéressant de constater que l'on retrouve les mêmes thèmes, et les mêmes problèmes quant à son utilisation, preuve que le changement partiel de média ne débouche pas forcément sur un retournement complet de situation et que l'uchronie reste avant tout un outil au service des auteurs.

All You Need Is Kill

Auteur : Hiroshi Sakurazaka (scénario) ; Takeshi Obata (dessin)

Édition : Kazé Manga (deux tomes)

Résumé : L'humanité lutte sans merci contre une race extraterrestre, les Mimics, qui remportent victoire sur victoire. Keiji Kiriya est un jeune soldat qui va participer à sa première grande bataille, à laquelle il ne survit pas… Pour se réveiller la veille de celle-ci et se rendre compte, résurrection après résurrection, qu'il est condamné à revivre indéfiniment cette bataille jusqu'à ce qu'il trouve le moyen de briser cette boucle temporelle. Il décide alors d'utiliser cette particularité afin de devenir le meilleur soldat au monde… et, pourquoi pas, de changer l'issue de la guerre.

Commentaires : Servie par le graphisme magnifique de Takeshi Obata (dessinateur, entre autres, des mangas *Death Note* et *Bakuma*), cette œuvre réussit le pari de fusionner une ambiance entre *Starship Troopers* (réalisé par Paul Verhoeven) et le film *Un jour sans fin*. Et pourtant que ce soit en lisant le roman original, ou en dévorant cette adaptation en manga, voire en regardant le film *Edge of Tomorrow*, adaptation assez libre du roman, vous ne vous ennuierez pas une seconde. L'histoire et la rencontre improbable de Keiji Kiriya, jeune recrue japonaise inexpérimentée, et de Rita Vrataski, jeune femme américaine et soldat d'élite, devraient vous intriguer et la fin, étonnante et assez sombre, en surprendra plus d'un(e). Un moyen simple et efficace de faire découvrir, à un public jeune (entendons par là adolescent), les subtilités du voyage dans le temps couplé à une boucle temporelle et débouchant sur une uchronie.

Vous avez aimé ? Vous aimerez aussi les uchronies sur les super-héros comme *X-Men : Days of Future Past* réalisé par Bryan Singer et l'adaptation en film qui a été tirée du roman *Edge of Tomorrow* (ou *Vivre. Mourir. Recommencer* avec Tom Cruise et Emily Blunt).

Le roman originel et le manga ont remporté le prix ActuSF de l'Uchronie 2014 dans la catégorie Prix spécial.

Jin

Auteur : Motoka Murakami

Édition : Tonkam

Série en cours : dix-huit tomes parus en France (série complète en vingt tomes)

Résumé : Suite à un événement étrange (l'opération d'un étranger abritant un fœtus humain dans son cerveau), Jin Minakata, responsable de la section neurochirurgie du CHU de Tôto, se retrouve projeté dans le passé, en 1868. Muni uniquement de ses connaissances historiques et médicales, et doutant de pouvoir revenir à son époque, il décide d'aider du mieux qu'il peut la population japonaise. De par ses interventions chirurgicales et les découvertes médicales révolutionnaires pour l'époque qu'il fait, il modifie petit à petit le monde qui l'entoure.

Commentaires : Quelle série ! Avec un graphisme superbe (très franco-belge pour le coup), Motoka Murakami raconte une histoire sortant des sentiers battus, et où vous vous documenterez, tome après tome, à la fois sur l'histoire du Japon avant la guerre du Boshin (mais si, rappelez-vous : *Le Dernier Samouraï* avec Tom Cruise ! Saviez-vous d'ailleurs que le héros est inspiré d'un véritable officier français, Jules Brunet ?), ses mœurs et ses coutumes. Vous aurez droit à une véritable radiographie en coupe réglée de la société et de bon nombre de métiers ou d'endroits surprenants (que ce soit les courtisanes, les acteurs, les prisons, etc.). Seul regret, la série n'a pas vraiment fonctionné en France et les deux derniers tomes, nous permettant enfin de comprendre l'uchronie, ne sont pas encore sortis. Nous les attendons depuis 2013... Mais lisez cette série sans hésiter, que ce soit avec son thème surprenant et son histoire prenante, vous ne serez pas déçus !

Vous avez aimé ? Vous aimerez aussi *Le Chef de Nobunaga*, qui imagine une réécriture de l'histoire culinaire du Japon grâce à un chef cuisinier qui voyage du XXIe siècle au XVIe siècle et va influencer les décisions d'Oda Nobunaga, personnage historique de premier plan du Japon. Comme pour les autres mangas dont nous parlons, nous ne savons pas si celle-ci sera uchronique ou pas.

QUARTIER LOINTAIN
Auteur : Jiro Taniguchi
Édition : Casterman, collection Écritures
Résumé : Hiroshi, cadre japonais d'une cinquantaine d'années, marié et père de deux adolescentes, se remet difficilement d'une soirée bien arrosée et prend un train qui le ramène non chez lui mais dans la ville de son enfance. Il décide de se rendre sur la tombe de sa mère, et là s'évanouit. Lorsqu'il se réveille, il se sent plus léger, plus vivant... Quelle n'est pas sa surprise de constater qu'il a voyagé dans le temps. Il a de nouveau 14 ans. Premières amours, fin du lycée, envie de découvrir le monde et peut-être comprendre pourquoi son père a mystérieusement disparu cette année-là...
Commentaires : Attention chef-d'œuvre ! Jouant sur la nostalgie et le souvenir du temps qui passe, cette histoire se lit le sourire aux lèvres, en se demandant jusqu'au bout quelle fin va nous servir Jiro Taniguchi. Celle-ci risque d'ailleurs d'en surprendre plus d'un(e) ! L'histoire permet au protagoniste de se remettre en cause et de comprendre que lui-même passe à côté de quelque chose dans sa vie d'adulte. Une histoire humaine, touchante, sans jamais tomber dans le larmoyant, et avec une magnifique uchronie personnelle à la clé.
Vous avez aimé ? Vous aimerez aussi *Replay*, le roman de Ken Grimwood, ou le film *Il était temps*, réalisé par Richard Curtis, qui réinvente l'uchronie personnelle avec un héros qui peut voyager dans le temps mais ne peut modifier que son histoire. Du coup il va essayer de réussir pleinement sa vie. Dans un registre plus dur, nous vous conseillons également le manga *Erased* de Kai Sanbe.

Zipang

Auteur : Kaiji Kawaguchi

Édition : Kana

Série en cours : quarante-deux tomes parus en France (série complète en quarante-trois tomes)

Résumé : De nos jours, le *Mirai* (futur en japonais), destroyer japonais ultraperfectionné, part en opération extérieure. Séparé de sa flotte lors d'un orage électromagnétique, l'équipage découvre, subjugué, qu'il a voyagé dans le temps quand il tombe nez à nez avec le *Yamato*, plus grand cuirassé construit par le Japon impérial et mis en service en 1941. Ils assistent, médusés, à la bataille de Midway et sauvent de manière opportune la vie d'un officier de renseignement de la marine impériale. Celui-ci découvre l'issue de la guerre dans leur bibliothèque et décide de modifier l'histoire afin d'empêcher les États-Unis d'envoyer deux bombes nucléaires sur Hiroshima et Nagasaki. Il quitte le navire et nous assistons, tout autour du monde, à une course-poursuite entre cet homme et l'équipage du *Mirai* qui veulent l'empêcher de modifier l'histoire afin de pouvoir rentrer chez eux.

Commentaires : Une excellente série, mais hélas beaucoup trop longue ! On sent que Kaiji Kawaguchi s'est fait plaisir en étirant certaines histoires. Et pourtant quel récit ! Quelle émotion par endroits ! Saluons l'éditeur qui n'a pas hésité à inclure des annexes permettant au grand public de mieux comprendre les tenants et les aboutissants de certains épisodes clés, d'expliquer la particularité de la guerre de l'Asie-Pacifique, et de révéler le comportement abominable de l'armée japonaise (exécution en masse de civils, de prisonniers, expériences sur les prisonniers, etc.), soigneusement édulcoré par l'auteur et que le public japonais a du mal à appréhender. Une très bonne histoire, qui aurait gagné à être « resserrée » en une vingtaine de tomes, mais que vous auriez tort d'ignorer.

Vous avez aimé ? Vous aimerez aussi le film *Nimitz, retour vers l'enfer*, qui imagine le voyage dans le temps d'un porte-avions américain qui se retrouve la veille de l'attaque de Pearl Harbor. Va-t-il intervenir avec ses moyens et risquer de modifier l'histoire ? Vous pouvez également visionner *Les Guerriers de l'apocalypse* (1979), de Kose Saito, qui imagine qu'une section des Forces japonaises d'autodéfense se retrouve mystérieusement projetée en plein Japon médiéval et va intervenir, au risque de changer l'histoire, avec son matériel de guerre moderne.

4

L'uchronie dans les autres médias

Si vous vous remémorez sans peine l'extrait de *La vie est belle* de Frank Capra, il est temps d'aller constater qu'il existe des œuvres pleinement uchroniques, voire mélangeant plusieurs genres, comme le font les bandes dessinées, que ce soit au cinéma, à la télé, dans les dessins animés. Toutefois, ne vous attendez pas à en trouver à chaque coin de rue ! Les œuvres que nous allons évoquer ont chacune leurs particularités. L'uchronie peut prendre bien des chemins détournés pour arriver à son but – réussir à servir une histoire – et c'est ce qui lui donne tout son sel.

Uchronie au cinéma

Comment retranscrire sur grand écran le thème de l'uchronie ? Comment réussir à expliquer aux amoureux du cinéma qui viennent se détendre ou réfléchir face à un scénario pop-corn ou retors pendant une durée comprise entre une et trois heures, son côté vertigineux ?

Plusieurs cinéastes s'y sont essayé en ayant chacun sa façon de voir les choses. Exemple avec l'uchronie pleinement assumée de *En Angleterre occupée*, de Kevin Brownlow et Andrew Mollo. Ce film expérimental britannique, datant de 1967, imagine que l'Allemagne nazie a envahi l'Angleterre juste après la défaite de la France en juin 1940 et occupe celle-ci depuis lors. Nous sommes en 1944, et nous allons suivre les mésaventures d'une jeune femme, Pauline, qui va découvrir dans une succession de tableaux la réalité du nazisme et de l'occupation de son pays. Ce film intrigue car il est réalisé avec peu de moyens et beaucoup d'acteurs amateurs, y compris d'anciens soldats allemands et, ce qui lui valut de nombreux problèmes, des néo-nazis britanniques. Pourtant, en leur donnant la parole – à travers une scène extrêmement dure, qui fut coupée au montage, et que les spectateurs peuvent découvrir maintenant dans son intégralité dans le DVD – Brownlow et Mollo soulignent le message qu'ils veulent faire passer : le discours de haine, d'ignorance et de rejet des adhérents au nazisme n'a pas évolué. Avec ce film, nous contemplons une des premières œuvres uchroniques intégralement pensée en tant que telle. Nous vous recommandons la lecture du journal de tournage, qui s'est déroulé de 1957 à 1967, paru aux éditions La Tour Verte pour découvrir l'envers du décor et les nombreuses difficultés, que ce soit pendant le tournage ou après, que rencontra le film. Jamais exploité auparavant dans le marché vidéo, il vient enfin de sortir en DVD en février 2014, en version originale sous-titrée.

Sur un registre plus léger et néanmoins incontournable, comment ne pas parler de la trilogie *Retour vers le futur* (*Back to the Future*) de Robert Zemeckis (1985, 1989 et 1990) qui réussit à combiner merveilleusement le voyage dans le temps et l'uchronie ? Marty McFly se retrouve embarqué par son ami Doc Brown dans une machine à voyager dans le temps et va vivre de tumultueuses aventures que ce soit dans le passé ou le futur. Suivre les deux comparses dans les couloirs du temps, c'est partir pour un voyage décapant et posséder, de surcroît, un de ces films qui permettent d'expliquer simplement, à tout un chacun, bon nombre de notions comme le voyage dans le temps, l'uchronie, l'uchronie personnelle, les réalités parallèles, et le tout avec humour et un sens du détail hallucinant, que ce soit au niveau des dialogues, des scènes et de certains éléments du décor. Zemeckis signe là, tout simplement, une trilogie culte.

Changeons à nouveau de registre avec le film de Germinal Alvarez, *L'Autre Vie de Richard Kemp*, sorti en 2013. Le réalisateur nous propose un voyage temporel original et bien fichu, louvoyant entre enquête policière, personnages à la dérive et uchronie personnelle. Un flic désabusé est appelé sur une scène de crime. Très troublé par la mise en scène de celle-ci, il se rend compte qu'un tueur en série qui avait sévi dans cette ville (celle-ci est une création imaginaire combinant divers quartiers de différentes villes françaises) en 1989 est de retour. Le héros, jeune policier promis à un brillant avenir, avait à l'époque échoué à comprendre le mode opératoire du tueur, et celui-ci avait disparu en laissant derrière lui deux dernières victimes : une jeune femme enlevée et le collègue de notre policier. Par un concours de circonstances, le héros se retrouve projeté dans le passé, juste avant les premiers meurtres. Rongé par la culpabilité, ayant vu sa vie personnelle sombrer petit à petit, il va essayer d'empêcher les meurtres en orientant les recherches de la police de l'époque, tout en évitant de se croiser lui-même… Bien construit, avec des personnages fort bien dessinés et très bien interprétés (Jean-Hugues Anglade et Mélanie Thierry sont remarquables), Germinal Alvarez déroule patiemment sa pelote de laine temporelle nous menant à un final tenant à la fois ses promesses et réussissant à nous surprendre par certains points. Un film vraiment plaisant et sortant des sentiers battus.

Avec *Il était temps* (*About Time*, 2013), Richard Curtis propose lui aussi un film louvoyant entre voyage temporel et uchronie personnelle. À 21 ans, Tim Lake découvre qu'il a la faculté, comme son père, de voyager dans le temps. Il se rend bien vite compte que ce don peut avoir des effets collatéraux désagréables. Il décide d'utiliser cette capacité pour améliorer sa vie et trouver l'âme sœur. Commence pour lui la quête de la femme idéale, et lorsqu'il tombe amoureux, celle du bonheur conjugal. Si les retours dans le passé permettent à Tim de corriger ses erreurs, ils ne le protègent pas de la peine et des chagrins familiaux. Scénariste de *Quatre mariages et un enterrement*, de *Coup de foudre à Notting Hill* et de *Bridget Jones : l'Âge de raison*, réalisateur de *Love Actually*, Richard Curtis s'est taillé une solide réputation de maître anglais de la comédie romantique. Il la confirme ici avec le splendide *Il était temps*, pétillant et nostalgique, qui aborde avec beaucoup de délicatesse les drames familiaux. Porté par la charmante Rachel McAdams, ce film marie avec grâce et finesse émotion, bons sentiments et humour. Le scénario ménage quelques surprises aux spectateurs. L'uchronie personnelle est, ici, un vecteur de changement positif puisque le personnage tente de rendre sa vie – et celle de ses proches – meilleure. *Il était temps* est un « feel good movie » plein d'humanité à conseiller à toute la famille.

La notion de boucle temporelle doit beaucoup au très bon film d'Harold Ramis, *Un jour sans fin* (1993), qui fait revivre encore et encore à son héros sa pire journée. Le personnage, égocentrique et peu sympathique, va tout tenter pour sortir de cette boucle. Petit à petit, il s'humanise, se (re)découvre, et nous fait passer du rire aux larmes. Sorti en 2014, le film *Edge of Tomorrow* de Doug Liman joue avec le même principe mais en le transposant dans un univers de science-fiction. L'humanité combat des extraterrestres invincibles après leur invasion de l'Europe. Les Alliés planifient un débarquement sur les côtes françaises. Projeté dans une boucle temporelle, le héros revit, jour après jour, ce débarquement. À chaque nouvelle mort, il ressuscite avec ses souvenirs et décide d'utiliser au mieux cette capacité en s'entraînant sans relâche afin d'amener l'humanité vers la victoire. *Edge of Tomorrow*, blockbuster efficace et bien rythmé, comporte une dimension hommage puisqu'il fait explicitement référence aux événements des deux guerres mondiales (bataille de Verdun, débarquement de Normandie...) en remplaçant les Allemands par des envahisseurs extraterrestres. La date de sortie aux USA, le 6 juin 2014, correspond à la commémoration du 70e anniversaire du D Day. Le film est l'adaptation d'un roman du japonais Hiroshi Sakurazaka, *All You Need Is Kill* (paru en 2004 au Japon et en 2014 en France). Il a aussi bénéficié d'une adaptation sous forme de manga (deux tomes chez Kazé Manga en 2014 en France).

Dernièrement nous avons également vu la multiplication des uchronies dites de fiction, à savoir l'intégration de l'uchronie à des univers qui possèdent leur propre chronologie interne, le procédé permettant de faire (re) découvrir une licence établie tant aux fans de toujours qu'aux nouveaux venus. Comme exemples marquants, vous avez le choix entre le *Star Trek* de J. J. Abrams (2009) et le *X-Men : Days of Future Past* de Bryan Singer (2014).

À côté de ces films, il existe d'autres œuvres, plus étranges, comme *Donnie Darko* de Richard Kelly (2001), uchronie personnelle fantasmagorique où le héros, un jeune adolescent intelligent mais manifestement perturbé, va se voir sauvé par un ami imaginaire, un lapin géant, qui va lui demander de faire certains choix avant la fin du monde, qui doit survenir dans vingt-six jours[29]. Ou encore *Mr. Nobody* de Jaco Van Dormael (2009) réinterprétant à l'infini la notion de choix qui s'offre à chacun d'entre nous en nous narrant l'histoire d'un être humain mourant qui revient sur les possibilités qu'il a rencontrées tout au long de sa vie. Déchiré par ceux-ci, il décide d'imaginer chacun d'eux et de voir ce qui se serait passé s'il avait choisi non pas une option mais chacune d'entre elles. *Entre deux rives* (de Alejandro Agresti, 2006), adaptation américaine d'un film sud-coréen, est une comédie romantique qui exploite le voyage temporel et l'uchronie personnelle de très belle manière. Nous suivons un échange de lettres, par le biais d'une boîte postale temporelle, entre un homme et une femme situés à quelques années d'écart sans qu'ils le sachent. Vous pouvez également regarder *30 ans sinon rien* de Gary Winick (2004), ou comment une adolescente fait un voyage dans le temps et se découvre à trente ans. Fous rires et réflexion douce-amère sur ce que nous devenons seront au rendez-vous, avec une belle uchronie personnelle à la clé à la fin du film.

Mais à côté de ces films, combien d'échecs, de ratages sans nom ! Nous n'en citerons qu'un, il s'agit de *Super Mario Bros* de Rocky Morton et Annabel Jankel (1993) qui met en scène deux mondes parallèles : le nôtre et un autre où les dinosaures auraient survécu. Scénario bancal, effets spéciaux qui ont très mal vieilli et décors

---

[29] Ce film va révéler l'acteur Jake Gyllenhaal, qui, en 2011, fut aussi à l'affiche du film *Source Code*, qui joue avec la notion de boucle temporelle. Il interprète un soldat qui revit, grâce à une technologie d'avant-garde, les huit dernières minutes du passager d'un train qui va exploser, à cause d'une bombe. Il doit essayer de trouver le poseur le plus rapidement possible afin que les autorités l'arrêtent avant un autre attentat.

pauvres, acteurs sans charisme : le regretté Bob Hoskins, incarnant sans trop y croire et en cabotinant à tout va le plombier qui a fait la gloire de Nintendo, a dû amèrement regretter sa participation à ce qui fut un échec complet. À côté de ce film et si vous êtes fans de jeux vidéo, nous vous recommandons par contre le très bon *Scott Pilgrim* d'Edgar Wright (2010) qui vous raconte l'histoire d'un jeune adulte, rapidement obsédé par une jeune femme mystérieuse qu'il croise et qui accepte de sortir avec lui à condition qu'il batte en duel ses sept ex maléfiques… Le film est construit comme un jeu vidéo, avec personnages unidimensionnels, progression du scénario comme une quête, avec différents niveaux menant à la conquête de l'être aimé, le tout en combattant avec des attaques dignes de *Street Fighter* ! Et là vous vous demandez où est le rapport avec l'uchronie ? Vers la fin du film, elle est utilisée à la fois comme pirouette et comme *deus ex machina* scénaristique pour permettre au héros de rejouer le combat final, comme si vous insériez une nouvelle pièce dans la borne d'arcade. Brillant !

En dehors des États-Unis et de l'Europe, l'uchronie se retrouve-t-elle dans d'autres pays ? Bien sûr, mais là aussi, ne vous attendez pas à un raz de marée : nous connaissons un thriller sud-coréen, *2009, Lost Memories* de Lee Si-myung (2002), qui joue sur le voyage temporel amenant une uchronie. Situé dans un monde – l'introduction du film est superbe à ce niveau – où le Japon n'a jamais lâché son emprise sur la Corée (pour la petite histoire, la Corée faisait partie de l'Empire japonais jusqu'en 1945) et où des groupes de résistants luttant contre l'occupant japonais sont considérés comme des terroristes, il narre les aventures de deux agents du Japanese Bureau of Information. Nos deux héros vont rapidement se battre pour leur conception du monde. Le fait que l'un des deux soit coréen et que son père ait été exécuté comme terroriste n'aide pas. Quant à l'autre, il s'agit d'un japonais pur et dur. Film d'action efficace, il se perd malheureusement en route à travers des scènes censément dramatiques qui tombent à plat et qui font traîner le film en longueur. C'est un peu le même écueil de *K-20 : L'Homme aux 20 visages* du Japonais Shimako Sato (2009). Ce dernier reprend une icône nationale, un personnage créé par le romancier Rampo Edogawa, en lui donnant des aventures situées en terre uchronique, puisque nous sommes dans un monde où, en 1949, la séparation des classes japonaises n'a jamais eu lieu. Le pays est donc toujours gouverné par les nobles et l'Empereur, et le pauvre peuple continue de ronger son frein, sans pouvoir rêver à des lendemains qui chantent (cela ne vous rappelle rien ?). Heureusement un voleur joue de bons tours en ridiculisant la police et en spoliant les plus riches, mais sans rien redistribuer aux plus opprimés. Un jour, en plein cambriolage, un acrobate de cirque est accusé d'être K-20. Fuyant la police, il va devoir, bien malgré lui, devenir le justicier que le peuple réclame. Si, sur le papier et pendant la première demi-heure, on se laisse prendre au jeu grâce aux décors rétro-futuristes somptueux, on s'ennuie rapidement devant une mise en scène assez académique, et de surcroît très lente, sans oublier des acteurs cabotinant à outrance, ou des scènes d'action assez poussives… Ne venez pas nous dire qu'on ne vous a pas prévenus ! Préférez-lui plutôt *Returner* de Takashi Yamazaki (2003), film d'action démesuré, taillé – et créé – pour son acteur principal, Takeshi Kaneshiro, qui joue également le héros de *K-20*. Une jeune fille, venue du futur, tente d'empêcher l'arrivée d'extraterrestres et la guerre d'extermination impitoyable qui s'en suit. Elle sera aidée par un tueur à gages qu'elle embarque dans une aventure menée à cent à l'heure sans lui demander son avis. Film d'action explosif, *Returner* constitue un divertissement honnête et efficace, avec une histoire alternative et une uchronie personnelle à la clé.

Ainsi, que ce soit à travers des superproductions, des comédies, des films d'action ou des thrillers, l'uchronie n'a pas de mal à se faire une place sur grand écran. Dernier exemple, dans la catégorie « adaptation d'œuvre déjà uchronique » avec *Watchmen* (2009) de Zack Snyder. Le film respecte le décor uchronique du comics d'Alan Moore et de Dave Gibbons et ne prend que quelques légères libertés avec certains éléménts de l'intrigue. Dans ce monde, des personnes se sont auto-proclamées super-héros et ont accompli des exploits les faisant entrer dans l'histoire populaire (le générique de début réussit l'exploit de condenser en quelques minutes des pages et des pages du comics originel). L'un d'entre eux, le Dr Manhattan, se trouve être un véritable super-héros, doté de super-pouvoirs, et qui est devenu, suite à un accident, l'arme ultime des Américains face à la menace communiste. Il permet notamment aux USA de remporter la guerre du Vietnam. L'action du comics et du film commence à la fin des années 1980, dans une Amérique où Nixon a été réélu triomphalement pour la troisième fois (et a, de fait, abrogé la loi, instaurée par le président Truman, forçant les présidents à ne réaliser que deux mandats successifs), a mis en place une dictature qui ne dit pas son nom et interdit aux super-héros d'exercer leurs talents, en dehors du Dr Manhattan. Pourtant, les héros vont revêtir une dernière fois leurs costumes quand l'un d'entre eux se fait tuer, et que la menace d'une guerre nucléaire se précise de plus en plus. Le film de Zack Snyder est une vraie réussite, adaptant brillamment une œuvre culte, possédant plusieurs niveaux de lecture et revisitant avec brio le mythe du surhomme dans l'imaginaire américain. Ce film reste un tour de force, porté par une musique jamais prise en défaut. Un incontournable, tout comme l'œuvre qu'il adapte.

Certains d'entre vous peuvent être surpris par l'absence de la saga *Terminator*, celle-ci reposant sur le voyage dans le temps afin de réécrire le passé. Nous aurions pu l'inclure si elle s'était arrêtée avec le deuxième film (d'ailleurs pour les auteurs c'est le cas). Or, la saga continue, de manière hasardeuse, en détruisant le postulat de base créé par James Cameron – un voyage dans le temps développant une histoire secrète dans le premier film et un voyage dans le temps menant à une uchronie dans le deuxième. Le troisième film, en mettant scène le fameux Jour du Jugement (l'annihilation d'une bonne partie de l'humanité par le programme de défense autonome Skynet), supprime de fait la conclusion optimiste du deuxième film en considérant que la guerre était inévitable. Et c'est regrettable.

Animés

L'uchronie dans les dessins animés se retrouve essentiellement au Japon. Qu'il nous soit permis toutefois de mentionner la fin des *Douze Travaux d'Astérix* (1976) qui, sous prétexte que nous sommes dans un dessin animé, se permet de rêver une histoire alternative où les Gaulois l'emportent sur Rome, et de manière drôle et décalée.

Si le Japon possède peu de films uchroniques, son industrie du dessin animé produit tellement d'œuvres qu'il n'est pas étonnant d'y trouver des uchronies complètement assumées, comme *Jin-Roh, la brigade des loups* (1999) issu d'une licence développée par Mamoru Oshii, scénariste, réalisateur et mangaka reconnu (*Ghost in the Shell*, *Patlabor*, *Appleseed*). Ce dessin animé fait partie d'un cycle, débuté avec des films qui ne sont jamais arrivés sur le marché européen. L'action se situe dans un monde où le Japon n'a jamais signé de pacte avec l'Allemagne nazie et où il n'a pas déclaré la guerre avec les États-Unis. L'Allemagne a gagné la guerre en Russie grâce à l'utilisation d'armures de combats (l'équivalent des armures du Moyen Âge) lors de la bataille de Stalingrad. Hitler est mort lors d'un attentat en 1944 et l'Allemagne occupe le Japon après avoir largué une bombe atomique sur celui-ci. Pourquoi ? Comment ? Le film ne nous explique rien. Il commence avec des images en noir et blanc, qu'on pourrait croire tiré d'un documentaire, et nous narre une autre histoire, celle d'un Japon qui s'est transformé en dictature, qui crée une police urbaine lourdement armée et équipée des fameuses Panzer Armures, qui combat sans se soucier des pertes et des destructions des groupes de résistants, amalgamés sous le sobriquet La Secte. Il s'agit là d'un film dur, dépeignant une guerre interne entre services de contre-espionnage. Nous suivons un soldat, coupable de ne pas avoir tué sans hésiter une jeune femme pourvoyeuse d'explosifs. Il subit un lavage de cerveau pour redevenir une parfaite machine à tuer. Le conte du petit chaperon rouge sert de fil conducteur à toute l'histoire. Ceux qui connaissent l'histoire du Japon y liront aussi une parabole sur les années d'après-guerre et la violente contestation sociale de 1968. Une œuvre ambitieuse, intelligente, et marquante à plus d'un titre.

Pour le reste nous avons beaucoup d'animés où l'uchronie sert essentiellement de décor. Ainsi *Gunparade March* (une saison de douze épisodes est disponible en France chez Déclic), adaptation d'un jeu vidéo, nous projette dans un monde alternatif où la Terre a été envahie par des extraterrestres, appelés Phantom Beasts, qui ont forcé l'humanité à faire front commun. En 1999 la guerre continue et les Japonais, créateurs de machines de combats humanoïdes (les fameux *mecha*) combattent dans leur propre pays. Contrairement à ce qu'on pourrait croire, la série raconte le quotidien de jeunes appelés, des lycéens. Elle se focalise sur une histoire d'amour entre deux d'entre eux. Guerre, perte des amis au combat, développement d'armes terribles à même d'annihiler l'adversaire (et qui rappelle fortement la bombe nucléaire sauf que l'arme est ici activée par de jeunes enfants, symbole par excellence de l'innocence sacrifiée par la guerre), tout cela sert de parabole à ce que le Japon a fait et vécu pendant la Seconde Guerre mondiale.

Les studios d'animation japonais aiment jouer avec des univers ressemblant beaucoup au nôtre mais avec une technologie rétro-futuriste (l'animé *Last Exile* en est un bon exemple). Pourtant l'uchronie se retrouve dans certaines œuvres, et réussit à s'intégrer de manière originale. *Aldnoah Zero*[30] imagine le postulat uchronique suivant : en 1972, la mission Apollo 17 (dernière mission du programme spatial) découvre sur la face cachée de la Lune une technologie extraterrestre. Il s'agit d'un portail, fruit d'une civilisation manifestement avancée, qui permet de se rendre instantanément sur Mars. Un programme de colonisation de la planète rouge est lancé. Les colons s'installent et utilisent les reliquats de l'ancienne civilisation pour s'émanciper de la planète Terre. Sans programme de terraformation (rendre vivable une planète selon les normes terrestres), la nouvelle civilisation martienne s'enfouit dans le sol et construit de gigantesques villes closes. Mars s'autoproclame Empire et s'attaque à la Terre en 1999 (des bribes du conflit sont explicitées tout au long de la série, ainsi nous apprenons qu'une grande partie de la Lune a été détruite et s'est écrasée sur Terre). Sans ressources propres, la civilisation martienne s'enferme dans le radicalisme et met en place une propagande antiterrienne auprès de sa population. Alors que la fille de l'Empereur vient sur Terre pour sceller un traité de paix entre les deux planètes, un attentant sur sa personne fait débuter une deuxième guerre, que nous suivons au quotidien, à travers différents protagonistes des deux camps. La série est extrêmement agréable à regarder, et réussit

[30] Série d'animation réalisée par les studios Troyca et A-1 Pictures Inc, prévue en vingt-cinq épisodes. La première partie a été diffusée pendant l'été 2014 sur la plateforme Crunchyroll (douze épisodes). La deuxième partie sera disponible à partir de janvier 2015.

à intégrer certains thèmes traditionnels de l'animation japonaise (vous avez dit robots géants ?) avec des personnages intéressants, et une cliffhanger final qui vous laisse pantois. Tout comme la série *Code Geass: Lelouch of the Rebellion*[31] autre animé uchronique qui ne dit pas son nom mais en présente toutes les caractéristiques : elle part du principe de l'existence d'une noblesse celte qui se fédère autour d'un roi, Eowyn, pour lutter contre Jules César. L' Empire de Britannia perd face au Premier Empire français et se réfugie en Amérique, d'où elle partira à la conquête du monde avec l'aide d'armes extraordinaires. Après la conquête du Japon (et son intégration sous le nom de Zone 11), un jeune homme va hériter d'un don (qui force toute personne à lui obéir sans discuter) et devenir le leader de la rébellion en marche. Entre jeux de pouvoir, combats de robots, double-jeu du héros et retournements de situations, la série tient en haleine jusqu'à la fin.

Pour conclure cette partie, citons deux dessins animés uchroniques provenant de chez Disney. Tout d'abord, *Cendrillon 3, Le Sortilège de Cendrillon*, sorti directement en vidéo en 2007, imagine rien de moins qu'une uchronie à partir du personnage de Cendrillon. Et enfin, à venir pour fin 2015, une œuvre issue des studios Pixar où les dinosaures n'ont pas disparu car il n'y a pas eu de chute de météorite (*The Good Dinosaur*). Se situant de nos jours, nous allons suivre Arlo, un brontosaure, qui va sympathiser avec un jeune humain, Spot. Ensemble ils vont essayer de restaurer la paix entre les deux communautés. Nul doute qu'avec ce dessin animé, la notion d'uchronie sera à nouveau mise en valeur.

[31] Série d'animation créée par le studio Sunrise et diffusée au Japon de 2006 à 2008 (cinquante épisodes). La série est intégralement disponible en France chez Kazé.

L'uchronie à la télévision

L'uchronie à la télévision présente deux caractéristiques principales :

- En premier lieu des uchronies internes à des séries, mettant en scène des voyages temporels, la découverte d'un univers parallèle ou encore le phénomène de la boucle temporelle. Ceux-ci sont là pour montrer l'infinité de choix possibles qui s'offre aux protagonistes, y compris dans un univers de fiction.
- En deuxième lieu des séries complètement uchroniques, ou jouant avec un principe qui lui est proche.

Comment ne pas commencer avec la série originelle de *Star Trek*, une des premières du genre à proposer divers voyages originaux, que ce soit dans un épisode où nos héros découvrent un monde parallèle au leur, où leurs alter ego, doubles négatifs d'eux-mêmes et de leur mission pacifique, attaquent sans vergogne au nom d'une Fédération violente et guerrière, ou dans deux épisodes de *Star Trek : Enterprise* (épisodes 1 et 2 de la saison 4) où les membres de l'équipage doivent lutter contre les nazis aidés d'extraterrestres qui leur ont permis de modifier l'histoire à leur avantage. Depuis, l'*Enterprise* a voyagé dans le temps, découvert d'autres réalités parallèles, et ce, à travers les nombreuses incarnations de cette série mythique.

Depuis, bon nombre de séries mettent en scène leurs épisodes quasi ou complètement uchroniques. Entre les voyages dans le temps, débouchant soit sur une histoire secrète, soit sur une histoire alternative, les mondes parallèles où l'histoire des héros a divergé, les rencontres entre univers parallèles afin que l'un aide l'autre, ainsi que les phénomènes de boucle temporelle, on peut dire que les scénaristes en ont fait vivre de toutes les couleurs à leurs créations !

Comment les lister toutes, comment les juger ? Cela nous paraît une tâche trop dantesque pour ce guide mais qu'il nous soit permis de citer au moins quelques séries jouant de très belles manières avec ces idées, que ce soit *Buffy contre les vampires*, *Stargate SG-1* (et ses séries dérivées), *Friends*, *Supernatural,* voire même *Lost*, cette dernière jouant à la fois sur le voyage temporel et sur la notion d'uchronie personnelle. La série canadienne *Eureka* (2006-2012) imagine quant à elle qu'une communauté de scientifiques a été réunie dans une ville américaine après la Seconde Guerre mondiale, ville qui n'est répertoriée sur aucune carte. Toutes les innovations technologiques de notre monde ont été inventées là-bas. Bien entendu, cette ville attire les convoitises. Pour renouveler la série, ses créateurs ont eu l'idée de génie de faire voyager les héros dans le passé et, lorsque ces derniers reviennent dans le présent, ils s'aperçoivent qu'il ne s'agit pas de celui qu'ils ont quitté, mais d'un présent modifié. Ne pouvant plus rien changer, ils sont obligés de composer avec cette nouvelle réalité.

Les séries TV spécifiquement uchroniques sont peu nombreuses. Certaines ont même connu un échec cuisant alors qu'elles avaient tout pour réussir. Ainsi *Sliders : Les Mondes parallèles* démarre de manière plus que satisfaisante en faisant voyager son équipe de héros dans des mondes parallèles alternatifs. Si la série dure cinq saisons, vous pouvez ne garder en mémoire que les deux premières. À partir de la troisième la qualité se dégrade, et mieux vaut même oublier les deux dernières saisons. Un changement d'acteurs principaux et un scénario réduit à sa plus simple expression ont eu raison de la série. Comme beaucoup d'autres avant et après elle, elle se termine sur un cliffhanger jamais résolu. *Day Break*, basé sur le principe de la boucle temporelle mixée avec une enquête policière, se verra purement et simplement déprogrammée aux USA après quelques épisodes. Les fans pourront voir la fin de la série sur le net, et les téléspectateurs français pourront également la regarder sans problème par ce biais. Pourtant l'intrigue – basée sur la répétition en boucle d'une journée infernale pour un policier qui se fait arrêter le matin et exécuter le soir – était intelligente et plaisante avec toutes les tentatives du héros de modifier l'histoire en tentant diverses choses. Mais que voulez-vous faire quand le public ne suit pas ?

À côté de ces échecs, il existe quand même de très belles réussites. Ainsi la série *Demain à la une*, diffusée sur le réseau américain de 1996 à 2000, totalise quatre-vingt-dix épisodes répartis sur quatre saisons. La série s'inspire de cette possibilité magique : et si vous possédiez le journal annonçant les nouvelles du lendemain, que feriez-vous ? Le héros de la série, Gary Hobson, se met à recevoir, chaque matin, le journal du lendemain (amené par un chat roux). Notre héros va donc l'utiliser pour aider les gens, et empêcher des accidents de survenir. Au fur et à mesure des saisons, nous découvrons que Gary n'est pas le seul bon samaritain à profiter du fameux journal (lui, par exemple, officie à Chicago) et que l'entreprise qui gère ce journal si particulier semble plus qu'humaine (regardez vers le ciel en prenant un air entendu). Lorsque Gary parvient à empêcher un accident, le journal se modifie au moment où l'histoire bascule ; l'article est réécrit de manière quasi magique.

Gary sauvera des vies, voyagera dans le passé, se posera des questions notamment sur la raison pour laquelle il reçoit ce fameux journal. Le spectateur trouvera des réponses dans les derniers épisodes de la série. *Demain à la une* reste une série récréative, sympathique et toujours agréable à regarder.

Un peu dans le même genre, nous vous recommandons la série canadienne *Les Vies rêvées d'Erica Strange* (quatre saisons totalisant quarante-neuf épisodes), où vous découvrirez les vertus de la psychanalyse uchronique ! Une jeune femme, Erica Strange, a perdu toute confiance en elle et regrette profondément certains actes de son passé. Elle rencontre une sorte de psy magique, qui peut faire apparaître son cabinet où il le désire, et choisit ses patients. À chaque séance, Erica évoque un souvenir désagréable ; son psy la renvoie dans le passé et elle essaie de changer celui-ci pour le meilleur et pour le pire. La série porte une réflexion loin d'être innocente sur le regret qui accompagne souvent l'uchronie, surtout quand il s'agit de notre vie personnelle, où nous avons clairement l'impression qu'un autre chemin était possible face à certaines décisions. Loin d'être manichéenne, la série surprend par certains choix narratifs. Ainsi, Erica réussit souvent à modifier un événement passé, au prix de diverses difficultés. Cela lui permet de regagner confiance en elle mais également d'accepter d'avancer dans la vie en n'ayant plus peur de faire des choix en pensant qu'elle fait systématiquement le mauvais. Toutefois, par le biais d'une pirouette scénaristique, les scénaristes montrent que certains événements ne peuvent être changés. La famille Strange est traumatisée par la mort du frère cadet d'Erica, décédé de manière accidentelle. Erica, passant outre les recommandations de son psy, modifie ce drame en empêchant la mort de ce frère tant aimé. Seul problème, celui-ci connaîtra quand même une fin funeste. *Deus ex machina* ? Oui, mais la mort est quelque chose de particulièrement dur à mettre en scène dans une œuvre de fiction. *Les Vies rêvées d'Erica Strange* se révèle être une série attachante et profondément humaine, grâce à une héroïne qui évolue tout au long de la série et finit par s'accepter telle qu'elle est. Et ce message est réconfortant.

Autre grand succès, *Fringe*, cocréée par J. J. Abrams, Alex Kurtzman et Roberto Orci, qui joue sur les contacts progressifs entre deux mondes parallèles, notre réalité et une autre présentant des différences notables au niveau urbain, technologique mais également au niveau de la vie des doubles des protagonistes du « monde réel ». La série compte cent épisodes sur cinq saisons. Pour en apprécier tout le sel, rien de mieux que de vous plonger dedans !

Il nous apparaît également important de mettre en avant une série britannique *Life on Mars* (deux saisons, seize épisodes) et sa suite *Ashes to Ashes* (trois saisons, vingt-quatre épisodes, non diffusée en France). Nous suivons l'histoire de policiers qui voyagent dans le temps suite à un accident et se retrouvent projetés dans les années 1970 pour la première série et dans les années 1980 dans la seconde. *Ashes to Ashes* apporte toutes les réponses aux questions existentielles non résolues à la fin de *Life on Mars*. Les deux séries offrent une très belle parabole sur les changements qui s'opèrent en Angleterre ainsi qu'une réflexion vertigineuse à la fin de *Ashes to Ashes*, et très bien amenée de surcroît.

Comme vous le voyez, le monde des séries télé réussit petit à petit à utiliser l'uchronie avec toutes les contraintes inhérentes au format mais avec un résultat bien plus audacieux qu'au cinéma.

Cabinet de curiosités

Afin de continuer notre panorama, nous vous proposons de découvrir comment d'autres médias, comme les jeux, la musique ou encore le théâtre, utilisent l'uchronie. Ne vous attendez pas, encore une fois, à une liste exhaustive, mais plutôt à une promenade incitative afin de vous forger votre propre opinion et découvrir comment l'uchronie peut s'adapter à différents supports, et servir avant tout de moteur à une histoire sortant des sentiers battus.

Jeux

L'uchronie ludique vise à raconter une histoire mais en prenant un parti pris original : il s'agit d'impliquer le lecteur à travers un processus décisionnel qui lui donne l'impression qu'il influe sur le cours de l'histoire. Toutes les formes de jeu se retrouvent concernées, que ce soit à travers des *wargames* (simulation de bataille historique pour un ou plusieurs joueurs) sur carte ou sur ordinateur, à travers des livres dont vous êtes le héros, des jeux de rôle ou encore des jeux vidéo.

Jeux de rôle / de plateau

Étrangement, il existe peu de jeux de rôle et de jeux de plateau spécifiquement uchroniques. La seule hypothèse d'explication qui nous vient à l'esprit est que les thèmes classiques (médiéval fantastique, aventure, *space opera*, cyberpunk, etc.) se suffisent à eux-mêmes. Pourtant l'uchronie réussit ici aussi à s'inviter et à mettre en scène des variations intéressantes pouvant sortir des sentiers battus.

L'un des premiers jeux de rôle, à notre connaissance, à parler d'une certaine d'uchronie s'appelle *Mega*. Il a connu quatre incarnations (dont une sous la forme d'un hors série du magazine *Casus Belli*) et la dernière est disponible en ligne gratuitement[32]. *Mega* vous permet de vivre des aventures en tant que Messagers Galactiques recrutés par une sorte d'ONU intergalactique et interdimensionnelle et envoyés pour résoudre aussi pacifiquement que possible des situations de crise. Le jeu traite indirectement d'uchronie puisque les héros visitent des mondes parallèles qui peuvent être des versions alternatives du nôtre.

Par la suite est sorti l'un des rares jeux de rôle complètement uchroniques. Il s'agit d'une adaptation du *Monde de la Terre Creuse* (basé sur la série de romans d'Alain Paris, parue chez Fleuve Noir, qui se situe près de huit cents ans après la victoire du Reich pendant la Seconde Guerre mondiale dans un monde revenu au Moyen Âge). Si le cycle a eu son petit succès, on ne peut pas en dire autant du jeu de rôle. Il est à présent assez difficile de se procurer des exemplaires, la petite maison d'édition qui s'en occupait ayant mis la clé sous la porte. Pour les amateurs de la bête, il existe un jeu de base, un écran et un *Guide de l'Impérium* décrivant l'univers et permettant à quelques rôlistes d'aller combattre le Reich, le tout dans un contexte post-apocalyptique.

Plus original, le jeu de rôle *Château Falkenstein* (Éditions Descartes). Un illustrateur californien, Tom Olan, visitant le château de Neuschwanstein, se retrouve soudainement transporté dans un monde parallèle. Il

[32] Mega4, http://www.messagers-galactiques.com/joomla/

a été amené ici par un sortilège lancé par Morrolan et Auberon, deux magiciens (humain et elfe) alliés au roi Ludwig II de Bavière, qui cherchent une arme susceptible d'arrêter les armées prussiennes du Chancelier de Fer, Bismarck. Inutile de dire qu'ils sont assez déçus du résultat. Et pourtant, avec l'aide de Tom, la Bavière réussira à stopper pour un temps les rêves de conquête de Bismarck, l'homme au bras d'acier. Avec ce jeu de rôle, traduit par les éditions Descartes en 1995, on assiste là à un véritable enchantement. La première partie du livret, décrivant l'univers du jeu, est somptueuse : papier glacé, dessins magnifiques, histoire prenante. C'est de la *steam-fantasy* avant l'heure avec une belle uchronie à la clé car ce qui fait tout le charme de ce jeu, c'est son univers. Imaginez une Europe légèrement différente, peuplée de colonies naines, de dragons, d'elfes, où la magie existe encore, où l'histoire a connu quelques soubresauts uchroniques… Tout cela c'est le monde de *Château Falkenstein* ! L'un des deux rédacteurs de ce guide a découvert cet univers grâce à *Casus Belli* et acheté le livre de base suite à une superbe chronique rédigée par un certain Fabrice Colin. Que ce dernier soit ici chaleureusement remercié pour la découverte de ce joyau… Malheureusement, le jeu n'a rencontré qu'un succès d'estime et on ne le trouve plus que difficilement en occasion.

Dans *Deadlands Reloaded* (Black Book Éditions), vous pouvez décider de déambuler dans les terres étranges de l'Ouest, où la guerre de Sécession se poursuit encore en 1879. La découverte de la roche fantôme a permis la création de machines steampunk assez instables, et l'univers relevant du western spaghetti fantastique devrait séduire plus d'une personne.

Avec *Rétrofutur* (Multisim), résistez face aux agences toutes-puissantes qui ont remplacé les États-nations et ont créé un monde cauchemardesque. Bienvenue dans les *Twisted 50* ! Un monde où des villes gigantesques, les titanopoles, s'étendent partout, et où les personnes sont fichées et surveillées de leur naissance à leur mort. Tout cela à cause d'un contact avec des extraterrestres, les Étrangers, qui nous auraient donné accès à une partie de leur technologie afin de préparer leur arrivée. Et depuis l'humanité attend. Et si tout était faux ? Et si tout cela n'était qu'une fable pour légitimer la prise de pouvoir des Agences ? Rejoignez la Résistance ! Et changez le monde ! Pour tous ceux que cet univers intéresse, nous vous recommandons également le livre-univers *Europole, Guide de résistance dans la titanopole rétrofuturiste*, paru aux éditions Mnémos, qui revient de somptueuse manière sur cet univers au charme si particulier…

Vous aurez également la possibilité de lutter contre la tyrannie de l'être suprême dans la France révolutionnaire de 1795, mais une France où les Grands Anciens interviennent dans les affaires humaines… (*Khaos 1795* chez Les XII Singes.) Tentez de survivre au sein d'une Varsovie ravagée par la Première Guerre mondiale, qui dure depuis plus de cinquante ans… (*WarsaW* chez John Doe Éditions.) Ou bien menez des enquêtes dans un cadre relevant du film noir des années cinquante, mais dans une Amérique qui a vu les portes de l'Enfer s'ouvrir littéralement en 1942 et où les démons, nouvelle minorité, cohabitent tant bien que mal avec les humains (*Hellywood* chez John Doe Éditions). Vous pouvez également vous métamorphoser en criminel repenti cherchant à vous amender et entrer dans la cité maudite d'Edimburgh, enfermée derrière un mur depuis plus d'un siècle, suite à une « peste » qui a fait muter ses paroissiens… Londres garde toujours un œil sur la ville et y envoie de temps à autre des enquêteurs, munis d'un billet rouge, leur permettant d'y entrer, et surtout d'en sortir si leur enquête est bouclée ! (*Billet Rouge* chez Les Écuries d'Augias.)

Tous ces jeux montrent à quel point l'uchronie est certes peu nombreuse en terre rôliste mais est capable de proposer des cadres originaux.

Parler des jeux de plateau (et autres types) uchroniques risque de s'avérer problématique. Si le jeu de rôle possède peu d'univers relevant du genre, le jeu de plateau en présente encore moins ! Nous pouvons néanmoins citer *Dust*, création originale de Paolo Parente, qui permet de simuler... une Seconde Guerre mondiale uchronique ! Le jeu n'a pas été traduit en français mais se trouve sans difficultés dans les boutiques spécialisées ou sur Internet. Fans de *mecha* (robots de combat bipèdes), de monstres, et d'armes étranges, *Dust* devrait vous intéresser au plus haut point et vous permettre de continuer (encore et encore) cette guerre qui n'en finit plus...

Plus surprenant, le jeu de cartes *Steam Torpedo* (paru chez Serious Poulp) vous permet de simuler des duels de sous-marins dans un contexte post apocalyptique. L'Angleterre, pendant la Première Guerre mondiale, utilise un nouveau gaz et bombarde l'Allemagne. Seul hic, le gaz fonctionne au-delà de tout ce que l'état-major avait prévu : il dissout tous les assemblages moléculaires complexes et n'a pas une durée de vie limitée comme le pensaient les scientifiques... Le gaz dérive en France semant le chaos et la destruction sur son passage. La France se soulève et, apprenant que son allié prépare de nouvelles frappes, signe une paix de compromis avec l'Allemagne et déclare la guerre à l'Angleterre. 1924, vous prenez le commandement d'un sous-marin appartenant à l'un des deux camps en lice... Comme vous le voyez, vous pouvez faire du neuf avec un thème largement rabâché en le traitant de manière originale.

Enfin, aborder l'univers des *wargames* reviendrait à ne mettre avant qu'une production essentiellement anglo-saxonne qui décline d'année en année. Après avoir revisité la Seconde Guerre mondiale en long et en large, il est intéressant de remarquer que certains éditeurs n'hésitent pas à imaginer une hypothétique Troisième Guerre mondiale, entre l'URSS et les USA (Gamme *World at War* chez Lock N Load).

Pourquoi cette lente érosion ? Il faut partir du principe que les mentalités ont évolué et que le jeu vidéo s'est imposé comme média de masse et a permis à nombre de joueurs de mettre en scène soit des scénarios uchroniques dans des simulations historiques (*Civilization*, qui vous permet de créer et de développer une civilisation de ses balbutiements à son apogée) ou des *wargames*, reprenant le principe du tour par tour, où chaque joueur place ses pions et accomplit ses actions face à une armée ennemie lors d'une bataille (ou d'une campagne militaire voire d'une guerre). Le *wargame* sur ordinateur, s'il possède un terreau fertile avec la Seconde Guerre mondiale, voit de temps à autre des incursions uchroniques apparaître. Plutôt qu'un tour d'horizon, nous allons nous intéresser à certains d'entre eux.

Jeux vidéo

L'une des premières mentions, indirectes, de l'uchronie dans un jeu vidéo apparaît dans l'introduction de *Rocket Ranger* (édité par Cinemaware en 1988) : vous travaillez comme scientifique dans un fort militaire américain en 1940. La situation en Europe apparaît catastrophique, l'Allemagne nazie vient de conquérir les Pays-Bas et la Belgique et s'apprête à attaquer la France. Soudainement, dans votre laboratoire, apparaissent différents objets : un jetpack, un pistolet laser ou encore un manuel d'instruction. Le jeu commence sur ses mots : « Il y a cent ans les nazis ont gagné la guerre. C'était une erreur. À vous de l'empêcher ! » Le héros se retrouve donc dépositaire d'une technologie futuriste (et très rétro pour nous maintenant) et va donc combattre les nazis pour les empêcher de vaincre. De fait, nous avons un embryon d'uchronie, matinée d'histoire secrète et… d'extraterrestres (car les nazis ont, en 1940, une base sur la Lune). Un jeu qui n'a pas perdu de son charme ! Pour les curieux et les nostalgiques, il se trouve pour une bouchée de pain sur iTunes.

Le studio LucasArts (dérivé de LucasFilms) a lui aussi créé une forme d'uchronie avant l'heure en jouant avec le temps dans le très beau *point and click* (jeu vidéo où le protagoniste effectue des actions à l'écran en cliquant avec sa souris pour récupérer des éléments, les intégrer au décor, etc.) *Day of the Tentacle* où trois « héros » voyagent à différentes époques pour empêcher un tentacule maléfique de contrôler le monde dans le futur. Forcément leurs actions vont quelque peu modifier l'histoire (y compris dans le clin d'œil final du jeu).

Mais c'est véritablement le jeu vidéo *Titanic : une aventure hors du temps* (1996), qui vous propose de démêler une enquête sur le fameux navire avant qu'il coule, qui rentre complètement dans le registre de l'uchronie. Ainsi, vous pouvez modifier l'histoire et découvrir pas moins de sept fins uchroniques ! En effet le jeu vidéo, à travers vos actions, vous permet d'influer sur l'histoire européenne (en empêchant la Première et la Deuxième Guerre mondiale, ainsi que la Guerre civile russe par exemple) voire mondiale (la meilleure fin imagine un monde en paix en… 1942 !) Le tout en déambulant dans un navire de légende et en parlant avec bon nombre de protagonistes virtuels…

La même année sortait le premier jeu d'une franchise appelée à devenir célèbre : *Command & Conquer : Alerte Rouge*. Il s'agit à la base d'un jeu dérivé de *Command & Conquer* qui explique au joueur le passé de ce *wargame* en temps réel qui connut son heure de gloire. Et dieu sait qu'en la matière l'histoire a largement été réécrite pour notre plus grand plaisir !

Le savant Albert Einstein, à l'issue de la Seconde Guerre mondiale, déprimé par la bombe atomique, réussit à créer une machine temporelle et décide de modifier l'histoire afin d'empêcher le conflit. Il voyage donc en 1924 et désintègre un certain Adolf Hitler lors de sa sortie de prison. Hitler étant hors-jeu, le monde devrait pouvoir respirer… Mais c'était oublier Joseph Staline ! Le petit père des peuples décide d'apporter le communisme à l'Europe, puis au monde !

Alerte Rouge bénéficie d'un ton plus que décalé, entre jeunes femmes accortes en uniformes, armes fantasmagoriques et multiples hommages à la science-fiction. Le joueur a de quoi s'occuper, le tout en contrôlant de gigantesques armées afin d'infliger une correction monumentale à l'adversaire.

Nous allons maintenant nous intéresser à *BioShock*, une licence originale et particulière.

Pour comprendre cet univers il est nécessaire de jouer à deux des trois jeux : *BioShock* et *BioShock Infinite* (*BioShock 2* est clairement dispensable car il n'apporte rien à l'univers). Seul *BioShock Infinite* présente une uchronie (voisinant avec la théorie des mondes parallèles) et fait la jonction avec le premier volet (que ce soit au niveau de sa fin, mais surtout à travers l'extension *BioShock : Burial at the Sea* qui fusionne les deux univers).

Derrière la licence se cache un homme, Ken Levine, concepteur de jeu vidéo, responsable de studio. À travers *BioShock* et *BioShock Infinite*, il s'interroge sur l'utopie (et son contraire, la dystopie), sur les sociétés et leurs mythes, et réussit, dans ces deux jeux, à briser le quatrième mur. De quoi s'agit-il ? Du fait que le jeu s'adresse véritablement au joueur en transcendant l'écran, le clavier ou la manette. Vous êtes pris à partie en tant que joueur, et non pas à travers le protagoniste que vous incarnez.

Dans *BioShock*, dont l'action se déroule au début des années 1960, vous incarnez Jack qui, lors d'un voyage au-dessus de l'Atlantique, voit son avion s'écraser en pleine mer. Seul survivant, vous nagez vers un phare, qui se dresse majestueusement et mystérieusement en plein milieu de nulle part. Vous pénétrez dans un bathyscaphe, et découvrez alors, à travers un petit film, la cité utopique de Rapture, bâtie au fond de l'océan par Andrew Ryan. Homme d'affaires richissime, déçu tant par la Russie communiste que par les États-Unis capitalistes, il a décidé de créer un endroit où les hommes puissants, les scientifiques, les artistes pourraient créer et vivre en toute tranquillité sans devoir de contrepartie à un État forcément tyrannique et envahissant. Rapture possède de surcroît une science pour le moins étonnante, grâce à un agent mutagène, aussi rare que précieux, l'Adam, qui permet aux habitants de bénéficier de pouvoirs psys (création de flammes, de glace et autres). Pour pouvoir être utilisé, l'Adam a besoin d'un « carburant », dénommée Eve. L'Adam est collecté par des petites filles un peu spéciales, les petites sœurs, qui ont été créées par la ville à l'aide de manipulations génétiques. Elles sont systématiquement accompagnées de gardes du corps gigantesques et meurtriers, les Protecteurs (ou Big Daddies). Tout va pour le mieux dans le meilleur des mondes ? Pas vraiment car tout ce petit monde idyllique s'effondre comme un château de cartes lors du réveillon du Nouvel An 1959.

Quand vous débarquez, la cité est en ruine. Les habitants encore en vie, atteints de diverses difformités et devenus fous, traquent leur semblable pour se repaître d'Adam et continuer à utiliser leurs pouvoirs. Vous découvrez alors les secrets et l'histoire de Rapture en récupérant ici et là des journaux sur bande magnétique.

Coincé dans un conflit qui vous dépasse, obligé de faire des choix difficiles, vous serez obligé de combattre le créateur de la ville, Andrew Ryan lui-même, qui, lors d'une scène d'anthologie, brise le quatrième mur, et vous permet de réfléchir à la fois à vos actions en tant que joueur, et comme personnage de jeu…

BioShock 2, réalisé par une autre équipe, vous ramène dans Rapture des années après le premier volet et vous permet d'explorer de nouveaux endroits et de découvrir de nouveaux personnages emblématiques. Concrètement il n'apporte rien à la licence et peut être considéré comme dispensable même s'il reste fort sympathique à jouer, notamment avec l'extension *L'Antre de Minerve* qui développe un peu plus l'univers.

Nous vous conseillons plutôt de passer immédiatement au troisième volet, qui sera le dernier développé par Ken Levine et qui mérite tout simplement le titre d'œuvre culte. L'action du jeu se déroule en 1912. Vous incarnez Booker Dewitt, un ancien soldat du 7e régiment de Cavalerie, impliqué dans le massacre de Wounded Knee, en 1890, mais également ancien détective de l'agence

Pinkerton. Alors que, perclus de dettes vous sombrez dans l'alcoolisme, un mystérieux couple vous propose un contrat capable de sauver votre tête et de vous permettre de repartir à zéro.

Il vous suffit d'aller chercher une jeune fille, Elizabeth, dans la fantastique cité volante de Columbia, conçue par l'Amérique et montrée au monde entier lors de l'exposition internationale de 1893, à Chicago. La ville, prouesse technologique sans précédent, installe les États-Unis comme nouvelle superpuissance et devient un idéal à atteindre. Toutefois le voyage de noces durera peu de temps. Lors de la révolte des Boxers, en 1900, et sous le commandement du leader religieux Comstock, guide spirituel de Columbia, Pékin est rayé de la carte. Sommé de venir s'expliquer devant le Sénat américain, Comstock refuse et déclare l'indépendance. La ville disparaît dans les cieux.

Vous trouvez un accès à la ville via un phare (tiens, tiens) qui, à l'aide d'un obus, vous propulse dans ce qui semble être un paradis. Mais là encore les apparences sont trompeuses. Ségrégation, racisme, histoire réécrite, violence, capitalisme débridé, gangs d'anarchistes, religion instrumentalisée, révolte, espoir, mondes parallèles et uchronies sont au rendez-vous d'un titre flamboyant où, si vous avez déjà été bluffé par le premier *BioShock*, vous serez subjugué par la maîtrise narrative de celui-ci. Une œuvre fantastique dans tous les sens du terme ! L'extension *Burial at the Sea* permet de donner une conclusion définitive aux aventures d'Elizabeth. À la suite des événements survenus dans *BioShock Infinite*, vous allez suivre, puis incarner la jeune fille dans la cité de Rapture, juste avant sa chute.

Le dernier mot reviendra à un jeu vidéo particulier, *Wolfenstein : The New Order*. Il fait partie de la relance de cette fameuse licence orchestrée tout d'abord par *Return to Castle Wolfenstein* (en 2001), puis par *Wolfenstein* (en 2009) dont il est la suite directe. Il y a toutefois une différence de taille par rapport à ses prédécesseurs : le jeu est complètement uchronique ! Vous incarnez une fois de plus le soldat américain William J. Blazkowicz, qui, suite à l'échec d'une mission cruciale en 1946, se réveille dans une Europe nazie dans les années soixante. Là où n'importe qui s'enfuirait en courant, Blazkowicz se remet à les combattre sans sourciller. Bénéficiant d'un univers poussé à l'extrême et non dénué d'humour (forcément noir), le studio Beteshda réussit le tour de force de créer à la fois une œuvre forte et originale sur pas mal de points. Ainsi d'un Berlin monstrueux, en passant par Londres, le pont de Gibraltar ou une base lunaire, vous contemplerez un monde rétro-futuriste du plus bel effet, et fort bien mis en scène (une série de petites news est disponible un peu partout dans le jeu, sous la forme de coupures de presse, vous permettant de mieux comprendre l'univers uchronique). Le fait que le jeu, sorti au printemps 2014, ait mis en terme de marketing en avant les concepts d'histoire alternative et d'uchronie ne peut que nous réjouir. Après son succès public et critique, il est à espérer qu'une suite développant un peu plus l'univers uchronique verra le jour.

La musique uchronique

De prime abord, les liens entre la musique et l'uchronie peuvent sembler tenus. Et effectivment, en dehors de quelques chansons ici ou là, d'albums ou de groupes jouant sur et avec le concept uchronique, le domaine musical n'a pas produit assez d'œuvres probantes pour permettre de définir un genre uchronique en musique. Il reste quelques expériences étonnantes, empruntant autant au domaine du regret, de l'humour, que de l'expérimentation, ce qui vous promet de belles écoutes en perspective.

Dans le registre des uchronies musicales, le regret domine et donne naissance à des titres empreints de poésie tels ceux de Maxime Le Forestier rêvant à un frère hypothétique et aux quatre cents coups qu'ils auraient pu faire ensemble (*Mon frère*, album de 1972 avec la chanson-titre), ou du rappeur Soprano imaginant ce qu'il ferait s'il pouvait voyager dans le temps comme Hiro Nakamura (protagoniste de la série *Heroes*, qui peut modifier le passé) dans la chanson « Hiro (feat Indila » (*La Colombe*, 2010). S'il le pouvait, il réécrirait l'histoire :

> « J'aurais été au temple d'Harlem
> Pousser Malcolm de la scène avant qu'une balle
> [l'atteigne »
> « J'aurais été en Autriche, j'aurais tout fait
> Pour que les parents d'Adolf Hitler ne se ren-
> [contrent jamais »

Le regret peut également voisiner avec l'humour. Ainsi Robert Charlebois, dans sa chanson « Cartier », se prend à rêver d'un Jacques Cartier, qui, voyageant vers l'ouest plutôt que vers l'est, baptise l'Afrique du Sud en Canada (vous suivez ?). Renaud, lors d'un concert en Belgique en 1976, s'amuse à répondre à la chanson « Les Ricains » de Michel Sardou en imaginant un monde où les Allemands auraient gagné. Puis il décline d'autres points de divergence autour de Charles Martel et Jeanne d'Arc :

« Et si Jeanne d'Arc n'était pas là
Nous serions tous des Britanniques
Et les Francs tireurs de l'IRA
Auraient à affronter nos flics

En fait ça serait peut-être pas plus con
Mick Jagger serait peut-être mon voisin de palier
Et au tournoi des 5 Nations
On serait peut-être pas toujours derniers »

Les musiques uchroniques peuvent même se loger dans… des jeux vidéo. *BioShock Infinite* (2K Games, 2013) et *Wolfenstein : The New Order* (Beteshda, 2014) s'amusent à revisiter des grands classiques du rock du XXe siècle avec des variations surprenantes. Dans le premier vous pouvez entendre des versions complètement anachroniques, et remodelées selon les standards musicaux du début du XXe siècle (ambiance ragtime et jazzy), de « Everybody Wants to Rule the World », « Tainted Love » ou encore « God Only Love ». *Wolfenstein : The New Order*, quant à lui, s'amuse à transposer des chansons comme « House of the Rising Sun », dans une version aussi froide, mécanique et désincarnée que peut l'être un monde où l'Allemagne nazie a gagné la guerre.

Les clips peuvent également se révéler un média puissant pour porter un message. Les chanteurs dits engagés l'ont bien compris. Le procédé uchronique peut renforcer le poids du message, mais a rarement été mis en scène. Le seul exemple connu nous vient de U2 et Green Day qui, dans « The Saints Are Coming », imaginent que l'armée américaine, suite à la dévastation commise par l'ouragan Katrina à La Nouvelle-Orléans, met tous les moyens en œuvre pour venir en aide à la population et endiguer la catastrophe. Une bonne partie de l'armée, en opération à l'étranger, revient pour aider ses concitoyens. Le clip se termine sur un constat amer, ce ne sont malheureusement pas ces images que l'on a vues à la TV…

La musique peut également servir de manière littéraire, comme c'est le cas pour le dernier roman de Roland C. Wagner, *Rêves de Gloire* (L'Atalante, 2010), où elle se retrouve au cœur de l'histoire. Mais on peut également la retrouver dans le roman *Le Temps du Twist* de Joël Houssin, dans la nouvelle « Mozart en verres miroirs » de Bruce Sterling et Lewis Shiner (issue du recueil du même nom, Denoël, collection Présences du futur, 1987) ou, plus proche de nous, dans le roman jeunesse *Astor, le riff de la rue* de Richard Harland (Hélium, 2013). Toutes ces uchronies se servent de la musique comme vecteur et s'amusent à changer celle-ci. Pourtant cela ne doit pas cacher que les relations entre ces deux mondes sont tenues, et le nombre d'œuvres extrêmement limité…

Uchronie et théâtre

Vous ne serez peut-être pas surpris d'apprendre qu'il y a encore moins de pièces de théâtre uchroniques.

Biographie sans Antoinette de Max Frisch (1968) joue sur le registre de l'uchronie personnelle avec un homme, mourant, à qui on donne la possibilité de revivre sa vie, mais sans la femme qu'il a follement aimée et qui a fini par le tromper et le détruire. Il retombe amoureux d'elle et se demande s'il va tout refaire de la même manière ou changer quelques éléments.

Hier est un autre jour de Sylvain Meyniac et Jean-François Cros (2013), quant à elle, s'amuse avec le concept de boucle temporelle. À quelques heures de plaider une affaire importante, un avocat voit un étrange personnage débarquer dans son bureau. La journée prend alors un tour inédit : les mêmes événements se répètent sans fin. La comédie, hilarante, mêle fantastique et uchronie pour le plus grand plaisir des spectateurs. Elle a reçu le prix ActuSF de l'Uchronie 2013 catégorie Prix spécial.

Alors peut-on en déduire qu'il y a un flagrant manque d'originalité pour ce qui est du rapport entre l'uchronie et le théâtre ? Pas vraiment, mais il faut reconnaître une certaine difficulté à mettre en scène l'uchronie en elle-même. Il ne faut pourtant pas désespérer. Au moment où nous écrivons ces lignes, se joue une pièce d'Éric-Emmanuel Schmitt, intitulée *Et si on recommençait ?* Un homme revit une journée cruciale dans sa vie. Ferait-il les mêmes choix maintenant qu'il connaît leurs résultats et leurs conséquences ?

L'uchronie personnelle, dans ce registre comme dans d'autres, fait son chemin, mais elle reste un phénomène marginal.

5

Uchronie sur la toile

Amateurs d'uchronie, voici quelques sites web pour poursuivre votre découverte du genre.

▪ http://www.alternatehistory.com/
AlternateHistory.com est un forum de discussion en anglais qui fédère la plus grande communauté de personnes intéressées par l'histoire alternative ou l'uchronie (plus de trente mille membres inscrits).

▪ http://www.changingthetimes.net
Changing The Times est un magazine d'histoire alternative en ligne réalisé par des historiens. En anglais, il n'est plus mis à jour depuis 2011 mais les nombreux contenus sont toujours accessibles.

▪ http://www.1940lafrancecontinue.org
Fantasque Time Line est un site en français hébergeant une histoire alternative sur la Seconde Guerre mondiale à partir du moment où la France décide de poursuivre la guerre. Cette impressionnante simulation en ligne s'est donné pour ambition de réécrire la totalité de cette guerre. Cette recherche a donné naissance à deux essais publiés (*1940. Et si la France avait continué la guerre…* et *1941-1942. Et si la France avait continué la guerre…*).

▪ http://www.histoire-pour-tous.fr/forum/on-refait-l-histoire-f13.html
Histoire pour tous.fr est un magazine en ligne français spécialisé sur le thème de l'histoire et animé par une équipe de rédaction composée d'étudiants, d'enseignants ou de passionnés. Le forum de discussion du site contient une section consacrée à l'uchronie.

■ http://www.noosfere.com/heberg/mota/index.htm
La Porte des Mondes est un site en français consacré à l'uchronie. La Porte des Mondes se présente comme un référencement des uchronies écrites ou traduites en français et présente l'avantage de faire apparaître les points de divergence de chaque œuvre citée. Le site n'est plus actualisé depuis 2005 mais constitue une ressource en ligne précieuse pour l'amateur d'histoire alternative.

■ http://uchronews.fr/
Uchronews est un site en français d'actualité sur l'uchronie. Sous forme de journal en ligne, il propose des news, des articles, des chroniques, des dossiers. Actuellement en sommeil, vous pouvez suivre l'actualité uchronique sur sa page Facebook. Le site devrait connaître une refonte intégrale fin 2015.

■ http://www.uchronia.net
Uchronia: The Alternate History List est le site de référence pour l'uchronie. Il répertorie plus de trois mille deux cents romans, nouvelles, essais et autres documents provenant du monde entier. Il propose aussi une définition du genre. Le site est en anglais mais une recherche des titres parus dans une langue en particulier permet de circonscrire le volume des publications par pays.

■ http://www.uchronie.org/index.html
À partir d'un point de divergence comme une défaite de Jules César à Alésia ou une victoire de Napoléon à Waterloo, Christian Murzeau imagine sur Uchronie.org différents scénarios uchroniques. L'évolution déduite s'appuie sur des éléments crédibles mais le résultat d'ensemble n'a pas de prétention scientifique et relève plutôt du débat d'idées. Site en français.

Conclusion

Avec ce tour d'horizon, nous espérons vous avoir fait découvrir un genre qui a su transcender la littérature pour se diffuser dans de nombreux médias et qui réussit encore aujourd'hui à nous surprendre. La grande force de l'uchronie réside dans son extraordinaire capacité à présenter des constructions solides, qui semblent entrer dans le domaine du possible, mais aussi dans son aptitude à fusionner avec des genres différents, comme la fantasy ou le polar. Nous espérons avoir réussi à vous donner envie de découvrir les œuvres présentées dans ses pages.

Finalement peut-on réellement parler de genre à part entière ? L'uchronie, comme vous l'avez vu au travers de ce guide, est un outil, un moyen, et non une fin en soi. Elle permet de mettre en scène des histoires uniques, différentes et qui jouent avec nos souvenirs, notre mémoire, notre connaissance du passé. Elle reste un jeu, intellectuel, riche et divertissant mais aucunement vain puisqu'elle porte une réflexion sur l'Histoire, sur notre manière de la percevoir, de l'analyser et de l'enseigner.

Pourquoi l'uchronie connaît-elle un certain succès depuis les années 2000 ? Si on ne peut parler d'explosion ou de raz de marée, il est indéniable qu'elle bénéficie d'un effet de mode. Après s'être installée dans le paysage romanesque, elle a diversifié son champ d'application et ses supports. On la retrouve maintenant dans des films, séries télé, bandes dessinées, comics, mangas, jeux. Loin de la dénaturer, sa filiation avec le voyage dans le temps (boucles temporelles générant des histoires alternatives ou retours dans le passé) lui a permis de se développer.

Que peut nous apporter l'uchronie mis à part le regret et la nostalgie ? Faut-il y voir une volonté de rêver à nouveau à des avenirs possibles ? La SF nous promettait des voitures volantes, la conquête spatiale et des lendemains qui chantent qui ne vinrent jamais. L'uchronie fonctionne sur cette notion de regret mais la dépasse et la transcende. Elle porte souvent un message politique, une critique sociale, une alerte. Cette dimension pédagogique ne peut être niée.

S'il nous est difficile de parler de genre, d'effet de mode ou d'explosion des ventes, nous pouvons au moins être sûrs d'une chose : le mot uchronie a acquis une consistance qu'il n'avait pas il y a dix ans. Et nous espérons que, pour vous, il a désormais un sens.

Karine Gobled et Bertrand Campeis
Août 2014

Achevé d'imprimer par Pulsio SARL,
en décembre 2014.
Imprimé en Bulgarie